趋势 + 时机

股市买卖点实操图解

桂阳◎编著

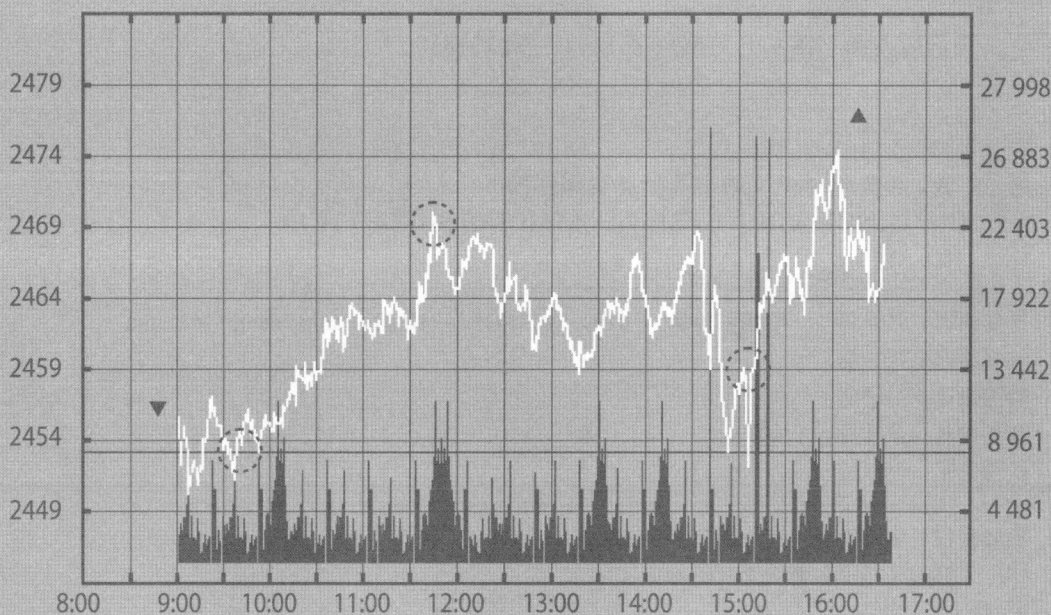

中国铁道出版社有限公司
CHINA RAILWAY PUBLISHING HOUSE CO., LTD.

内 容 简 介

本书从趋势的角度出发，通过理论知识与实际案例相结合的叙述方式，帮助投资者在掌握股市趋势的同时，抓住不同趋势下隐藏的买卖时机，享受股市投资获利的乐趣。具体内容包括建立趋势思维、绘制趋势线、识别趋势、掌握趋势结构及不同趋势下的投资策略等。

本书主要针对的是有股票投资想法，但刚入市不久，缺乏经验和技术支持的投资者。另外，对一些具有一定投资经验的炒股爱好者，也有一定的参考和提升作用。

图书在版编目（CIP）数据

趋势＋时机：股市买卖点实操图解／桂阳编著 .—北京：
中国铁道出版社有限公司，2021.9
ISBN 978-7-113-28129-8

Ⅰ．①趋… Ⅱ．①桂… Ⅲ.①股票交易-图解
Ⅳ．① F830.91-64

中国版本图书馆 CIP 数据核字（2021）第 131835 号

书　　　名：趋势＋时机：股市买卖点实操图解
　　　　　　QUSHI+SHIJI：GUSHI MAIMAIDIAN SHICAO TUJIE
作　　　者：桂　阳

责任编辑：张亚慧　　　　编辑部电话：（010）51873035　　　邮箱：lampard@vip.163.com
编辑助理：张秀文
封面设计：宿　萌
责任校对：苗　丹
责任印制：赵星辰

出版发行：中国铁道出版社有限公司（100054，北京市西城区右安门西街 8 号）
印　　刷：三河市宏盛印务有限公司
版　　次：2021 年 9 月第 1 版　2021 年 9 月第 1 次印刷
开　　本：700 mm×1 000 mm　1/16　印张：15.5　字数：191 千
书　　号：ISBN 978-7-113-28129-8
定　　价：69.00 元

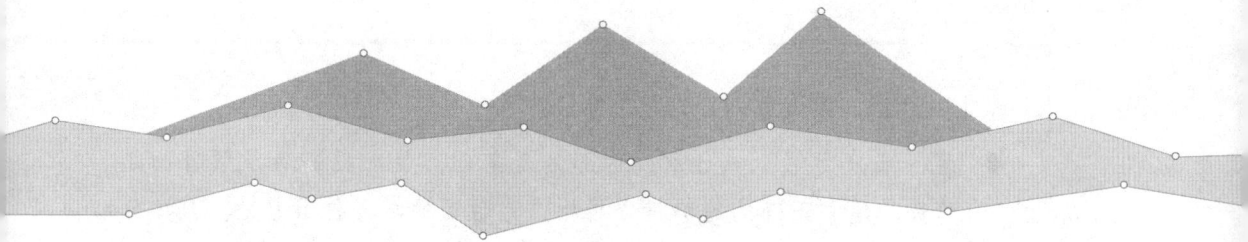

前言

　　提及股市，很多投资者对其的印象总是"变化莫测""难以捉摸""瞬息万变"等。实际上是因为他们还不了解股价运行的趋势，没有了解其运行的规律，所以更容易买错踏空。

　　那么，趋势是什么呢？

　　趋势，从定义上来看，指的是事物或局势发展的动向，在股市投资中则指的是股价运行的方向。股市投资中流行过这样一句话"站在风口，猪都会飞"，这句话透露出趋势的重要性。

　　了解并掌握股价当前的运行趋势，可以帮助我们分析研判后市的股价动向，从而更精准地找寻到市场中潜藏的买卖时机，进而避免出现买错踏空的情况出现。

　　鉴于此，笔者从趋势的角度出发，系统全面地介绍了股价运行的趋势方向、趋势结构、趋势特点及在不同的趋势下的买卖机会等知识，通过理论知识与实际案例相结合的叙述方式，能够帮助读者在了解、认识和掌握趋势的过程中积累大量实际、实用、有效的炒股经验，让更多的读者成为一名出色的投资者，享受股市投资获利的乐趣。

全书共 8 章，可大致划分为三个部分：

◆ 第一部分为第 1 ～ 3 章，这部分是基础，帮助投资者了解什么是趋势，建立正确的趋势投资思维，为后面的学习打下基础。具体介绍了建立趋势思维、趋势线的绘制及识别趋势。

◆ 第二部分为第 4 ～ 6 章，这部分从趋势的结构出发，介绍趋势的基本结构，包括趋势的反转、趋势的中继及反趋势运动等，帮助投资者了解当前股价所在位置，并掌握相应的操盘技巧。

◆ 第三部分为第 7 ～ 8 章，这部分是技能提升，主要从投资技巧的角度出发，介绍多种投资策略和仓位管理技巧，进一步帮助投资者提升炒股能力。

书中选取了股市中众多近期的真实案例进行实际分析，站在投资者角度，以实际操作为立足点，详尽地介绍操盘的方法和细节，内容真实可靠，帮助读者深入了解炒股的多种技能和方法。同时，也能让股民在一个真实的股市环境下学习，而不是仅仅将单调的知识点传递给读者。

这本书不仅适合对股市投资感兴趣、准备入市或者入市不久的新股民、炒股爱好者，而且对具有一定经验的投资者也有一定的参考和提升作用。

最后，希望所有读者都能从这本书中学到趋势炒股的有用知识，并在实际投资中灵活运用，在股市中获得投资收益。

编　者

2021 年 5 月

目录

第 1 章　趋势思维，股市逐利基本

第2章　绘制趋势线，手动寻找买卖点

第3章 技术指标，帮助识别趋势走向

第4章 趋势反转，瞄准顶部与底部K线形态

第 6 章　反趋势运动，也可以做逆势操盘

第7章 趋势交易，根据趋势制定不同策略

趋势思维，股市逐利基本

　　趋势指的是事物自身发展的一种自然规律，它有着重复、持续、有序且有向的特点，股价波动也是如此，看似毫无规则，实则有着自己的运行趋势。因此，投资者想要在股市获利，就需要建立趋势思维，跟随市场，顺势而为。

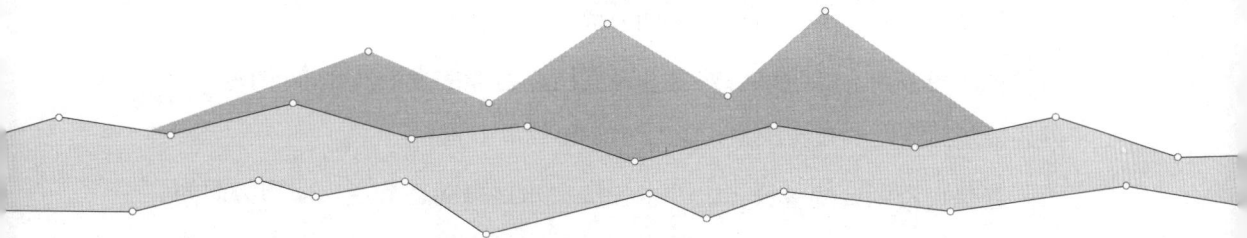

顺势而为才能轻松获利
趋势思维到底是什么
形成基本趋势的3个阶段
趋势的基本形态
长期趋势行情

1.1　为什么要树立趋势思维

我们常听到股市投资中有这么一句话，"站在风口，猪都能飞"。这句话指的是我们要追踪趋势，跟踪行情，才能够随风起舞，获得收益。这就要求我们入市投资必须树立趋势思维。

1.1.1　顺势而为才能轻松获利

股市投资中有两种基本的投资思维广受人们的追捧，一种是价值投资，另一种是趋势投资。

价值投资指的是一种实业投资思维，即投资者是买卖股票成为公司的股东，看中企业的内在价值和长期发展，而非炒股。这需要投资者自身拥有长远的投资目光，且能够对企业及其所在行业的发展有精准的预测，另外还能坚持自己的投资决策，这样才能在股市中获利。

趋势投资则要简单许多，要求投资者永远跟随趋势走，即顺势而为。顺势而为指的是依照当前的形势发展，做出顺应当前形势的动作，以达到自己的目的。在股市投资中，顺势而为指的是投资者的操作应该与股价运行趋势一致，当股价上涨时就顺势买进，当股价下跌时就趁机卖出，且投资者持股的时间长短与股票上涨或下跌的时间长短基本吻合。

两种投资方式中，趋势投资更适合缺乏专业知识，且获取信息面较窄的投资者，只要投资者能够准确找到股价的运行趋势，顺势而为，同样能够在股市中获利。

1.1.2 趋势思维到底是什么

趋势一词中，趋指的是方向，向上或向下，势指的是力量，股市中的大部分的力量朝着一个方向去运行就形成了趋势。如果此时我们能够找到该趋势运行的方向，跟随其中，就能够顺利获利。

趋势思维从概念上来看，指的是通过对过去和现在的理解，预测到未来趋势的能力。在股市投资中则是指当投资者对股价走势琢磨不清，陷入混乱时，可以跳脱出来，从股价过去和现在的运行轨迹来判断股价运行趋势，从而清晰地看到此时股价到底是上涨途中的回调，还是下跌过程中的反弹，从而做出更正确的决策。

下面我们以一个具体的例子来进行说明。

实例分析

趋势思维分析判断丽珠集团（000513）当前趋势

图 1-1 所示为丽珠集团 2019 年 8 月至 2020 年 3 月的 K 线走势。

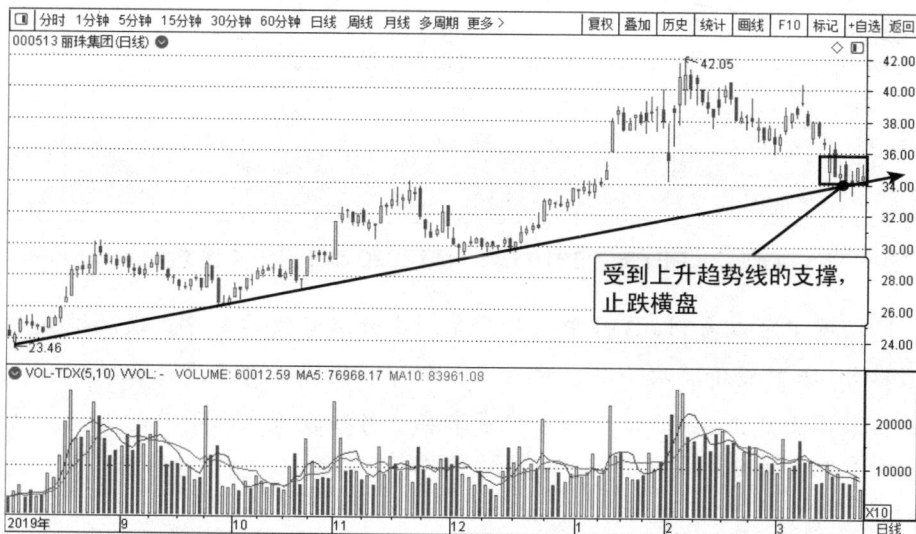

图 1-1 丽珠集团 2019 年 8 月至 2020 年 3 月的 K 线走势

从图中可以看到，丽珠集团正处于上涨行情中，股价从 23.46 元开始向上攀升，2 月初股价创下 42.05 元新高后止涨，涨幅超过 79%。随后股价开始下跌，此时股价是否见顶，行情转变？

想要判断此时股价是否真的见顶，投资者应该借助趋势思维，看清当前的趋势。在图中绘制趋势线可以发现，上升趋势线对股价起到支撑作用，2 月初，虽然股价止涨下跌，但是股价并未有效跌破上升趋势线，跌至趋势线附近受到支撑止跌横盘。说明该股的上涨趋势并未发生改变，后市仍然看涨，此时为上涨过程中的回调，投资者可以继续持有。

图 1-2 所示为丽珠集团 2019 年 8 月至 2020 年 8 月的 K 线走势。

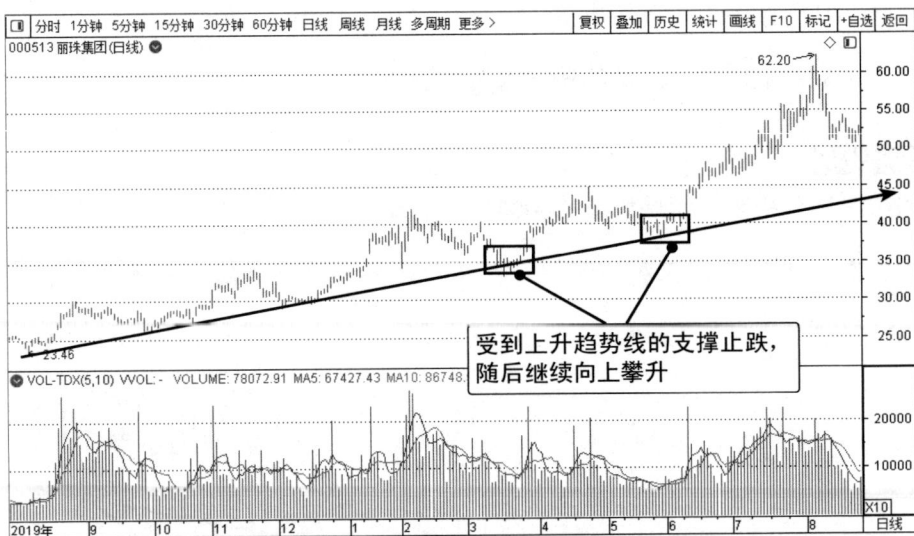

图 1-2 丽珠集团 2019 年 8 月至 2020 年 8 月的 K 线走势

从图中可以看到，3 月中旬股价受到上升趋势线的支撑止跌后继续向上攀升。6 月股价再次下跌，跌至上升趋势线附近受到支撑又止跌回升，股价最高上涨至 62.20 元。如果投资者在 2 月初股价止涨下跌时离场，将损失大部分收益。

1.1.3　形成基本趋势的三个阶段

不管是牛市行情还是熊市行情，通常一个基本的趋势都包括三个阶段，但不同行情下各阶段意义不同，认识这些阶段可以帮助投资者区分当前的行情走势，便于寻找买卖点。

（1）牛市行情

牛市行情是所有投资者都乐于见到的行情，也是普遍追踪的行情，一般分为三个阶段，具体如下：

◆　吸筹阶段

在这一阶段中，主力开始吸筹建仓，但因为行情还未启动，所以整个市场还呈现出萧条的迹象。很多投资者对这一阶段嗤之以鼻，认为其无关紧要，不值得跟踪。实则不然，这一阶段是多空双方实力过渡的关键，一旦主力吸筹完毕，就会进入下一阶段，有远见的投资者应在此位置积极跟进，低位买进。

◆　趋势加速

随着市场人气的汇聚，上涨的趋势逐渐展开，越来越多的投资者进入市场追涨，推动行情出现加速运行。该阶段是上涨过程中的主要阶段，也是投资者趋势追踪的重要阶段。

◆　派筹阶段

加速行情出现后，虽然市场中仍然有不少的投资者继续按照原来的投资方向交易，推动股价继续上行，但是由于前期头寸获利空间逐渐增加，获利盘离场的压力也逐渐显露出来。因此，此时再次出现多空双方的分歧，趋势逐渐向下一阶段转移。

（2）熊市行情

熊市行情对于投资者来说是一场噩梦，投资者几乎难以在熊市行情中获利，所以想要在熊市行情中尽量保全自己，就需要了解熊市行情中的三个阶段。

◆ 恐慌式大幅下跌

恐慌式大幅下跌一般为熊市初期，买方力量减少，卖方开始急躁起来，为尽快出局纷纷抛售股票，股价急速下跌。在这一阶段后，可能存在一个相当长的次等回调或是整理运动。

◆ 抵抗式下跌

由于初期跌幅已经较大，场内的恐慌情绪已经得到充分释放，股价不会急速直线下跌，反而呈现出抵抗性下跌的趋势，即慢慢阴跌，然后弱反弹。从短期来看，下跌幅度不大，但是从长期的角度来看，下跌幅度较大。

◆ 绝望式下跌

绝望式下跌是下跌趋势中的最后一个阶段，场内最后坚持的股民也终于失去信心，绝望地割肉，抛售手中的股票。此时，股价下跌的走势不再那么猛烈，呈现出缩量缓慢下跌的趋势，过程中基本没有反弹。

1.1.4 趋势的基本形态

股价运行的趋势分为三种，即上升趋势、下降趋势和水平趋势。

如果在股价运行的过程中后面的波峰和波谷比前面的波峰和波谷要高，也就是一底比一底高，这时的趋势就是上升趋势。

如果在股价运行的过程中后面的波峰和波谷比前面的波峰和波谷要低，也就是一顶比一顶低，这时的趋势就是下降趋势。

如果在股价运行的过程中后面的波峰和波谷与前面的波峰和波谷相比没有明显的高低之分，大致上表现为水平延伸，这时的趋势就是水平趋势。

图 1-3 所示为三种趋势形态。

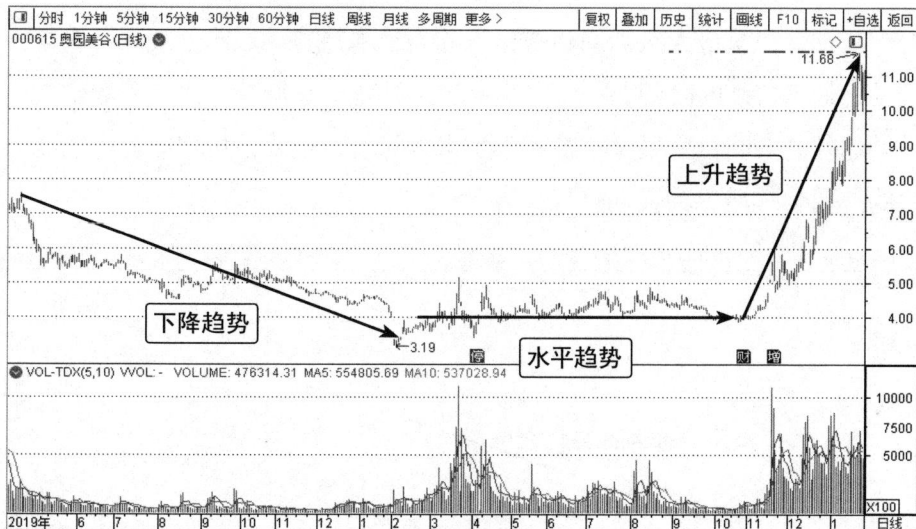

图 1-3 三种趋势形态

　　股民准确把握上述三种不同的趋势线，可以从容地掌握股价的运行方向，然后根据股价的运行轨迹，展开合理、科学的预测和研判。

1.2 认清趋势的不同级别

　　一个完整的趋势本身是由不同级别的大小趋势组成的。我们通常根据股价波动的时间来对趋势的级别进行划分，将其分为长期趋势、中期趋势和短期趋势。不同的趋势对应不同的操盘策略，所以认清这些趋势的级别可以帮助投资者更好地做出投资决策。

1.2.1 长期趋势行情

长期趋势是最大级别的趋势，也称为基本趋势，是向上或向下大规模运动，通常持续的时间在一年以上甚至是几年。长期趋势决定了股价整体波动运行的方向，所以又常被称为牛市或熊市，是股市投资中首先需要关注的。图1-4所示为长期趋势行情。

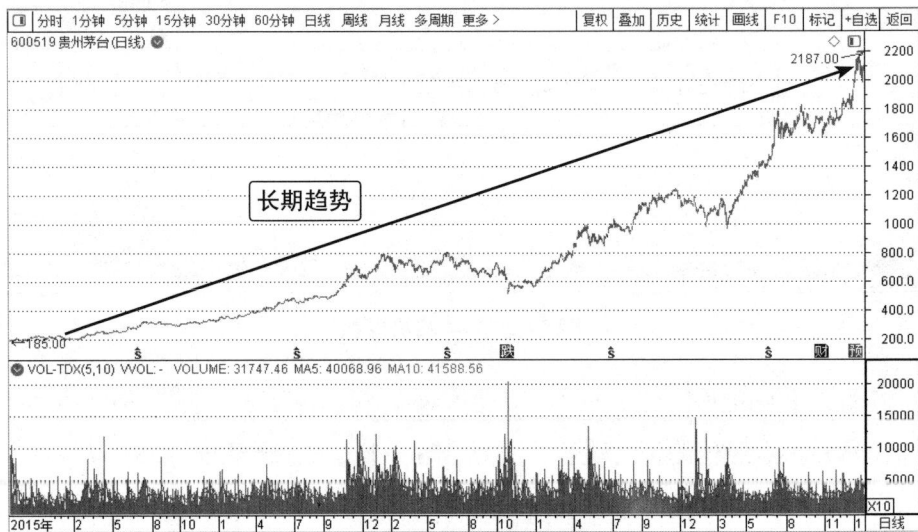

图1-4　长期趋势

从图中可以看到，贵州茅台股价在2015年1月至2021年1月期间持续上涨，长期趋势向上，表现为牛市行情。

1.2.2 中期趋势行情

中期趋势处于长期趋势之中，又被称为次级趋势或次级折返运动，当长期趋势推进过度时而发生回调或调整，是对长期趋势的修正，通常持续时间在三周至数月。

我们在上述例子中添加中期趋势，如图1-5所示。

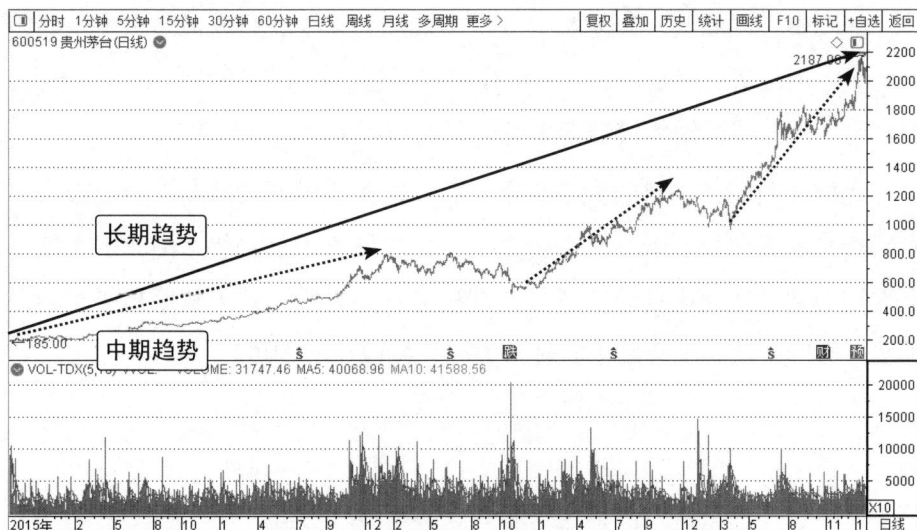

图 1-5　中期趋势

1.2.3　短期趋势行情

短期趋势为更短暂的价格波动，通常时间不超过三周，如图1-6所示。

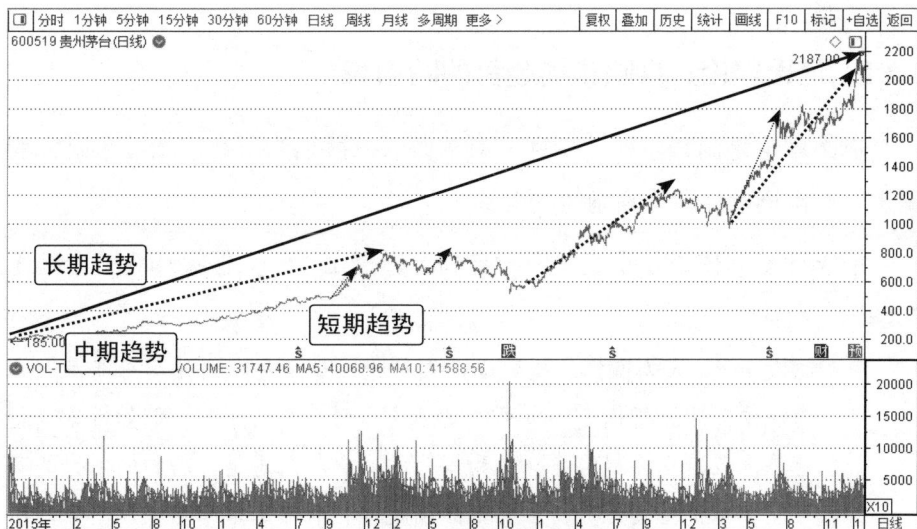

图 1-6　短期趋势

从图中可以看到，短期趋势处于中期趋势之中。可以说，多个短期趋势组成中期趋势。但是对于大部分投资者来说，短期趋势的参考意义不大，但是对于短线或超短线投资者来说，短期趋势是非常重要的。

我们在明确了趋势的大小级别之后，在买进股票时就要学会判断。首先判断当前股票处于哪一种趋势之中，如果处于上涨趋势之中，那么这种上涨是短期趋势、中期趋势还是长期趋势？如果股票处于长期趋势之中，那么短暂的下跌和上涨则不必过于关注，持股待涨即可。

1.3　从经典理论角度看趋势

趋势理论由来已久，许多著名的专家都从不同的角度对趋势进行了论证，例如道氏理论、波浪理论及江恩理论。下面我们来具体看看这些经典的理论，进一步分析趋势。

1.3.1　道氏理论：反映市场趋势的晴雨表

道氏理论是由查尔斯·亨利·道创造的，被指为所有市场技术研究的鼻祖，有市场总体趋势晴雨表的美称。

道氏理论的核心在于查尔斯·亨利·道提出了三大假设作为整个理论的基础，具体如下：

◆ **假设1——人为操作：**指数或证券每天、每个星期的波动可能受到人为操作，次级折返走势也可能受到这方面有限的影响，例如常见调整走势，但是主要趋势不会受到人为的操作。意思是，场内的主力的确可以干预价格的走势，主要是短期趋势和有限制地干预中期趋势，但是主要趋势是不会受到人为干预的，因为公司内在的潜力和未来的发展属于基本面变化，这是主力无法预测的。

- ◆ **假设2——市场指数会反映每一条信息：** 每一位对金融事务有所了解的市场人士，他所有的对市场的反应都会清晰地反映在"上证指数"或"深证指数"及其他指数每天的收盘价波动中，包括期望、失望及恐惧等，即便发生火灾、地震及战争等不能预估的灾难，市场指数自身也会迅速地加以评估，并在短期趋势内进行消化，但长期趋势仍然不受影响。

- ◆ **假设3——客观化的分析：** 在应用它时需要深入研究，结合多方面的因素进行考虑分析并客观判断。如果仅仅主观地使用它，就会不断犯错，不断亏损。

除了假设之外，道氏理论还有五大定理，它们构成了比较完善的体系。

（1）趋势的三种走势

道氏理论中股票指数与任何市场都有三种基本趋势，即短期趋势、中期趋势和长期趋势。

长期趋势最为重要，是投资者最主要的考量对象。中期趋势和短期趋势都处于长期趋势之中，只有明确它们在长期趋势中的位置，才能了解当前行情并从中获利。

中期趋势可能与长期趋势的方向相同，但是也可能不同。当中期趋势与长期趋势严重背离，则被视为是次级折返走势或是长期趋势的修正。

短期趋势变化莫测，难以预测，通常投资者不会过多考虑它，但如果在短期趋势中寻找合适的买进、卖出位置，可以让利润最大化或减少损失。

（2）主要趋势

主要趋势指的是代表整体运行方向的基本趋势，通常称为多头市场或者空头市场。正确判断主要走势的方向，是投资者行为成功与否的最重要因素，没有任何已知的方法可以预测主要走势的持续期限。

投资者进入市场准确判断主要趋势是基本条件，只要投资者对主要趋势有信心，结合市场走势变化在合适位置买进，就可以获利。

（3）主要空头市场

主要的空头市场是长期向下的走势，其间夹杂着重要的反弹。它来自各种不利的经济因素，只有股票价格充分反映可能出现的最糟糕情况后，这种走势才会结束。

空头市场会历经三个主要的阶段，具体如下：

第一阶段市场参与者不再期待股票可以维持过度膨胀的价格。

第二阶段的卖压反映经济状况与企业盈余的衰退。

第三阶段是来自于健全股票的失望性卖压，无论价值如何，许多人急于求现，抛出一部分的股票。

（4）主要多头市场

主要的多头市场是一种整体性的上涨走势，其中夹杂次级的折返走势，平均的持续期间长于两年。在此期间，由于经济情况好转与投机活动转盛，投资性与投机性的需求增加，并因此推高股票价格。

多头市场有如下三个阶段：

第一阶段人们对于未来的景气恢复信心。

第二阶段股票对于已知的公司盈余改善产生反应。

第三阶段投机热潮转炽而股价明显膨胀，这一阶段的股价上涨是基于期待与希望的。

（5）次级折返走势

次级折返走势也称"修正走势"，多头市场中的下跌走势，或空头市场中的上涨走势。持续的时间通常在三个星期至数个月，此期间内折返的幅度为前一次级折返走势结束之后主要走势幅度的 33% ~ 66%。次级折返走势经常被误以为是主要走势的改变，因为多头市场的初期走势可能仅是空头市场的次级折返走势，相反的情况则会发生在多头市场出现顶部后。

道氏理论是非常重要的理论，也是股市趋势分析的基础，奋战在投资市场中的每一个投资者都会在不同程度上运用到它。因此，投资者需要认真理解道氏理论的三大假设和五大定理。

1.3.2 波浪理论：股价波动与波浪一样运行

道氏理论出现以后，拉尔夫·纳尔逊·艾略特在道氏理论的基础上，凭借对趋势规律的敏感创立了艾略特波浪理论。实际上，波浪理论既是对道氏理论的进一步分析，也是对道氏理论的思考。因为道氏理论并没有说明趋势的时间和趋势的位置，但是在波浪理论中则通过黄金比例和斐波那契数列更准确地对趋势进行了预测。

波浪理论认为一个完整的趋势包括上升 5 浪和下降 3 浪，也就是八浪循环，如图 1-7 所示。

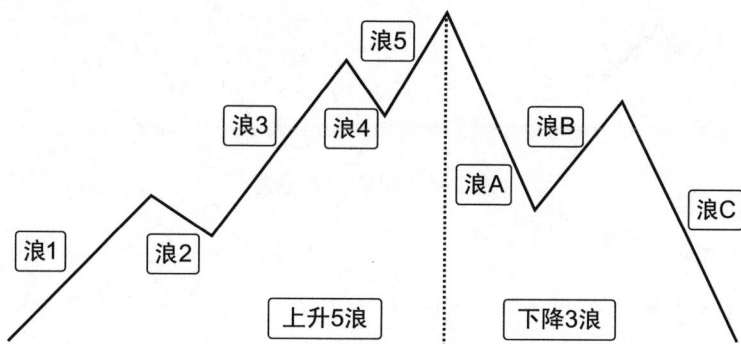

图 1-7　八浪循环

从图中可以看到，左半部分为上升 5 浪，右半部分为下降 3 浪。在上升 5 浪中又分为股价向上运动的上升 3 浪（浪 1、浪 3 和浪 5）和股价向下调整的 2 浪（浪 2 和浪 4）。在下跌 3 浪中，A 浪、C 浪为下跌浪，B 浪为调整浪。

其中各浪代表的意义如下：

◆ 浪 1

浪 1 为启动浪，通常出现在市场的底部，是主力发动行情之前的试探行动，浪形平缓，持续的时间短暂，给人以短线行情的假象。它有时是上升 5 浪中最短的一浪，为了不被人发现。

◆ 浪 2

浪 2 为初次调整浪，是对浪 1 上涨的调整，目的是将大部分股民震仓出局，为后市拉升积蓄力量。但是因为主力不能丢失大量的廉价筹码，所以打压的时间较短。一般认为浪 2 的浪底不会跌穿浪 1 的浪底，通常浪 2 回调的位置在浪 1 的 38.2% 或 61.8% 处，如图 1-8 所示。

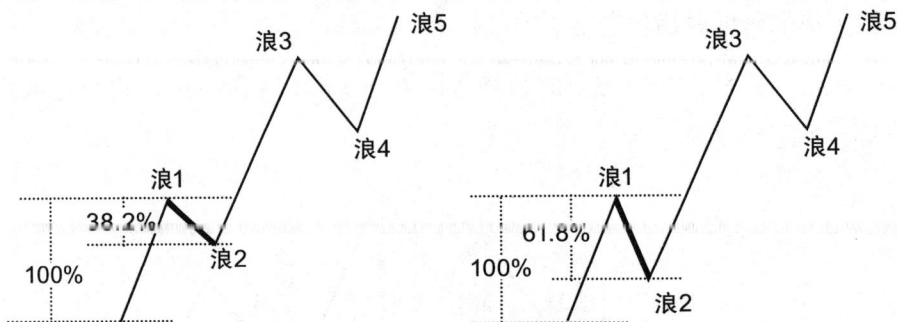

图 1-8　浪 2 回调位置

◆ 浪 3

浪 3 为发展浪，是上升浪中最具爆发力的一浪，主力在锁定筹码的基础上利用一些利多因素正式发动行情，吸引踏空资金入市。一般认为浪 3 的浪顶会突破浪 1 的浪顶，其长度为浪 1 的 1.618 倍或 2.618 倍，如果浪 3

发生延长，则可能达到 4.236 倍，如图 1-9 所示。

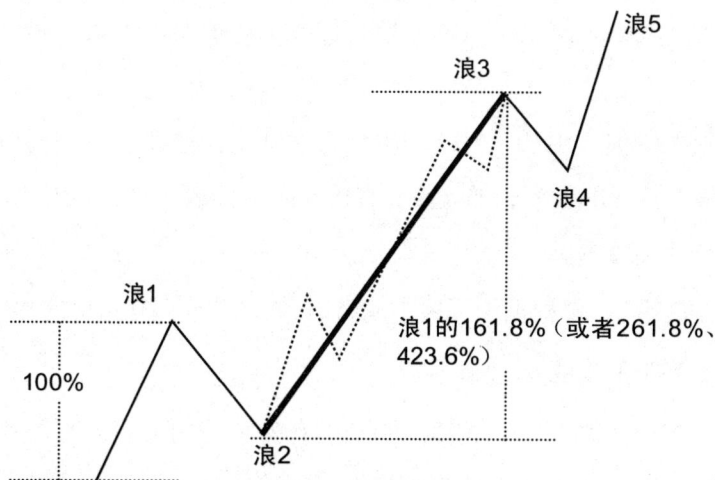

图 1-9 浪 3 位置

◆ 浪 4

浪 4 为再次调整浪，经过浪 3 的长时间拉升后，获利丰厚的投资者开始抛售部分筹码，所以股价下跌。通常浪 4 的浪底不会跌穿浪 1 的浪顶，下跌的幅度为浪 3 的 38.2%，或回调的幅度可能与浪 2 相同，如图 1-10 所示。

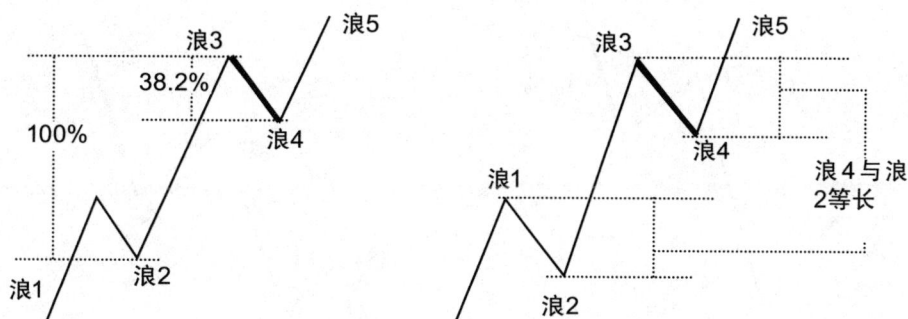

图 1-10 浪 4 位置

◆ 浪 5

浪 5 为冲高浪，是驱动浪的末端，构成市场顶部，也是主力拉高出货的最后阶段。

通常浪 5 比浪 3 平和，且浪 5 也有可能延长，浪 5 上升的动力有限，上升势头没有浪 3 的剧烈，加上浪 5 有可能发生波浪的延长。因此，对浪 5 长度的判断就比较困难。

结合波浪理论，再根据中国股市的特点，得到浪 5 上升目标的可能如下：

①浪 5 等于浪 1 的 61.8%。

②浪 5 与浪 1 底部至浪 3 顶部的长度有着密切的关系，比例关系一般与 61.8% 相吻合。如果浪 1 和浪 3 的长度比较接近，则浪 5 可能是浪 1 和浪 3 的总长。

③如果市场在浪 3 处发生延长，则浪 5 极有可能与浪 1 的长度一样。

④如果浪 5 发生延长上升，此时浪 5 的浪长是浪 1 底部至浪 3 顶部的长度的 161.8%。

浪 5 在不同情况下的浪长示意图如图 1-11 和图 1-12 所示。

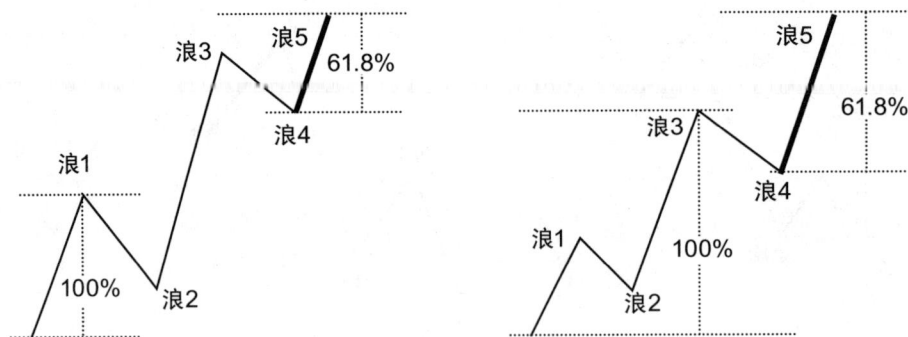

图 1-11　浪 5 位置

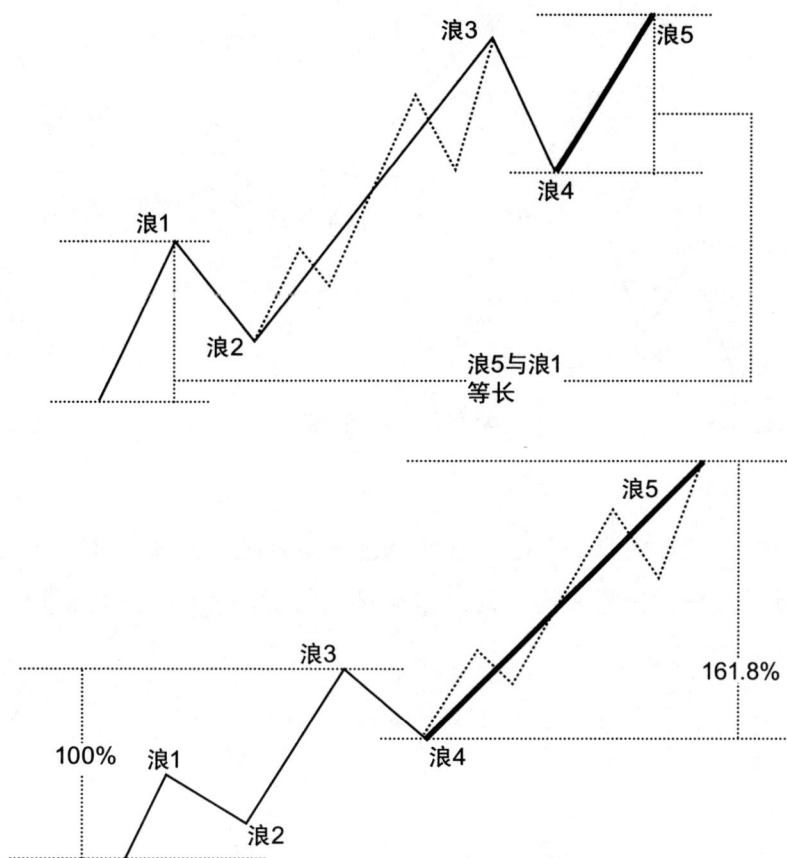

浪1
浪2
浪3
浪4
浪5

浪5与浪1
等长

浪5
浪3
浪1
浪2
浪4

100%
161.8%

图 1-12　浪 5 位置

◆　浪 A

浪 A 为下跌出货浪，是市场转变趋势的开始。主力达到既定目标，所以开始大量抛售筹码，出货的意志坚定，所以股价下跌猛烈。

◆　浪 B

浪 B 为反弹出货浪，是主力利用反弹再次出货的阶段，也是浪 A 疯狂杀跌后的技术修复。因为是反弹浪，所以浪 B 持续的时间通常不会很长，一般认为浪 B 反弹的高度是浪 A 的 38.2% 或 61.8%，如图 1-13 所示。

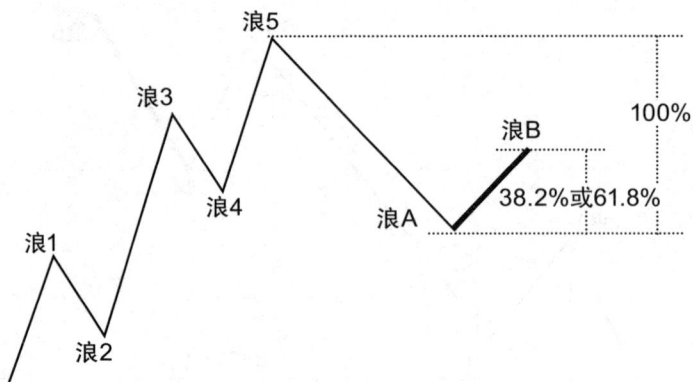

图 1-13 浪 B 位置

◆ 浪 C

浪 C 出货探底浪，是主力完全出货阶段。前期主力没有出货干净的话，会在此阶段继续出货。浪 C 是八浪循环的结束，浪 C 的末尾市场又会重新步入上升趋势之中。

在相对平坦的调整之中，浪 C 的长度大概和浪 A 相同，如图 1-14 所示。

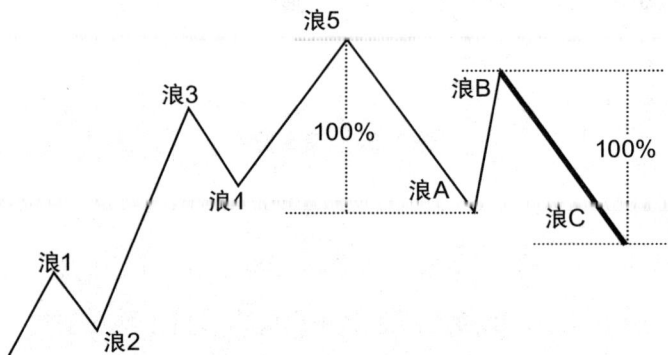

图 1-14 浪 C 位置

但是当浪 A 跌势迅猛，而浪 B 反弹不力的条件下，浪 C 发生延长的可能性极大，且延长的下跌 3 浪模式必然导致浪 C 的长度远远超过浪 A，一般达到浪 A 的 161.8%，这是市场极度弱势的表现，如图 1-15 所示。

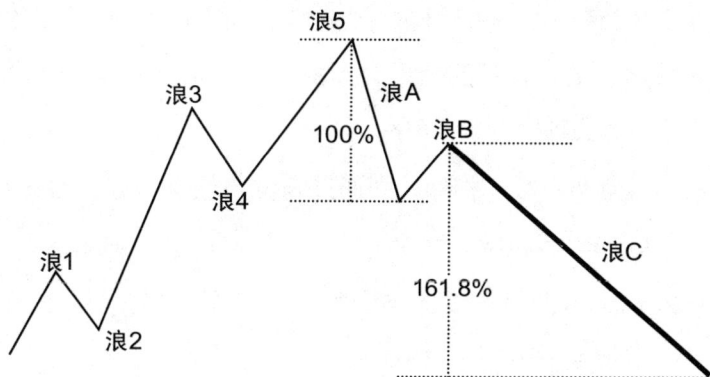

图 1-15　浪 C 位置

想要正确地应用波浪理论，投资者需要学会正确数浪。数浪的基本规则包括以下三点：

①浪 2 调整的最低点不会达到浪 1 的起始点。

②浪 3 永远不是最短的一浪，且浪 3 是上升 3 浪中最具爆发力的一浪。

③浪 4 不会跌破浪 1 的顶部。

在运用艾略特波浪理论的过程中可以发现，在预测浪顶部或底部位置时常常会有特殊的数字出现，例如 38.2%、61.8%。这是波浪理论的重要内容，艾略特在《大自然的规律》一书中谈到，其波浪理论的数字基础是一系列的数列，该数列又称为斐波那契数列。

构成斐波那契数列的基础非常简单，由 1，2，3 开始，产生无限数字系列，而 3，实际上为 1 与 2 之和，以后出现的一系列数字，全部依照上述简单的规则，两个连续出现的相邻数字相加，等于下一个数字。例如 2 加 3 等于 5，3 加 5 等于 8，5 加 8 等于 13，8 加 13 等于 21……

斐波那契数列产生了神奇的比率，这就是"黄金分割率"。

在斐波那契数列中，任取相邻两个数字，将低位的数字比上高位的数字，其计算的结果会逐渐接近于 0.618。数值位越高的数字，其比率会更接近于 0.618。

在斐波那契数列中，任取相邻两个数字，与上述相反，将高位的数字比上低位的数字，则其计算的结果会渐渐趋近于 1.618。同理，数值位取得越高，则此比率会越接近于 1.618。

若取相邻隔位两个数字相除，则通过高位与低位两数字的交换，可分别得到接近于 0.382 及 2.618 的比率。

将 0.382 与 0.618 两个重要的神奇数字比率相乘则可得到另一个重要的数字比率：$0.382 \times 0.618 \approx 0.236$。

运用黄金分割比率可以预测出浪 2 和浪 4 的回调幅度、浪 3 和浪 5 的长度以及浪 B 的反弹高度等。

1.3.3　江恩理论：时间和价格角度分析趋势

江恩理论是威廉·江恩在资本市场上总结的一套投资理论。江恩将时间与价格完美结合，对趋势进行预测分析，准确性非常高，因此至今仍然被众多的投资者津津乐道。

江恩认为股票市场中也存在宇宙中的自然规则，所以市场的股票价格运行趋势不是杂乱无章的，而是可以通过数学方法进行预测的。实质上，江恩就是在看似无序的市场中建立了严格的预测系统和一整套的操作系统。当预测系统发生失误时，操作系统可以及时地对其进行补救。

江恩理论比较多且复杂，包括江恩时间法则、江恩价格法则和江恩线等，可以用来发现何时价格会发生回调以及将回调到什么价位。但是，对于缺乏经验的投资者，或者是新入市的投资者来说，江恩提出的三大忠告帮助更大。

积累丰富的市场知识。江恩认为缺乏市场知识是股民在市场投资中出现亏损的主要原因。很多股民受到旁人的影响或鼓动而盲目入市，既不注重市场知识的学习，也不会辨别真假信息，单纯地跟随他人的操作而做出投资决策，必然会给自己带来损失。江恩强调股民应该积累丰富市场知识和实践知识。

不要过度买卖操作增加错误的概率。 江恩指出不要在有限的资本上过度买卖，频繁操作。因为市场中的短线和超短线操作对投资者的操作技巧和经验有很高的要求，而投资者在没有掌握这些技巧之前频繁买进卖出，会增加自己决策错误的概率，所以投资者应该尊重趋势，在已经形成的趋势中顺势买进，转势卖出，获得稳定的收益。

学会设立止损点控制损失。 江恩认为大部分投资者遭受重大损失的原因在于没有设置合适的止损点，所以损失才会越来越大。因此，投资者应该学会设置止损点合理控制风险。

基于以上三点，江恩对新股民如何具体进行股票交易提出了著名的21条买卖守则，具体如下：

- 每次入市买卖，损失不应超过资金的十分之一。
- 永远都设立止损位，减少买卖出错时可能造成的损失。
- 永不过量买卖。
- 永不让所持仓位转盈为亏。
- 永不逆市而为。市场趋势不明显时，宁可在场外观望。
- 有怀疑，即平仓离场。入市时要坚决，犹豫不决时不要入市。
- 只在活跃的市场买卖。买卖清淡时不宜操作。
- 永不设定目标价位出入市，避免限价出入市，而只服从市场走势。
- 如无适当理由，不将所持仓平盘，可用止盈位保证所得利润。
- 在市场连战皆捷后，可将部分利润提取，以备不时之需。
- 买股票切忌只望分红收息（赚市场差价第一）。
- 买卖遭损失时，切忌赌徒式加码，以谋求摊低成本。

◆ 不要因为不耐烦而入市，也不要因为不耐烦而平仓。

◆ 肯输不肯赢，切记。赔多赚少的买卖不要做。

◆ 入市时定下的止损位，不宜胡乱取消。

◆ 做多错多，入市要等候机会，不宜买卖太密。

◆ 做多做空自如，不应只做单边。

◆ 不要因为价位太低而吸纳，也不要因为价位太高而沽空。

◆ 永不对冲。

◆ 尽量避免在不适当时搞金字塔加码。

◆ 如无适当理由，避免胡乱更改所持股票的买卖策略。

投资者入市之前，了解这些理论内容可以更从容地应对市场的变化，在出现错误决策时也能知道如何果断，及时地进行处理，避免造成更大的损失。

第2章

绘制趋势线，手动寻找买卖点

我们知道准确寻找趋势可以看清当前的行情，预测之后的股价走势，但是仅仅通过观察是难以找到趋势的。此时，我们可以手动绘制趋势线，精准追踪股价的趋势走向，通过股价与趋势线的关系寻找市场中潜藏的买卖机会。

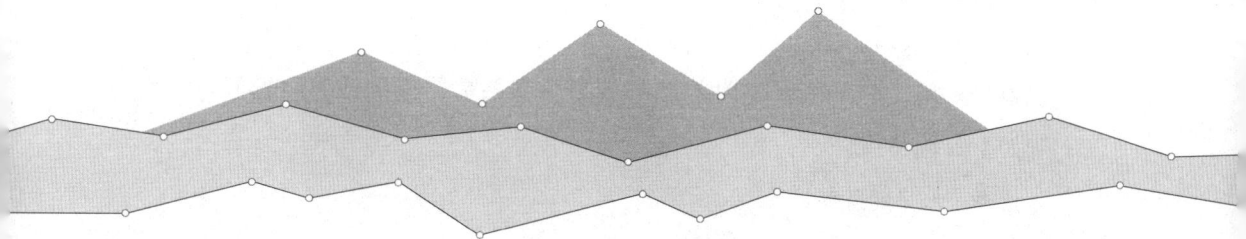

绘制不同行情下的趋势线
确认趋势线的有效性
趋势线的修正
趋势线的有效突破
上升趋势线的支撑作用

2.1 绘制一条有效的趋势线

绘制趋势线非常简单，它是在 K 线中通过连接过去某一特定时期内股票上升或下降的波段低点或高点形成的一条直线。但是绘制完趋势线并不代表结束，还要对趋势线的有效性进行判断。

2.1.1 绘制不同行情下的趋势线

在不同的行情下，股价运行趋势不同，绘制的趋势线也不同。从趋势的方向来看，趋势线分为上升趋势线、水平趋势线和下降趋势线。

◆ 上升趋势线

如果在股价运行过程中后面的波峰和波谷比前面的波峰和波谷要高，也就是一底比一底高，这时的趋势就是上升趋势，连接相邻波谷低点的直线为上升趋势线。

◆ 水平趋势线

如果在股价运行过程中后面的波峰和波谷与前面的波峰和波谷相比没有明显的高低之分，大致上表现为水平延伸，这时的趋势就是水平趋势，连接相邻的波谷低点或波峰高点而形成的横向延伸线为水平趋势线。

◆ 下降趋势线

如果在股价运行过程中后面的波峰和波谷比前面的波峰和波谷要低，也就是一顶比一顶低，这时的趋势就是下降趋势，连接相邻波峰高点的直线为下降趋势线。

如今的股票行情软件中大都自带画线工具箱，投资者可通过绘图工具直接绘制趋势线。

下面以金长江股票交易软件为例为大家介绍趋势线的绘制。

实例分析

绘制上升趋势线

在金长江软件中打开需要绘制趋势线的股票，这里打开了三全食品（002216）的 K 线图，调整需要分析趋势的 K 线时间段。在页面上方单击"画线"按钮，打开画线工具箱，单击工具箱中的"直线"按钮，如图 2-1 所示。

图 2-1 单击"直线"按钮

页面中的鼠标指针变为"∅"形状，将其移动至 K 线走势中的波谷低点，按住鼠标左键不放且向右上方拖动，拖动到第二个波谷低点位置时释放鼠标左键，完成相邻两个低点的连接，绘制出上升趋势线，如图 2-2 所示（注意绘制时趋势线应尽可能通过更多的波段底部）。

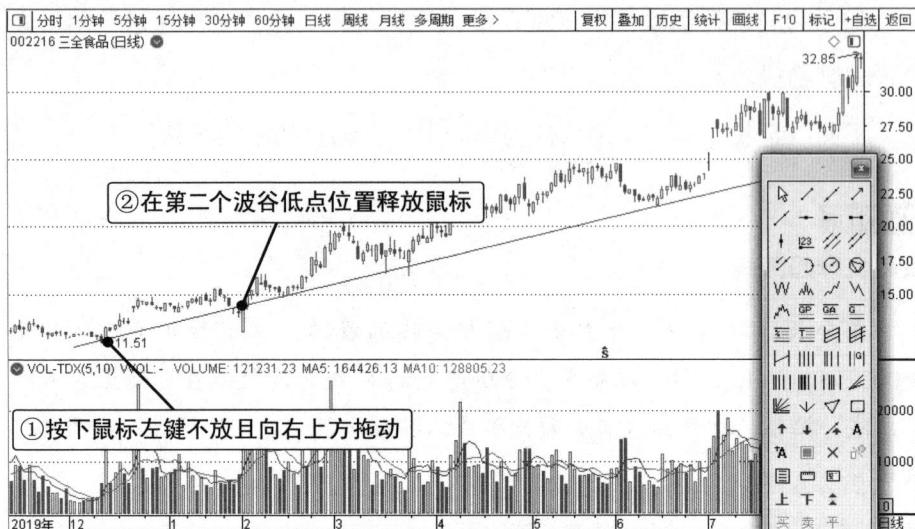

图 2-2　绘制上升趋势线

2.1.2　确认趋势线的有效性

绘制上升／下降趋势线时，连接两个相邻的低点／高点即可，但是此时并不能确认该趋势线的有效性。画出趋势线后还应得到第三点的验证才能确认这条趋势线是有效的，且趋势线被触及的次数越多，则说明其有效性越强。

实例分析

兴民智通（002355）无效的趋势线查看

兴民智通股价前期经过一段时间的横盘后，2018 年 1 月底收出一根大阴线促使股价下跌，随后收出连续的小阳线止跌回升，形成明显的低点。随后股价开始上涨，上涨至 9.00 元价位线附近后止涨，小幅下跌回调，随后再次止跌回升，形成明显的第二个低点。

观察两个低点可以发现第二个低点明显高于第一个低点，因此可以绘制一条上升趋势线，但之后股价再次回落至该趋势线时并没有止跌回升，而是直接穿破趋势线向下运行，说明该趋势线是无效的，如图2-3所示。

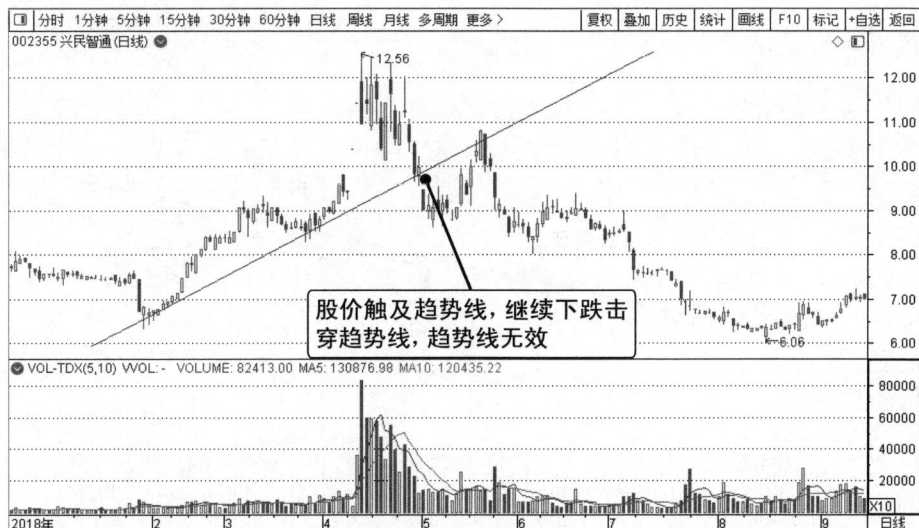

图 2-3　趋势线无效

2.1.3　趋势线的修正

股价的走势瞬息万变，我们绘制的趋势线也不可能一劳永逸，需要紧随股价变化而调整，以便适应不同的买卖策略。因此，趋势线通常都需要经过若干次的修正。

因为不同的投资者对趋势线存在不同理解，且对趋势线突破判断也不同，所以对趋势线的修正也存在不同的理解，这是非常正常的。

但是趋势线修正的方法大致相同，首先要区分它是上升趋势还是下降趋势。如果股价跌破原趋势线再形成新的波段低点或顶点，就应重定趋势线的第二点，改为与突破趋势线所形成的新的波段低点或顶点连接起来，形成一根新的趋势线。另外，也可以从第二点到第三点再连线形成新的趋势线，至于哪一根正确则要看价格的第四次回探落在哪里。

实例分析 北方华创（002371）修正上升趋势线

图2-4所示为北方华创2019年10月至2020年5月的K线走势。

图2-4　北方华创2019年10月至2020年5月的K线走势

从图中可以看到，北方华创2019年10月开始表现出上涨行情，连接相邻的两个低点绘制一条上升趋势线。2020年3月下旬，股价止涨下跌，跌破趋势线后又回到趋势线上方，在趋势线下方形成新的低点。为了提高趋势分析的可靠性，应该对该趋势线做修正。

此时，连接波谷A低点和波谷C低点绘制修正后的趋势线（图中修正1），连接波谷B低点和波谷C低点绘制修正后的趋势线（图中修正2）。想要判断两条趋势线哪条有效，需要通过下一波谷来验证。

图2-5所示为北方华创2019年10月至2020年7月的K线走势。

从图中可以看到，6月下旬股价下跌，触及修正1趋势线止跌回升，说明修正1为有效的趋势线。

图 2-5　北方华创 2019 年 10 月至 2020 年 7 月的 K 线走势

2.1.4　趋势线的有效突破

趋势线的有效突破是趋势转变的信号，也是投资者的买进卖出机会。当上升趋势线被有效跌破时，为出货信号；当下降趋势线被有效突破时，为入货信号。

但是，趋势线被突破时应该如何确认其有效性呢？对于这一问题，可以从下面三点来进行考虑：

突破的幅度。股价在穿越趋势线后，距离得越远，说明其有效性越强。无论是上升趋势线，还是下跌趋势线，突破的幅度至少要超过 3%，否则为假突破。

突破的时间。股价在穿越趋势线后，停留的时间越长，则说明其有效性越强。比如，通常趋势线被跌破后三个交易日不回升至该趋势线上方才算有效，随着时间的推移，距离趋势线也越来越远，股价再次回到趋势线上方的概率也就越来越小。

突破的成交量要求。股价向上突破趋势线时需要有大的成交量配合，否则即便突破幅度和时间满足，也不能判断突破的有效性。股价向下突破趋势线时不需要大的成交量配合，但确认有效后成交量通常会放大，因为确认趋势转变后，场内大部分投资者会离场。

实例分析

克明面业（002661）趋势线被突破买进分析

图 2-6 所示为克明面业 2019 年 5 月至 2020 年 2 月的 K 线走势。

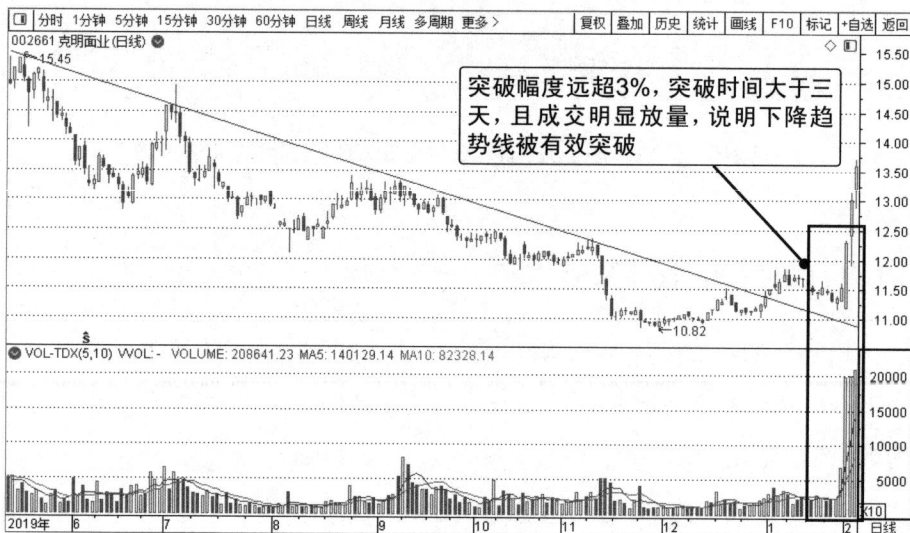

图 2-6　克明面业 2019 年 5 月至 2020 年 2 月的 K 线走势

从图中可以看到，克明面业处于下跌趋势中，连接相邻的波峰高点，绘制如图所示的下降趋势线，股价在趋势线的压制下逐渐下移。

2020 年 1 月，股价上涨向上突破下降趋势线，突破后并未回落至趋势线下方，且超过 20 个交易日在趋势线上方运行，突破幅度明显大于 3%，与此同时，查看下方的成交量，发现成交明显放量。由此说明，下降趋势线被有效突破，该股的趋势发生转变，后市看涨，此时为投资者的买进机会。

图 2-7 所示为克明面业 2019 年 12 月至 2020 年 8 月的 K 线走势。

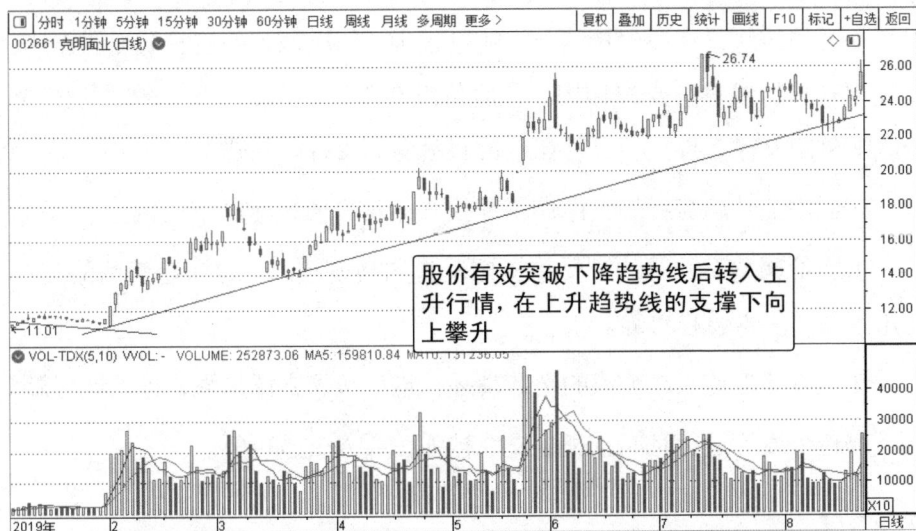

图 2-7　克明面业 2019 年 12 月至 2020 年 8 月的 K 线走势

从图中可以看到，下降趋势线被有效突破后，克明面业转入上升趋势中，股价在上升趋势线的支撑下波谷低点逐渐上移。如果投资者在下降趋势线被有效突破时买进，可以获得不菲的收益回报。

2.2　利用趋势线支撑 / 压制作用找买卖点

我们知道上升趋势线对股价有支撑作用，而下降趋势线对股价有压制作用。那么，在股价运行的过程中我们可以借助趋势线的支撑 / 压制作用来寻找买卖点的位置。

2.2.1 上升趋势线的支撑作用

上升趋势线是在股价持续上涨的过程中，每次调整的波谷低点的连线，所以上升趋势线具有支撑作用。在股价没有跌破之前，上升趋势线就是每一次回落的支撑，投资者可以在股价回落受到支撑时买进。

在运用上升趋势线的支撑作用寻找买点时，要注意以下三点：

①股价调整至趋势线，受到支撑反弹的高度越高，这条趋势线的支撑作用越强，买入就越可靠。

②股价冲击这条趋势线的次数越多，趋势线的支撑越强，买入越可靠。

③趋势线的运行时间越长，支撑越强，买入就越可靠。

实例分析

利用上升趋势线买进四川美丰（000731）分析

图 2-8 所示为四川美丰 2019 年 4 月至 2020 年 6 月的 K 线走势。

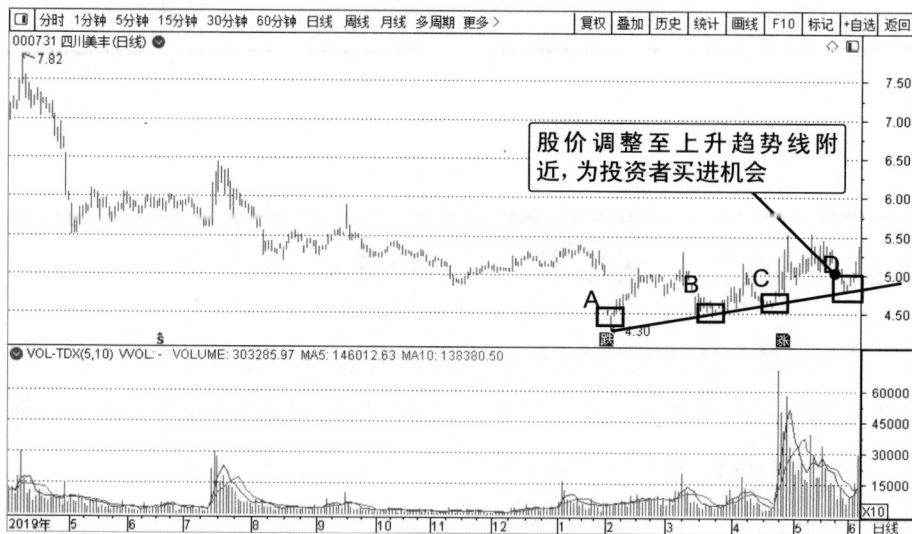

图 2-8　四川美丰 2019 年 4 月至 2020 年 6 月的 K 线走势

从图中可以看到，四川美丰处于下跌行情中，2019年4月股价从7.50元附近的高位开始下跌，跌至5.5元价位线附近后止跌，并在5元至5.50元区间横盘波动运行。

2020年1月下旬，股价进一步下跌，创下4.30元的新低后止跌回升，走出小幅震荡向上的走势，连接相邻两个波谷低位A、B绘制一条上升趋势线。2020年4月下旬，股价调整，C点位置触及上升趋势线，受到支撑止跌回升，说明该条上升趋势线为有效趋势线。

仔细观察下方的成交量发现，股价在小幅震荡上升的过程中，成交逐渐放量，说明场内有主力资金入场，后市看涨。2020年6月初，股价再次调整至D点处，触及上升趋势线，此时为投资者的买进机会。

图2-9所示为四川美丰2020年2月至8月的K线走势。

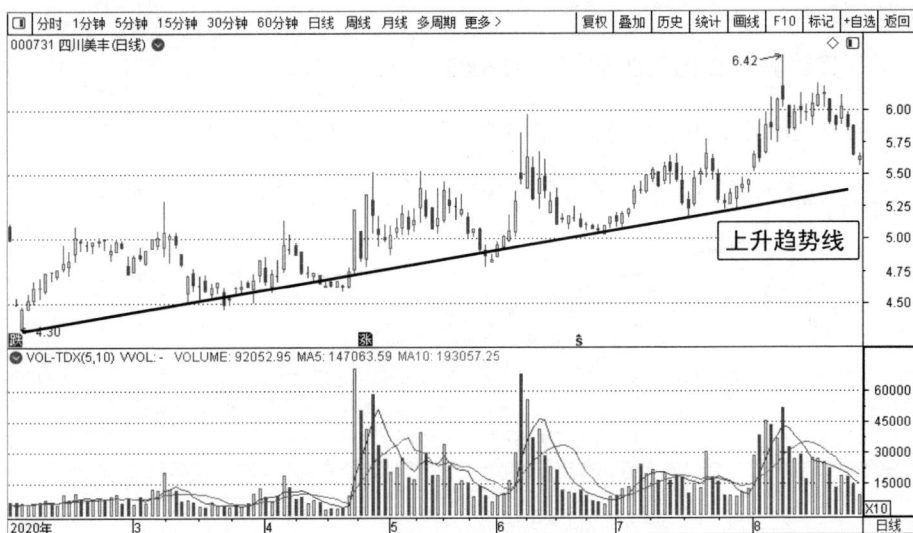

图2-9 四川美丰2020年2月至8月的K线走势

从图中可以看到，股价在上升趋势线的支撑作用下向上攀升，一底比一底高。在股价下跌有效跌破上升趋势线之前，投资者可以继续持有。一旦股价有效跌破上升趋势线，趋势发生转变，投资者就应立即平仓。

2.2.2 下降趋势线的压制作用

下降趋势线是在股价持续下跌的过程中，每次反弹的波峰高点的连线，所以下降趋势线具有压制作用。在股价没有突破之前，下降趋势线对每一次反弹起到压制作用，投资者可以在股价反弹至趋势线附近时卖出。

利用下降趋势线做卖点分析时，要注意以下三点：

①股价反弹至趋势线受到压制，弹开的距离越远，这条趋势线的压力越强，卖出就越可靠。

②股价冲击这条趋势线的次数越多，趋势线压力越强，卖出越可靠。

③这条趋势线运行的时间越长，压力越强，卖出越可靠。

实例分析

利用下降趋势线卖出鲁阳节能（002088）分析

图 2-10 所示为鲁阳节能 2019 年 3 月至 12 月的 K 线走势。

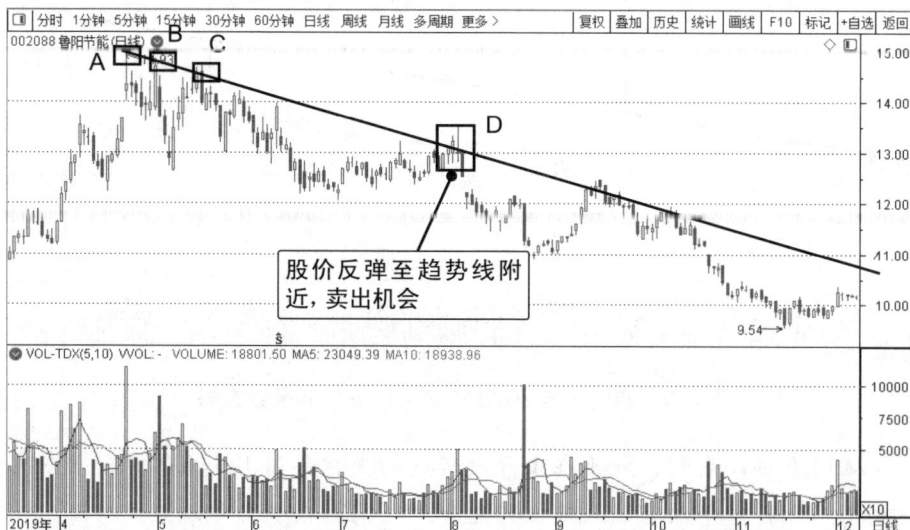

图 2-10　鲁阳节能 2019 年 3 月至 12 月的 K 线走势

从图中可以看到，鲁阳节能前期经过一轮上涨行情后，将股价拉升至14.00元上方，随后止涨并在14.00元价位线上下波动，重心有下移倾向。此时，我们可以通过下降趋势线来判断。

连接相邻的两个波峰高点 A、B 绘制下降趋势线，随后股价在 C 点处触及趋势线转而向下，股价跌破前低，说明这条趋势线是有效的。

当股价在12.50元位置止跌回升，在 D 点位置触及趋势线时，我们认为该趋势线会对其构成压力，因为股价在 C 点处向下大幅跌落，说明该趋势线的压力较强，所以此时为投资者的卖出点。

2.2.3 支撑与压制之间的转换

上升趋势线的支撑作用和下降趋势线的压制作用都不是一成不变的，上升趋势线的支撑作用可以转换成为压制作用，而下降趋势线的压制作用也可以转换成为支撑作用。

（1）上升趋势线支撑作用转为压制作用

当股价下跌有效跌破上升趋势线后，再次回调到趋势线附近时，趋势线的作用就会发生转换，原来的支撑作用转为压制作用，为卖出点。另外，该条上升趋势线越重要，转换之后对股价形成的压力也就越大，卖出就越可靠。

实例分析

纳思达（002180）趋势线支撑作用转为压制作用卖出分析

图 2-11 所示为纳思达 2019 年 7 月至 2020 年 9 月的 K 线走势。

从图中可以看到，纳斯达 2019 年 7 月开始表现上涨行情，这一轮上涨持续了 8 个月左右的时间，对应中长期趋势线。在股价上涨的过程中，股价多次触及上涨趋势线受到支撑，股价向上大幅弹开，由此证明了该条上升趋势线的有效性。

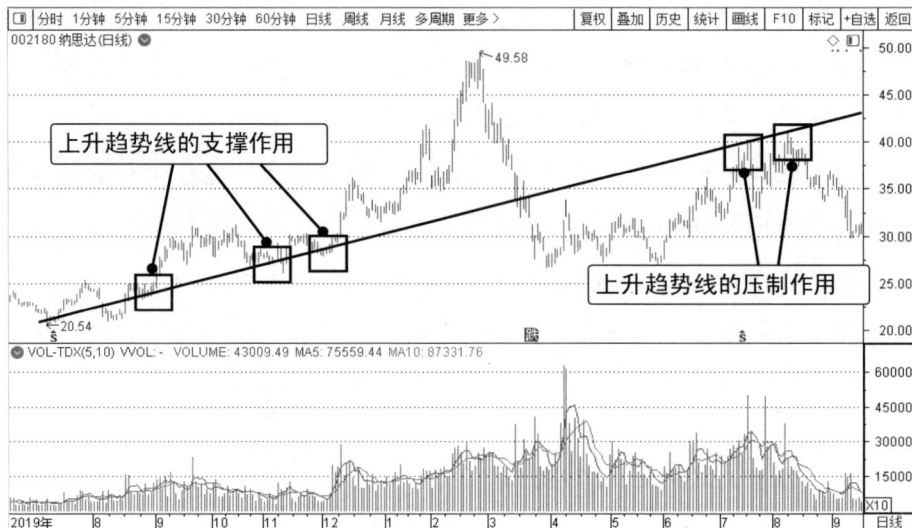

图 2-11　纳思达 2019 年 7 月至 2020 年 9 月的 K 线走势

2020 年 3 月中旬，K 线连续放阴，跌破上升趋势线，在下跌过程中成交量明显增大。股价跌破趋势线后并未快速回到趋势线上方，而长时间在趋势线下方运行，跌幅远超 3%，由此可以判断该上升趋势被有效突破。

在确认上升趋势线被有效突破后，6 月初股价出现反弹回升，当股价回升到上升趋势线附近时受阻，支撑转为压制，股价在此回落，卖点出现。

（2）下降趋势线压制作用转为支撑作用

当股价上升有效突破下降趋势线后，再次回调到趋势线附近时，趋势线的作用就会发生转换，原来的压制转为支撑，为买入点。另外，该条下降趋势线越重要，转换之后对股价形成的支撑也就越大，买入就越可靠。

实例分析

大连重工（002204）趋势线压制作用转为支撑作用买入分析

图 2-12 所示为大连重工 2019 年 4 月至 2020 年 2 月的 K 线走势。

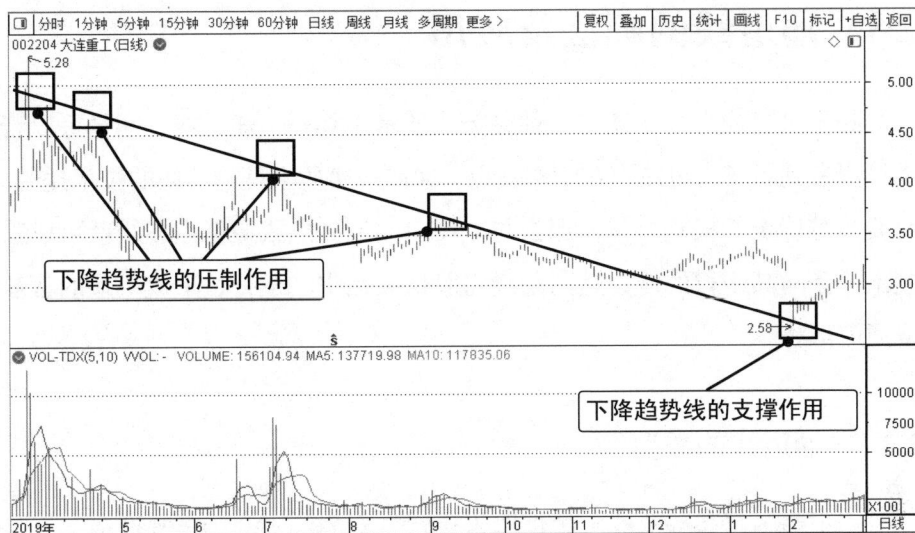

图 2-12　大连重工 2019 年 4 月至 2020 年 2 月的 K 线走势

从图中可以看到，大连重工 2019 年 4 月开始止涨下跌，这轮下跌持续近一年左右，对应长期趋势线。

我们连接下跌过程中的反弹高点绘制下降趋势线，可以发现，股价在下跌过程中，受到下降趋势线的压制，股价反弹回升触及趋势线便止涨回落，由此证实该条趋势线的有效性。

2019 年 12 月，股价在横盘波动过程中向上突破下降趋势线，突破后股价继续向上小幅拉升，涨幅超过 3%，下方成交量出现放大迹象，说明该趋势线被有效突破。

2020 年 2 月初股价突然再次跌落，跌至趋势线上时受到支撑，止跌回升，压制转为支撑，买点出现。

2.3 通道线的画法及应用

除了趋势线之外，还有一种趋势线技术工具——通道线，同样可以帮助投资者判断场内可能存在的买卖点。通道线实质上是趋势线的技术提升，只要能够确定一根趋势线，那么与之反向的最高点或最低点连线就可以绘制出一条与其平行的线，这两条线将股价夹在中间运行，形成明显的管道或通道形状。

2.3.1 通道线的类型

通道线与趋势线一样，根据股价运行方向的不同分为上升通道、下降通道和水平通道。因为水平通道属于水平整理趋势，一般持续时间不会太长，所以研究较少。此外，根据绘制平行线数量的不同，通道线分为二轨通道和三轨通道，下面分别进行介绍：

（1）绘制二轨通道线

二轨通道线指的是由两条平行线组成的通道线，其方法与趋势线绘制的方法类似。

通常股票行情软件中的平行线工具都可以直接绘制，下面以金长江软件为例进行介绍，其他软件中绘制通道线的方法与此类似。

实例分析

绘制上升二轨通道线

在金长江软件中打开需要绘制其通道线的股票K线走势，调整需要绘制的时间段。在软件上方单击"画线"按钮，打开画线工具箱，在工具箱中单击"平行直线"按钮，如图2-13所示。

图 2-13　单击"平行直线"按钮

软件中鼠标指针变为"⌀"形状，将其移动至 2020 年 2 月上旬股价波谷低点处，按下鼠标左键，此时屏幕中出现一条直线，按住鼠标左键不放向右上方拖动，如图 2-14 所示。

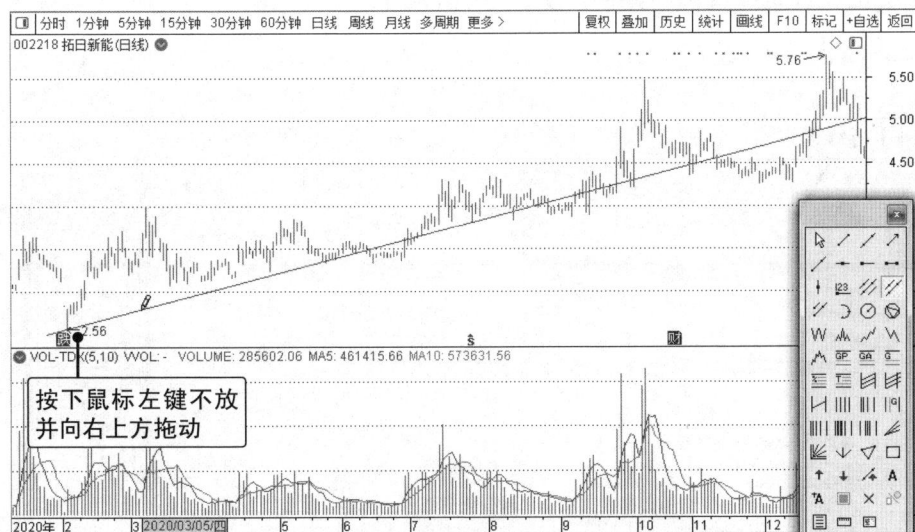

图 2-14　确定第一点

拖动到第二个波谷低点时释放鼠标，完成两个波谷低点的连接。此时移动鼠标，将出现一条跟随鼠标指针移动的平行线，如图2-15所示。

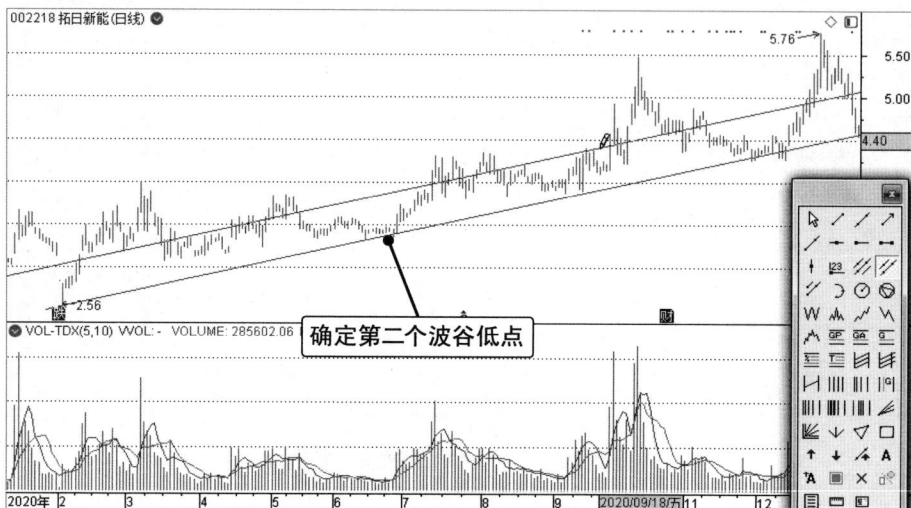

图2-15 绘制第一条趋势线

向上移动鼠标指针至该波段的最高位置处单击，确定平行线的位置，完成上升二轨通道线的绘制，如图2-16所示。

图2-16 确定第二条平行线

（2）绘制三轨通道线

三轨通道线在二轨通道线的基础上增加了一条中轨，当通道内的股价波动范围较大时，可以通过中轨判断股价在通道内的强弱势头，也可以清晰地找到买卖点。

三轨通道线可以通过画线工具箱中的"价格通道线""线形回归带""延长线形回归带"绘制，方法大同小异，这里以"价格通道线"为例进行介绍。

实例分析

绘制上升三轨通道线

在金长江软件中打开需要绘制其通道线的股票K线走势，调整需要绘制的时间段。在软件上方单击"画线"按钮，打开画线工具箱。在工具箱中单击"价格通道线"按钮，如图2-17所示。

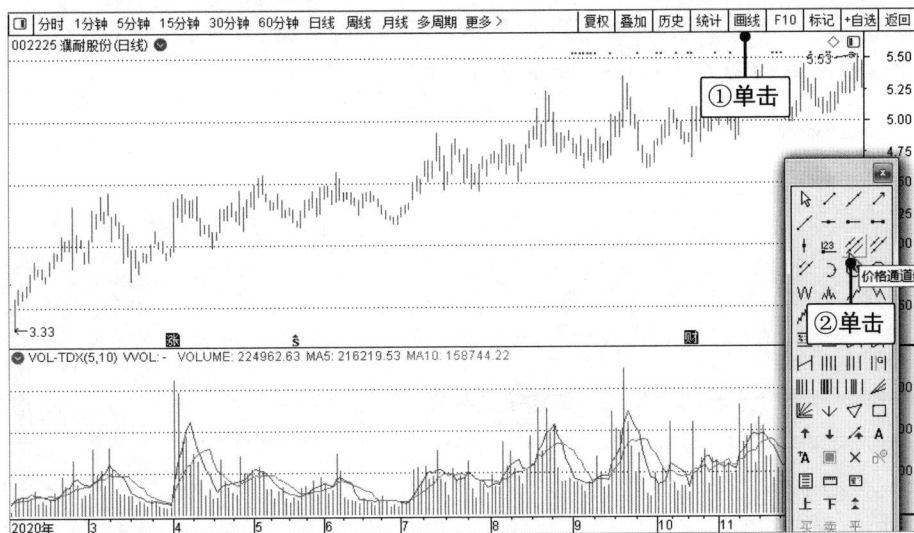

图2-17　单击"价格通道线"按钮

软件中鼠标指针变为"∅"形状，将其移动至2020年2月上旬股价波谷低点处，按下鼠标左键，此时屏幕中出现一条直线，按住鼠标左键不放向右上方拖动，如图2-18所示。

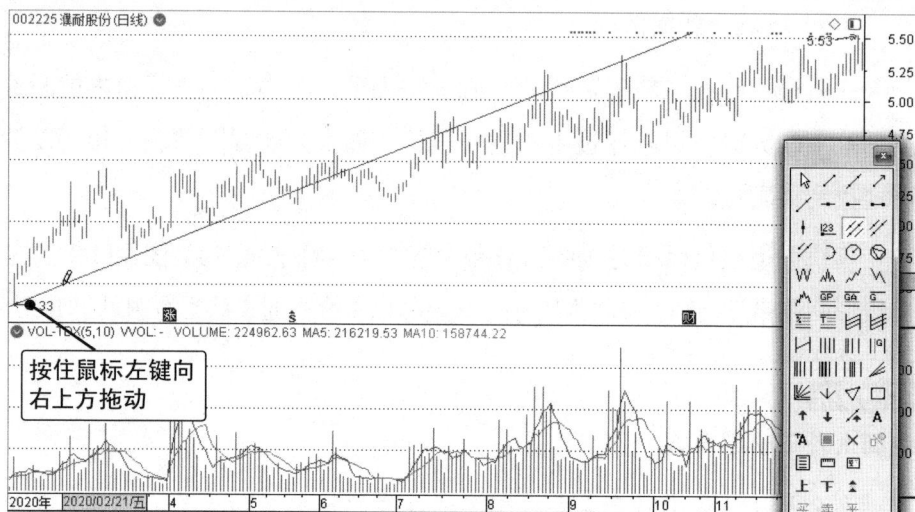

图 2-18　确定第一点

拖动到第二个波谷低点位置时释放鼠标，完成两个相邻波谷低点的连接。此时移动鼠标发现刚刚绘制的趋势线为中轨线，其上下两侧出现平行于该趋势线的两条平行线，如图 2-19 所示。

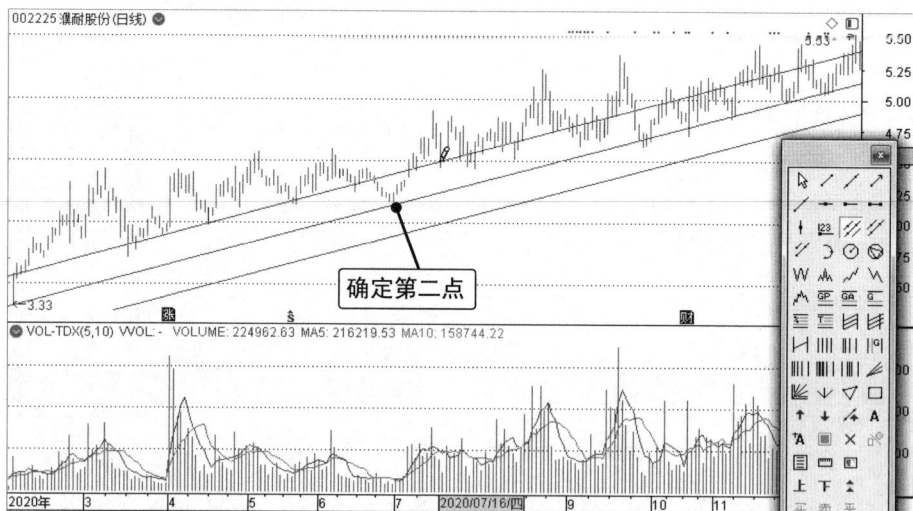

图 2-19　绘制中轨线

向上移动鼠标指针至该波段最高点附近位置单击，确定两条平行线的
宽度，如图 2-20 所示。

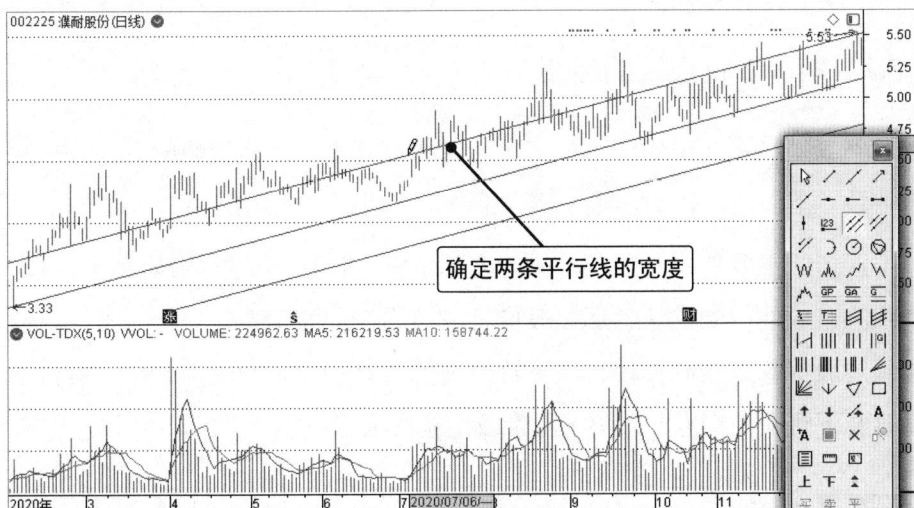

图 2-20　确定两条平行线的宽度

此时并不在正确的位置上，将鼠标移动到通道线上，当其变为"🖑"
时调整轨道至适当位置处，释放鼠标，如图 2-21 所示。

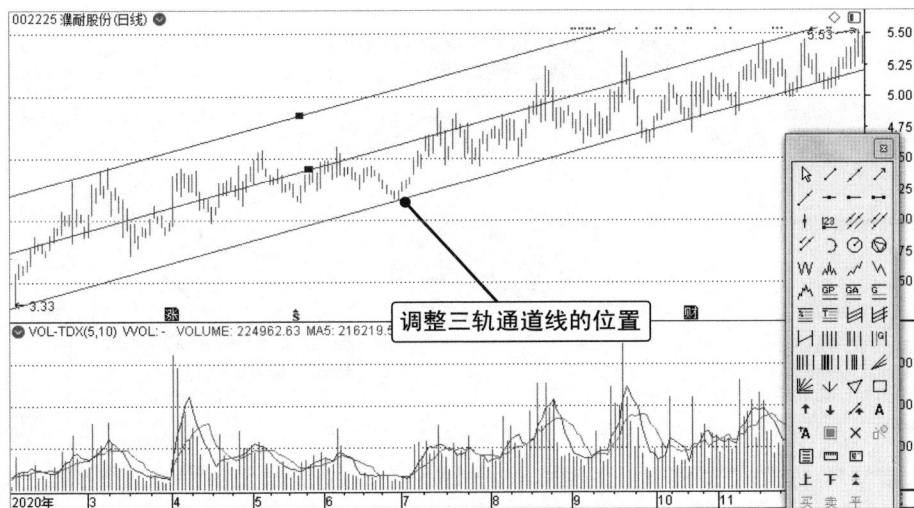

图 2-21　调整位置

绘制三轨通道线时可能需要多次移动通道线的位置和调节平行线的距离才能够绘制出精准的通道线。

2.3.2 上、下轨道线的运用

不管是二轨通道线，还是三轨通道线，其上、下轨道线的运用方法基本一致。下面以二轨通道线为例介绍上、下轨道线的运用。

通道的主要作用是限制价格的变动范围，让其在范围内波动。一旦通道线的有效性得到确认，那么股价将在该通道内波动变化。此时，上轨通道线对股价起到压制作用，而下轨通道线则对股价起到支撑作用，股价下跌触及下轨线为买点，股价上涨触及上轨线为卖点。

实例分析

中电兴发（002298）上、下轨道线买进卖出分析

图 2-22 所示为中电兴发 2017 年 11 月至 2019 年 12 月的 K 线走势。

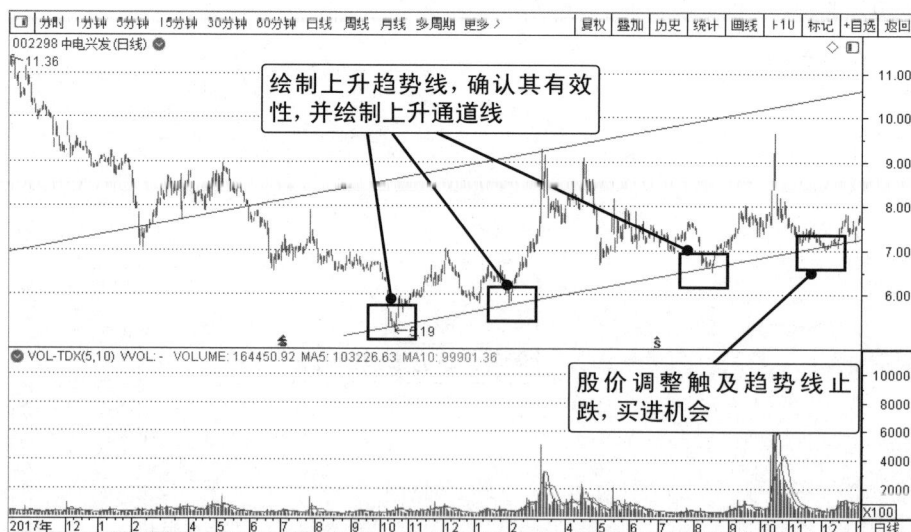

图 2-22 中电兴发 2017 年 11 月至 2019 年 12 月的 K 线走势

从图中可以看到，中电兴发从 2017 年 11 月开始表现下跌行情，股价一路下滑。此番下跌持续了一年多的时间，2018 年 10 月，股价创下 5.19 元的新低后止跌回升，转入上升行情中。

股价在上升过程中形成多个波谷低点，连接相邻两个低点绘制一条上升趋势线。2019 年 8 月，股价调整触及这条上升趋势线止跌回升，由此确认了该趋势线的有效性。

根据这条趋势线，绘制二轨通道线，如图 2-22 所示，说明股价将在该通道内波动运行。2019 年 12 月，股价再次调整触及下轨道线受到支撑止跌回升，此时为买点。

图 2-23 所示为中电兴发 2018 年 5 月至 2020 年 7 月的 K 线走势。

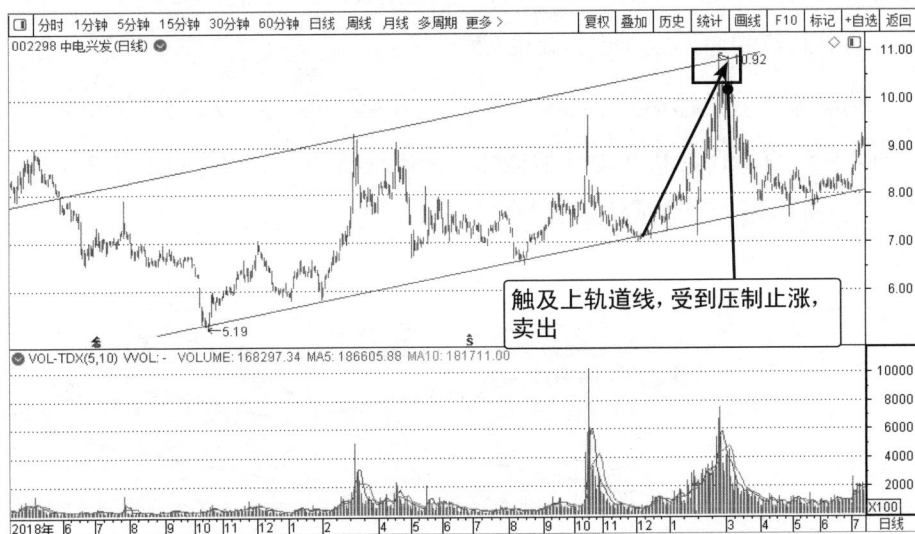

图 2-23 中电兴发 2018 年 5 月至 2020 年 7 月的 K 线走势

从图中可以看到，2019 年 12 月，股价在 7 元价位线受到下轨道线的支撑后，向上反弹，当股价上涨至 10.92 元触及上轨道线时，受到上轨道线的压制，止涨下跌，卖点出现。如果投资者在触及下轨道线 7.00 元附近买进，触及上轨道线 10.00 元附近卖出，这一操作可以获得 43% 左右的涨幅收益。

2.3.3 通道线的变轨

尽管通道线将股价限制在一个范围内波动，但通道线并不是永远有效的，一旦通道被突破就意味着行情即将出现一个较大的变化。但是需要注意的是，这里的突破并不是趋势反转的开始，反而可能是趋势加速的开始，即原来的趋势线斜率增加，趋势线的方向更加陡峭，也就是通道线的变轨。

通道线的变轨分为两种情况，下面依次进行介绍：

（1）突破上升通道线上轨线

如果处于上升行情中的股价向上攀升突破了上升通道线的上轨线，则说明该股的上升趋势增强，原来的通道线失效，我们需要对通道线进行调整，即绘制新的通道线，也就是变轨。

绘制新的上升通道线从最后一个向上反弹的低点出发，平行绘制一条更为陡峭的直线作为新的上升趋势线，并在其基础上绘制新的上升通道线。图 2-24 所示为上升通道线的变轨。

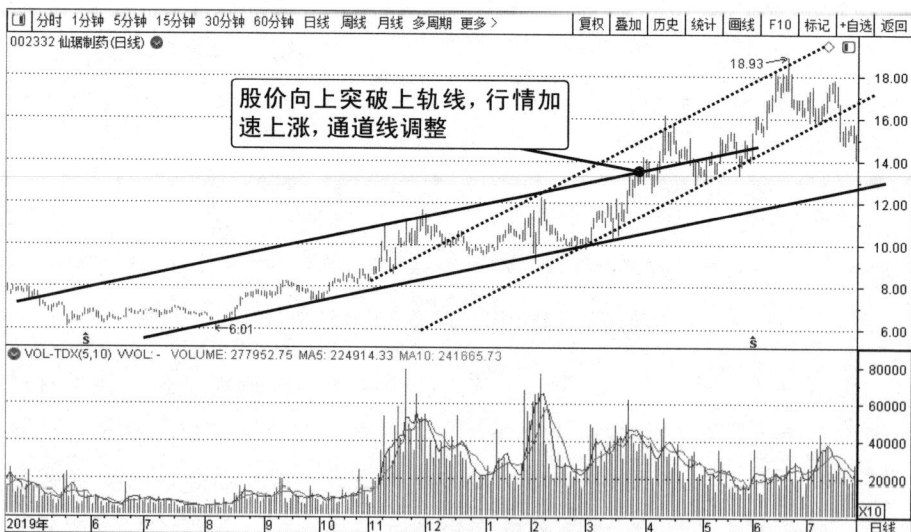

图 2-24 上升通道线的变轨

从图中可以看到，仙琚制药（002332）处于上升行情中，我们连接相邻两个波谷低点绘制上升通道线（实线通道线），股价在通道线内波动运行。2020年3月股价向上突破上升通道线的上轨线，说明该股的上升趋势正在加速，原本的通道线也应该调整，此时需要在原轨道的基础上重新绘制上升通道线（虚线通道线）。

（2）跌破下降通道线下轨线

如果处于下降行情中的股价向下滑落跌破了下降通道线的下轨线，则说明该股的下降趋势增强，原来的通道线失效，我们需要对通道线进行调整，即绘制新的通道线。

下降通道线的变轨与上升通道线的变轨类似，从最后一个向下反弹的高点出发，平行绘制一条更为陡峭的直线作为新的下降趋势线，并在其基础上绘制新的下降通道线。图2-25所示为下降通道线的变轨。

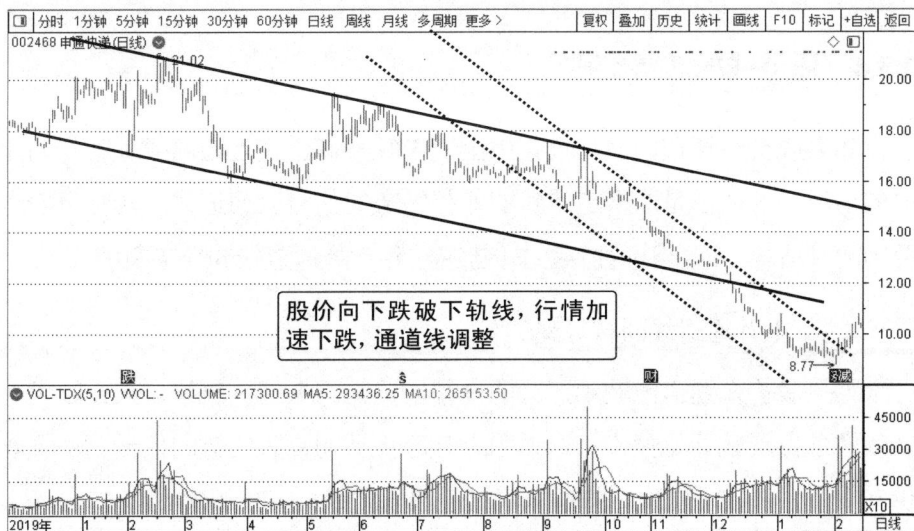

图2-25 下降通道线变轨

从图中可以看到，申通快递（002468）处于下跌行情中，我们连接相邻两个波峰高点绘制下降通道线（实线通道线），股价在通道线内波动运行。2020 年 12 月股价进一步下跌，向下跌破下降趋势线的下轨线，说明该股的下降趋势正在加速，原本的通道线也应该调整，此时需要在原轨道的基础上重新绘制下降通道线（虚线通道线）。

注意，股价不会永远沿着一个通道运行，大部分的股票在牛市行情中会表现出前期缓慢增长，后期加速增长的走势；而在熊市行情中，则可能是前期急速下跌，中期缓慢下跌，后期再次加速下跌。所以在绘制通道线找寻买卖点的过程中，投资者需要懂得通道线的变轨处理。

理财贴士　*通道线是基于趋势线而存在的*

通道线是在趋势线的基础上延伸而来的，即先有趋势线，然后才有通道线。因此，我们在分析通道线时离不开趋势线。但是趋势线则不同，它是可以独立存在的。

2.3.4　通道线的转势突破

如果股价在通道内波动过程中出现未触及通道线且距离很远就开始掉头的情况，这往往是原来趋势转弱即将转势的信号。通道线的转势突破也分为两种情况，即上升通道线的转势突破和下降通道线的转势突破。

（1）上升通道线的转势突破

如果股价在通道内波动运行的过程中，无力抵达上轨线，且在距离上轨线较远位置就开始掉头，这说明上升趋势转弱，有转势的信号。一旦股价向下有效跌破下轨线，就意味着通道原来的趋势发生了转变。

需要注意的是，这里的有效跌破与前面介绍的有效跌破下降趋势线要求相同，需要满足时间、跌幅以及成交量的跌破要求，才能判断其跌破的有效性。

图 2-26 所示为上升通道线的转势突破。

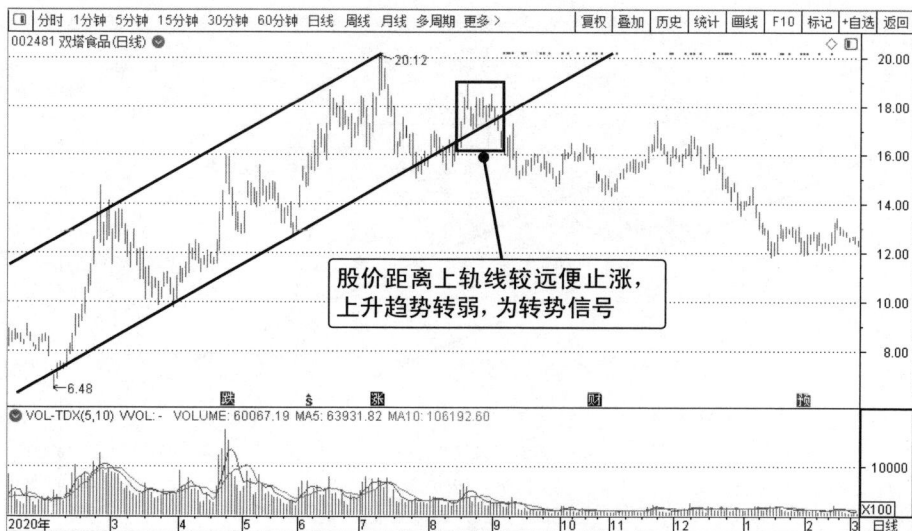

图 2-26 上升通道线的转势突破

从图中可以看到，双塔食品（002481）前期表现上涨行情，连接相邻两个波谷低点绘制上升通道线，股价在通道内波动上行。2020 年 7 月，股价上涨触及上轨线止涨下跌，跌至下轨线后受到支撑止跌，短暂横盘后继续上涨。

但此次上涨仅仅维持了几个交易日便止涨横盘，距离上轨线较远，说明上涨趋势有转弱的迹象，后市可能转势向下。随后股价拐头向下，K 线连续收出几根大阴线，有效跌破下轨线的支撑，转入下跌行情之中。因此，投资者一旦发现股价上升趋势转弱的信号就是出逃机会。

（2）下降通道线的转势突破

如果股价在通道内波动运行的过程中，无力抵达下轨线，且在距离下轨线较远位置就开始掉头向上，这说明下降趋势转弱，有转势的信号。一旦股价向上有效突破上轨线就意味着通道线原趋势发生转变。

图 2-27 所示为下降通道线的转势突破。

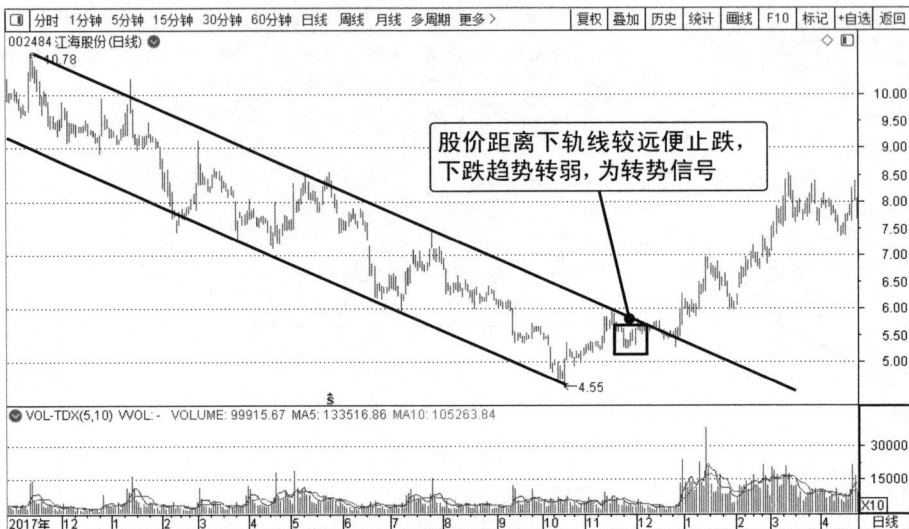

图 2-27　下降通道线的转势突破

从图中可以看到，江海股份（002484）前期表现下跌行情，连接相邻两个波峰高点绘制下降通道线，股价在下降通道线内波动下行。2018 年 11 月，股价上涨再次触及上轨线受到压制下跌，但此次并未出现较大幅度的下跌，仅仅几个交易日便止跌，距离下轨线较远，下跌行情有转弱迹象。

随后股价横盘一段时间后，突然放量拉升有效突破上轨线，转入上升行情中。当股价下跌行情出现转弱迹象时投资者应该引起关注，一旦股价放量拉升并有效突破上轨线时可以积极买进。

第3章
技术指标，帮助识别趋势走向

　　除了手动绘制趋势线之外，实际上股票软件中还会提供一些技术指标，投资者借助这些技术指标也能够快速识别出当前的趋势走向，以便准确找到市场中的买卖机会。

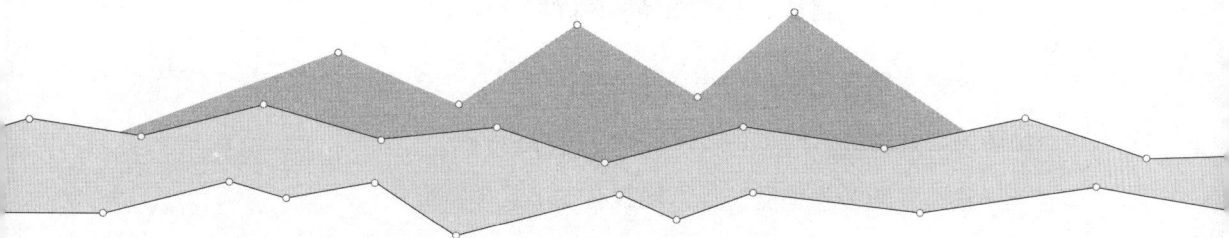

均线空翻多，趋势反转上行
均线多头排列，加速上升
均线黏合，上涨途中整理
均线缠绕运行，顶部滞涨
均线多翻空，趋势反转下行

3.1 均线运行形态判断趋势

均线即移动平均线，它是利用统计分析的方法将一定时期内的股票价格加以平均，然后将其平均值连接起来形成的曲线。因此，投资者可以通过均线观察股价在一定时期内的价格变动趋势，判断当前的行情。

在实际应用中，通常不会用单根均线，而是会将多根均线结合起来应用，即均线系统（包括短期均线、中期均线和长期均线）。在不同的行情下，均线系统会出现不同的形态，判断趋势时投资者可以从均线系统的形态特点出发，准确判断。

3.1.1 均线空翻多，趋势反转上行

均线空翻多指的是均线系统由空头下行转为多头上行，这是下降趋势反转为上升趋势的信号，为投资者的买进机会。

均线空翻多趋势反转时，均线有如下几个特点：

①5日均线、10日均线和20日均线由原本的向下运行方向纷纷开始拐头向上运行，而60日均线由原本的向下运行开始逐渐走平。

②均线空头下行，股价运行在均线下方，均线对其起到压制作用；而后股价拐头向上，穿过均线运行在均线上方，均线转为多头上行，此时均线对股价起到支撑作用。

实例分析

众信旅游（002707）均线空翻多，趋势反转分析

图 3-1 所示为众信旅游 2020 年 9 月至 2021 年 3 月的 K 线走势。

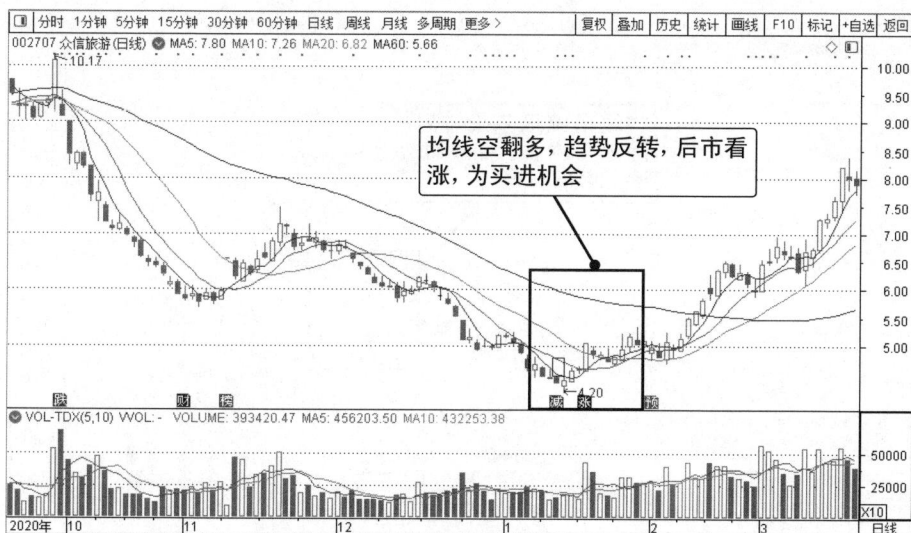

图 3-1　众信旅游 2020 年 9 月至 2021 年 3 月的 K 线走势

从图中可以看到，众信旅游前期表现为下跌行情，均线纷纷向下运行，股价长期运行在均线下方，中途虽然上穿均线站在均线上方，但仅仅维持了几个交易日之后便再次下跌至均线下方。

2021 年 1 月，股价止跌回升，上穿均线并站在均线上方，向上运行，此时 5 日均线、10 日均线和 20 日均线纷纷拐头向上运行，60 日均线走平，说明空头势能衰竭，市场转入多头市场，后市看涨，为买进机会。

3.1.2　均线多头排列，加速上升

均线多头排列是市场趋势增强、股价加速上涨时的特点，是一种做多信号。均线多头排列是指短期、中期和长期均线按照自上而下的顺序进行排列。

实例分析

金莱特（002723）均线多头排列，趋势增强

图3-2所示为金莱特2020年1月至6月的K线走势。

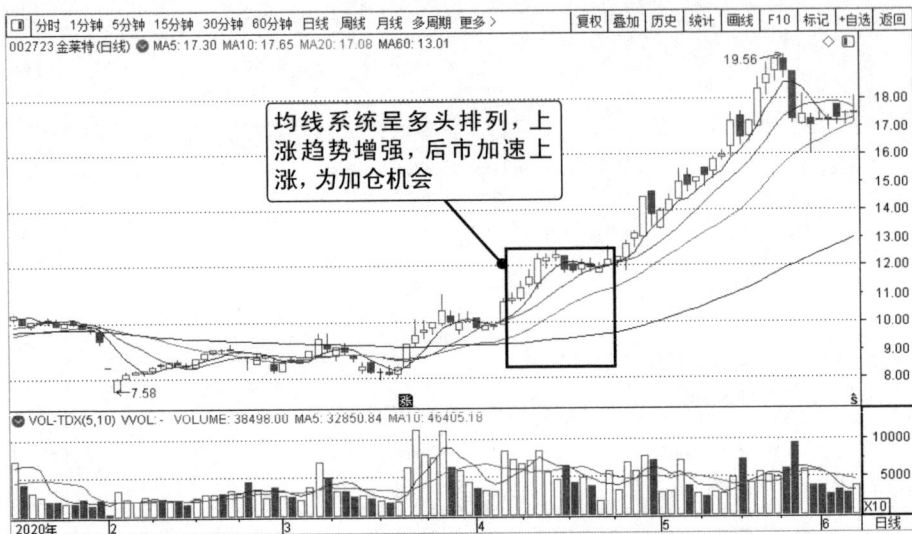

图 3-2　金莱特 2020 年 1 月至 6 月的 K 线走势

从图中可以看到，金莱特前期股价在9元价位线上下横盘波动，此时均线相互纠缠运行。3月下旬，K线连续收出多根阳线拉升股价向上穿过均线，并站在均线上方，同时均线逐渐发散开来，向上攀升，说明市场转入多头行情。

4月上旬，股价继续上涨，此时5日均线、10日均线、20日均线和60日均线由上至下排列，形成多头排列，说明市场上升趋势增强，后市股价将加速上涨，所以4月中旬股价横盘调整时为投资者的加仓机会。

3.1.3　均线黏合，上涨途中整理

在不同的位置中都可能会出现均线黏合的情况，且不同位置下的均线黏合具有不同的意义，因此我们在分析判断时要结合实际位置进行分析。

这里主要介绍的是上涨过程中的均线黏合形态。此时，均线黏合形态分析需要具备以下两个前提条件：

◆ 均线处于黏合状态，但仅要求短期均线出现黏合，长期均线保持向上的趋势不变。

◆ 股价已经完成筑底，处于上涨途中的整理阶段。

整理结束后，股价还会继续上涨，投资者看到均线的此种形态可以放心买进。

实例分析

比亚迪（002594）上涨途中均线黏合分析

图 3-3 所示为比亚迪 2020 年 6 月至 2021 年 2 月的 K 线走势。

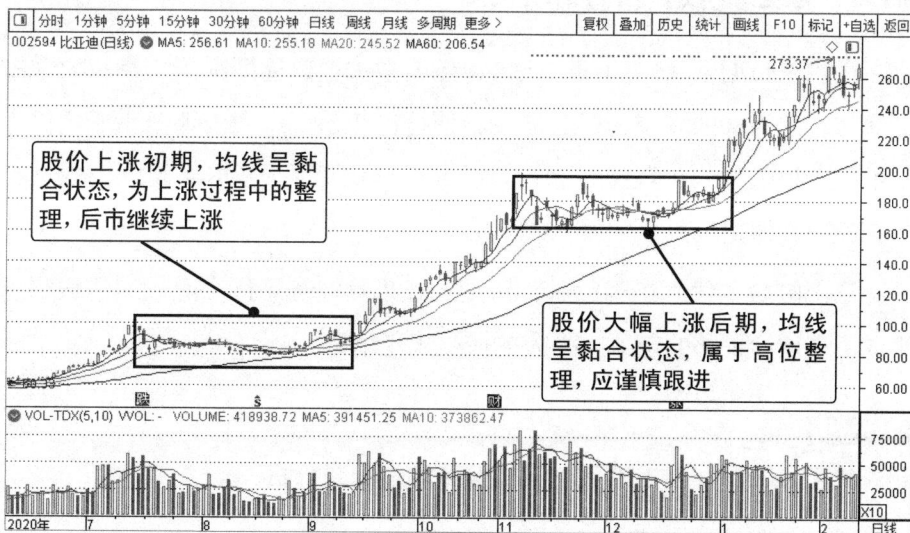

图 3-3 比亚迪 2020 年 6 月至 2021 年 2 月的 K 线走势

从图中可以看到，比亚迪处于上升趋势中，2020 年 6 月股价在均线的支撑下向上攀升，均线呈现多头排列。当股价上涨至 100.00 元后止涨回调，此时 5 日均线、10 日均线和 20 日均线由发散状态转为黏合缠绕横行，而

60 日均线则继续保持向上运行的趋势不变，说明该股的长期趋势并未发生改变，此时为股价上涨途中的整理，整理结束后股价将加速上涨，所以该阶段为投资者追涨买进的机会。9 月初，股价整理完成，均线结束黏合发散开来呈现多头排列，股价在均线的支撑下加速上行。

当股价上涨至 200.00 元附近后，再次止涨横行，5 日均线、10 日均线和 20 日均线又黏合纠缠横行，长期均线则继续向上运行，下方成交量放大，说明此时为上涨途中的整理，目的在于让场内前期获利盘出局，清理浮筹，便于后市拉升，此时为投资者的追涨机会，但因为此时股价的涨幅已经超过 200%，属于高位区域，所以应少量买进，一旦股价拐头向下有效跌破均线系统，则应立即出局。

3.1.4　均线缠绕运行，顶部滞涨

在股价长期上涨后的顶部区域，场内多头力量逐渐削弱，空头力量占据优势，因为场内多空力量的转变，使得均线系统排列表现出明显变化，即不同周期的均线相互缠绕运行。投资者一旦发现顶部区域均线出现这种形态就应立即离场。

顶部区域均线缠绕运行时，短期均线相互缠绕运行，而长期均线则走平或出现逐渐下移的迹象，下方的成交出现缩量。

实例分析

长青集团（002616）上涨后的高位区域均线缠绕分析

图 3-4 所示为长青集团 2019 年 9 月至 2020 年 10 月的 K 线走势．

从下图可以看到，长青集团处于上涨趋势中，股价从 6.51 元的低位开始上升，当股价上涨至 12.00 元附近后止涨横盘。仔细观察股价横盘时的均线发现，均线由多头排列时的发散状态转为纠缠运行，其中 5 日均线、10 日均线、20 日均线相互纠缠横向运行，而 60 日均线则横向运行，且出

现下行的迹象。下方成交量逐渐缩小，说明上涨趋势转弱，转势在即，投资者应立即出逃。

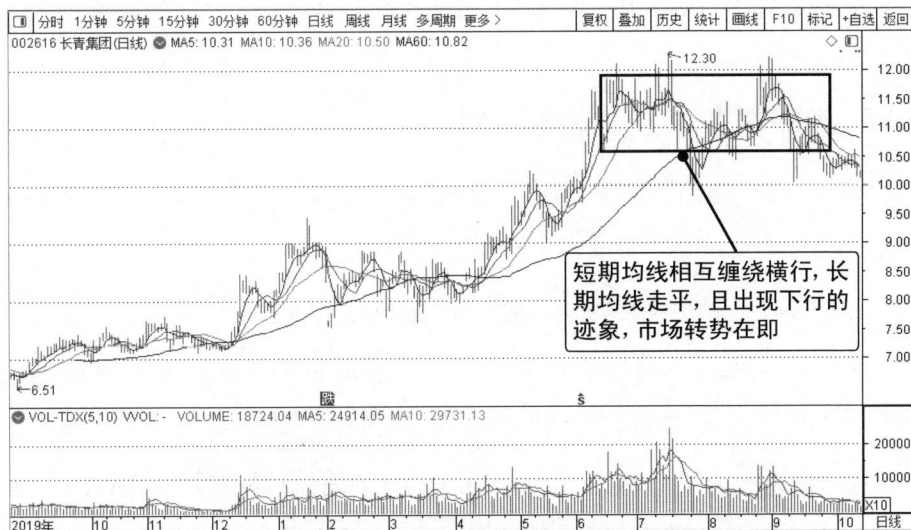

图 3-4 长青集团 2019 年 9 月至 2020 年 10 月的 K 线走势

图 3-5 所示为长青集团 2020 年 6 月至 2021 年 2 月的 K 线走势。

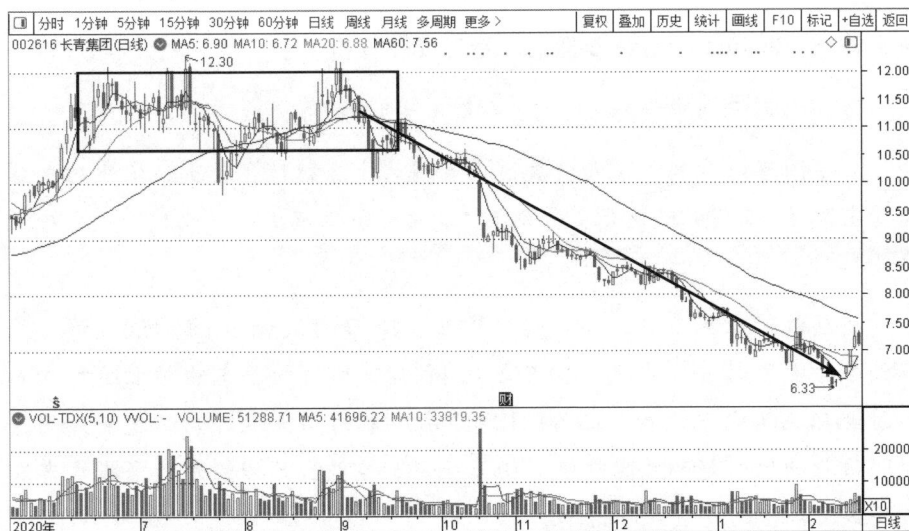

图 3-5 长青集团 2020 年 6 月至 2021 年 2 月的 K 线走势

从图中可以看到，9 月下旬均线系统结束缠绕运行走势，5 日均线、10 日均线和 20 日均线纷纷拐头向下，该股转入下跌趋势之中。股价在均线系统的压制下一路下行，从 12 元跌至最低 6.33 元。

3.1.5　均线多翻空，趋势反转下行

前面我们介绍了均线空翻多，是趋势反转上行的买入信号，而均线多翻空则与之相反，是趋势反转下行的卖出信号。

均线多翻空趋势反转时均线有如下两个特点：

① 5 日均线、10 日均线和 20 日均线由原本的向上运行方向纷纷开始拐头向下运行，而 60 日均线由原本的向上运行开始逐渐走平。

②均线多头上行，股价运行在均线上方，均线对其起到支撑作用；而后股价拐头向下，穿过均线运行在均线下方，均线转为空头下行，此时均线对股价起到压制作用。

实例分析

宏大爆破（002683）均线多翻空，趋势反转分析

图 3-6 所示为宏大爆破 2020 年 5 月至 12 月的 K 线走势。

从下图可以看到，宏大爆破前期表现为上涨行情，股价在均线的支撑下向上攀升，从 28.70 元位置上涨至 60.00 元价位线上方，此时均线系统呈多头排列。

随后股价止涨下跌，下穿 5 日均线、10 日均线和 20 日均线，运行至均线下方，同时 5 日均线、10 日均线和 20 日均线由原本的向上运行方向纷纷开始拐头向下运行，而 60 日均线由原本的向上运行开始逐渐走平，说明该股的上涨趋势发生转变，由多头转为空头，后市看跌。当投资者发现均线多翻空时就应立即出逃。

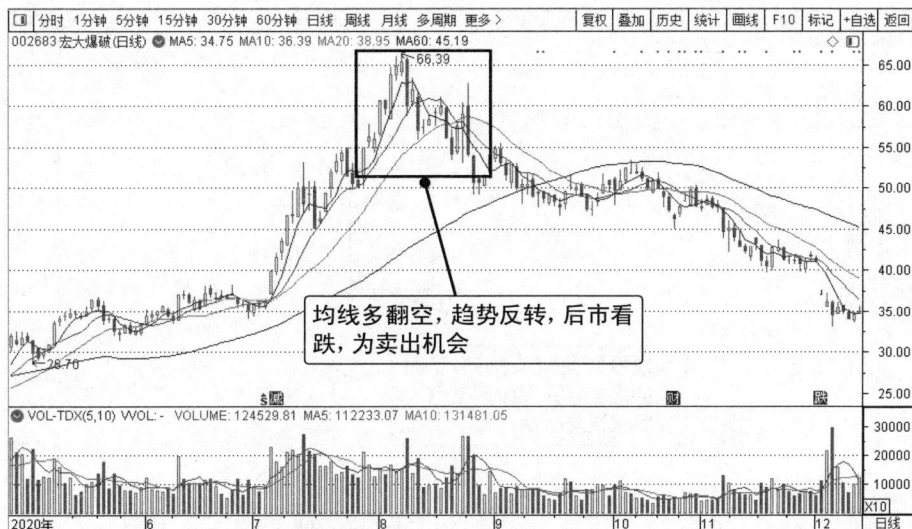

图 3-6　宏大爆破 2020 年 5 月至 12 月的 K 线走势

3.1.6　均线空头排列，加速下跌

均线空头排列是市场趋势增强、股价加速下跌时的特点，是一种做空信号。均线空头排列是指短期、中期和长期均线按照自下而上的顺序进行排列。

实例分析

红旗连锁（002697）均线空头排列，趋势增强

图 3-7 所示为红旗连锁 2020 年 3 月至 2021 年 1 月的 K 线走势。

从图中可以看到，红旗连锁前期经过一轮上涨后，将股价拉升至 11 元附近后止涨，股价在该价位线上下波动横行。

2020 年 7 月上旬，股价急速向上拉升两个交易日，将股价拉升至13.50 元后止涨下跌，依次下穿 5 日均线、10 日均线、20 均线和 60 日均线。随后 5 日均线、10 日均线和 20 日均线纷纷拐头下行，60 日均线走平，说明该股多头势能衰竭，转入空头市场中。

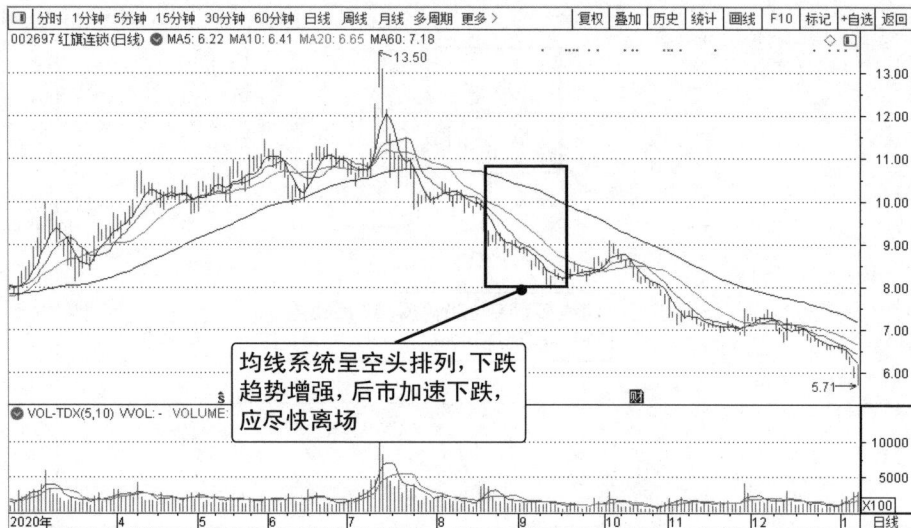

图 3-7　红旗连锁 2020 年 3 月至 2021 年 1 月的 K 线走势

2020 年 8 月，股价在均线的压制下继续下行。仔细观察均线发现，均线系统呈现空头排列，即 5 日均线、10 日均线、20 日均线和 60 日均线自下而上排列，说明该股的下跌趋势即将加速推进，尚未离场的投资者要尽快离场。

3.2　成交量识别当前趋势

成交量是市场中供需关系的体现，当市场中的大部分投资者普遍看好后市发展，都要买进、供不应求时，成交量放大；反之，供过于求，市场冷清，无人看好，成交量则萎缩。因此，我们可以通过市场中成交量的情况来识别当前的趋势。

3.2.1 成交温和放量，新趋势形成

上涨初期是每一位投资者都想要找到的波段，它意味着新趋势的形成，一旦找准上涨初期，投资者就可以迎接主升浪获利。虽然上涨初期与下跌过程中的反弹总是难以区别开来，但可以通过上涨初期成交量与股价之间的配合形态来捕捉。

股价筑底完成后，开始缓慢上涨逐渐脱离底部区域，此时成交量逐步放大，呈现出温和放量的形态特点，形成价增量涨的配合关系。说明该股的新趋势形成，后市即将迎来一轮上涨行情，为投资者买进信号。

需要注意的是，成交温和放量需要满足一个前提，即在股价经过一轮下跌行情之后，即股价跌无可跌、成交量萎缩到一定程度后，出现的温和放量才能说明为上涨初期。

实例分析

中国软件（600536）成交温和放量，趋势分析

图 3-8 所示为中国软件 2016 年 12 月至 2018 年 3 月的 K 线走势。

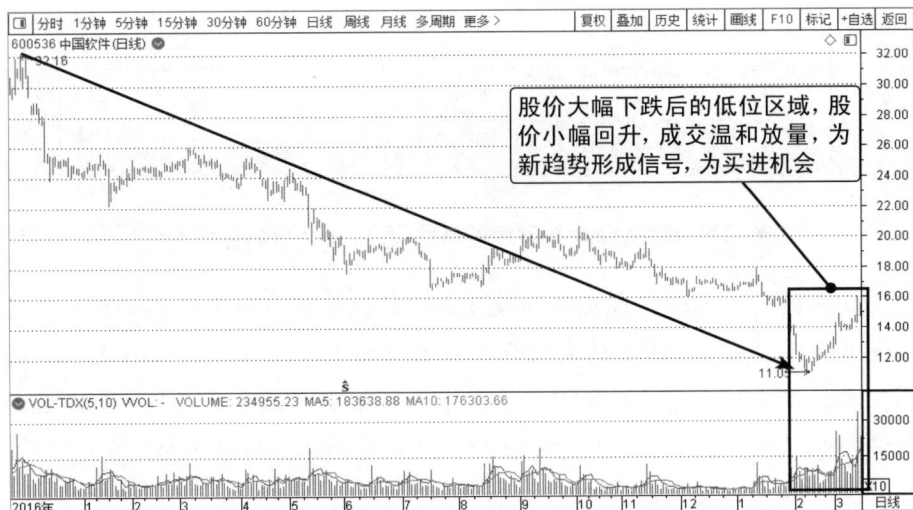

图 3-8 中国软件 2016 年 12 月至 2018 年 3 月的 K 线走势

从上图可以看到，中国软件经过一轮大行情深幅下跌，使得股价跌至 18 元附近止跌，随后股价在 16 ~ 20 元波动运行，下方成交量表现缩量。

2018 年 1 月，K 线连续收出多根大阴线，促使股价进一步下跌，股价跌至 11.05 元位置止跌横盘，随后 K 线连续收阳，股价小幅回升，下方成交呈温和放量。

由此说明，前面的连续收阴下跌是主力为探底刻意而为，此时股价止跌回升，成交温和放量，则说明股价筑底成功，主力即将拉升股价上涨，后市看涨，该阶段可以判断为上涨初期，是投资者买进的机会。

图 3-9 所示为中国软件 2018 年 2 月至 2021 年 3 月的 K 线走势。

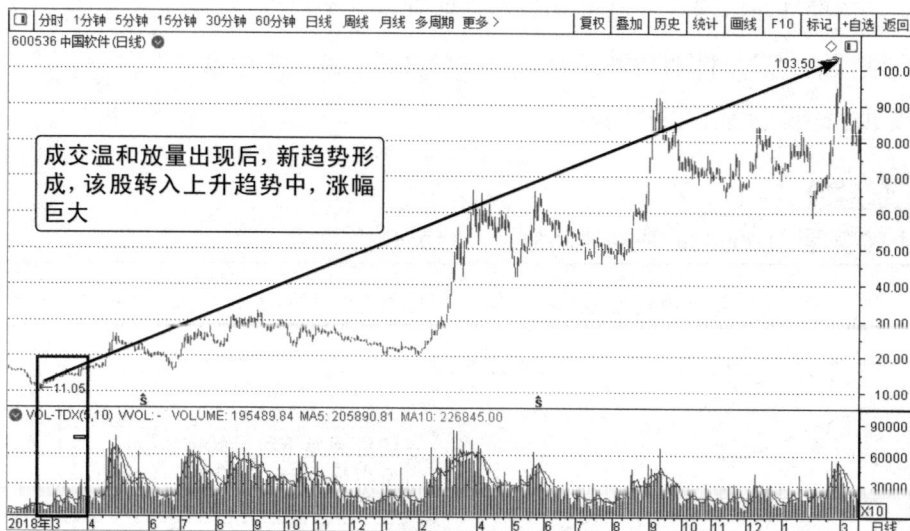

图 3-9　中国软件 2018 年 2 月至 2021 年 3 月的 K 线走势

从上图可以看到，成交温和放量出现后，该股转入上升趋势之中，股价震荡向上，从 11.05 元的最低价上涨至最高 103.50 元，涨幅巨大，此轮上涨维持了 3 年左右的时间。而成交温和放量则是该轮上涨趋势形成后的信号，如果投资者能够抓住这一信号，可以获得丰厚的投资回报。

3.2.2 成交突然放巨量，趋势反转信号

成交突然放量也存在多种情况，如果股价在经历了较长时间的上涨，运行至高位区域后突然放出巨量，说明场内多空双方分歧较大，有主力在抛出，趋势反转下跌的可能性较大，除非随后几天价格继续上涨创出新高。所以，高位区域成交突然放巨量是股价阶段性的见顶信号，也是投资者的卖出机会。

实例分析

潍柴重机（000880）成交突然放巨量，卖出分析

图 3-10 所示为潍柴重机 2020 年 2 月至 10 月的 K 线走势。

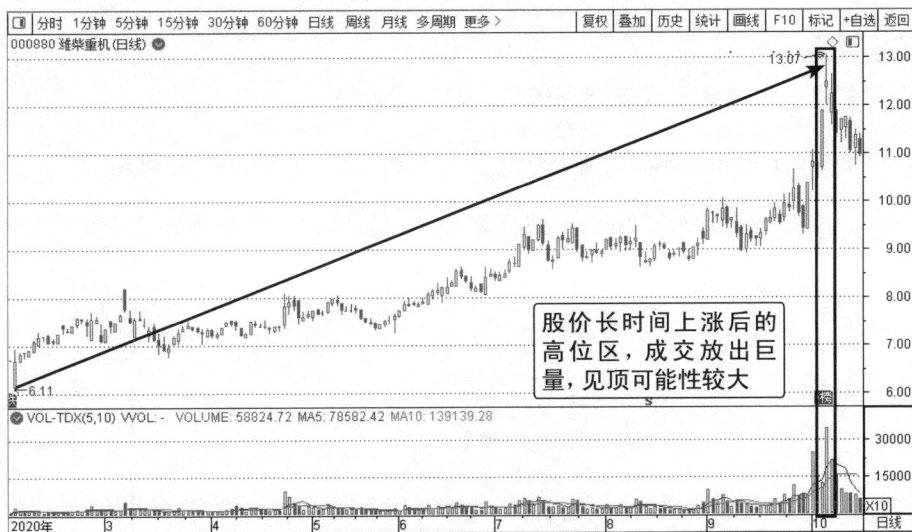

图 3-10 潍柴重机 2020 年 2 月至 10 月的 K 线走势

从图中可以看到，潍柴重机处于上升趋势中，股价从 6.11 元的低位开始向上缓慢攀升。10 月 14 日，成交量放出巨量，K 线收出一根带长上下影线的小阳线，同时创出 13.07 元的新高。此时，应该引起投资者注意，此时的巨量是转势信号，还是多方力量聚集？

进一步分析可以发现，此时该股这一轮上涨已经持续了 8 个多月的时间，涨幅超过 100%，有阶段见顶的可能性。另外，成交量出现巨量之后的连续几个交易日，股价小幅下跌并没有继续上升，由此说明股价见顶可能性较大，趋势可能发生反转，投资者应尽快离场。

3.2.3 成交逐渐缩量，趋势尾声

缩量指的是成交量逐渐缩小的一种形态。在不同的阶段中，成交缩量具有不同的指示意义。如果在股价上升中成交量逐渐缩小，则主力可能是在缓慢出货，上涨动能减缓，上升趋势接近尾声，投资者应引起警惕，避免被套。

实例分析

双汇发展（000895）成交逐渐缩量，趋势分析

图 3-11 所示为双汇发展 2019 年 9 月至 2020 年 9 月的 K 线走势。

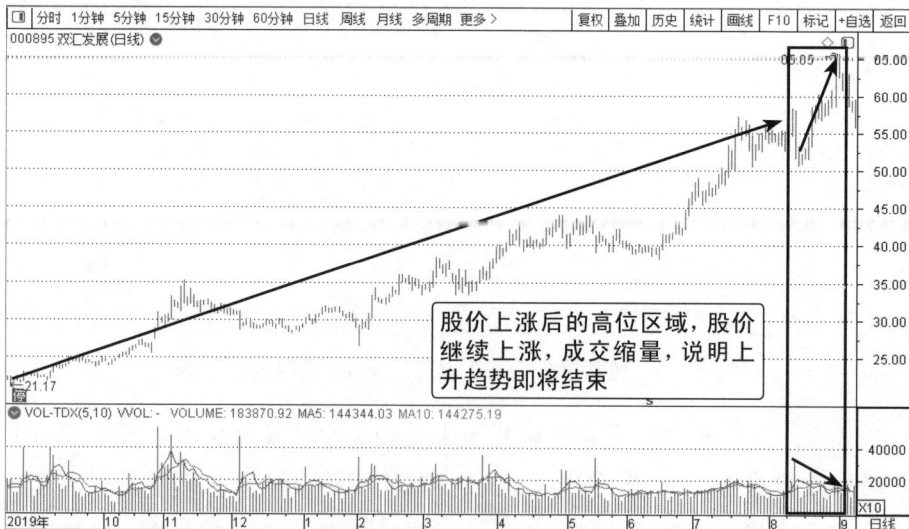

图 3-11 双汇发展 2019 年 9 月至 2020 年 9 月的 K 线走势

从上图可以看到，双汇发展处于上升趋势中，股价从 21.17 元的低位区域震荡向上运行。2020 年 7 月，股价上涨至 55 元附近后止涨，并在该价位线上横盘运行。

8 月中旬，股价再次向上攀升，并创出 65.65 元的新高。此时查看下方的成交量发现，在股价向上拉升创出新高的同时，成交量却逐渐缩小，表现缩量，说明主力很有可能正在出货，上涨趋势即将结束，后市转跌，投资者应尽快离场。

图 3-12 所示为双汇发展 2020 年 8 月至 12 月的 K 线走势。

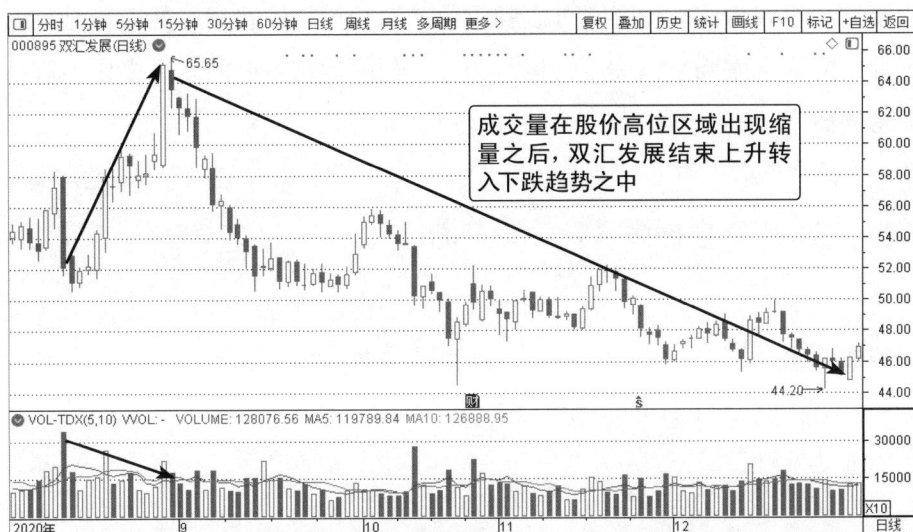

图 3-12　双汇发展 2020 年 8 月至 12 月的 K 线走势

从图中可以看到，成交量在股价高位区域出现缩量之后，双汇发展结束上升趋势转入下跌趋势中，股价从 65.65 元的高价跌至最低 44.20 元，跌幅达到 32.7%。

案例中的成交缩量现象实际上是股价与成交量背离的一种情况。我们知道，通常股价的上涨离不开成交量的支持，当成交量放大，股价向上攀升，配合良好时会推进股价良性上涨。但是这里股价上涨、成交缩量，说明股价上涨时，没有成交量支撑，且出现在股价长时间上涨后的高位区域，投资者首先应判断是否为主力出货行为所致。

3.3 以 MACD 指标变化判断趋势强弱

MACD 指标也被称为异同移动平均线，由快线 DIF 线、慢线 DEA 线，以及红绿柱线组成。投资者可以利用快、慢线运行的状态、交叉情况及红绿柱线的形态来判断当前股价运行趋势，预测后市可能的发展变化趋势，非常便捷。

3.3.1 MACD 指标金叉，趋势判断

金叉 / 死叉是股市分析中比较常用的一种行情分析信号，金叉出现说明趋势转强，是买进信号；死叉出现说明趋势转弱，是卖出信号。下面我们首先来认识 MACD 指标中的金叉。

（1）MACD 低位金叉，趋势启动

MACD 金叉指的是 DIF 线由下向上突破 DEA 线形成的交义为金叉。金叉是场内股价强势的特征，是买入信号。金叉出现的位置不同，具有不同的意义。当金叉出现在 0 轴下方时，为低位金叉，说明市场由弱转强，股价将止跌回升，上升趋势开始启动，股民可以放心买进。

但是如果低位黄金交叉出现后，DIF 线和 DEA 线并没有快速向上穿破 0 轴，则后市上涨的可能性不大。

实例分析

宁波东力（002164）MACD 低位金叉出现，上升趋势启动

图 3-13 所示为宁波东力 2019 年 6 月至 2020 年 7 月的 K 线走势。

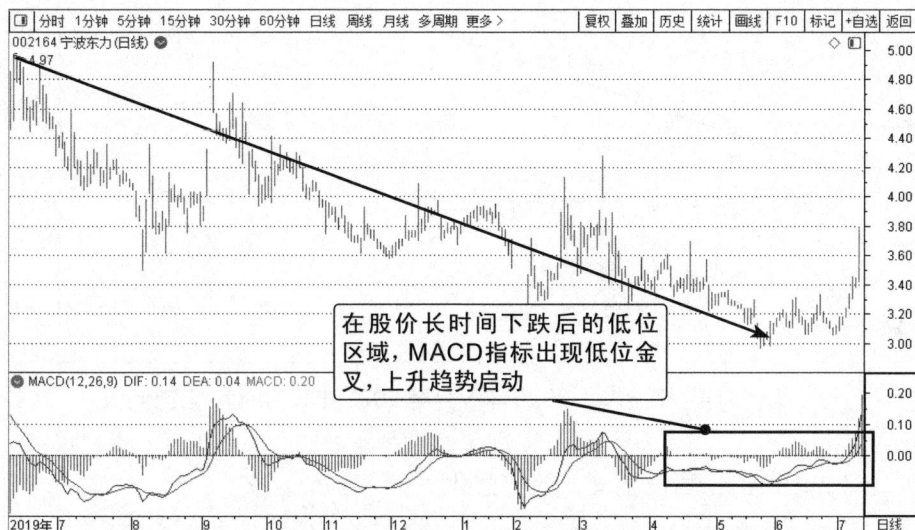

图 3-13　宁波东力 2019 年 6 月至 2020 年 7 月的 K 线走势

从上图可以看到，宁波东力处于下跌趋势之中，股价震荡向下。在股价下行的过程中，MACD 指标中的 DIF 线和 DEA 线向下运行至 0 轴下方，大部分在 0 轴下方波动运行。

2020 年 4 月，MACD 指标中的红绿柱线持续缩小，说明此时市场处于极度弱势当中。6 月初，0 轴下方波动的 DIF 线由下上穿 DEA 线形成低位金叉，且金叉出现后绿柱线翻红并逐渐放大，DIF 线和 DEA 线均向上运行穿过 0 轴运行至 0 轴上方，说明市场由弱转强，是上升趋势启动的信号。投资者可以在此位置积极建仓。

图 3-14 所示为宁波东力 2020 年 5 月至 2021 年 3 月的 K 线走势。

从下图可以看到，MACD 指标出现低位金叉后该股股价转入上升趋势行情之中，股价从最低 2.96 元上涨至最高 10.65 元，涨幅超过 259%。

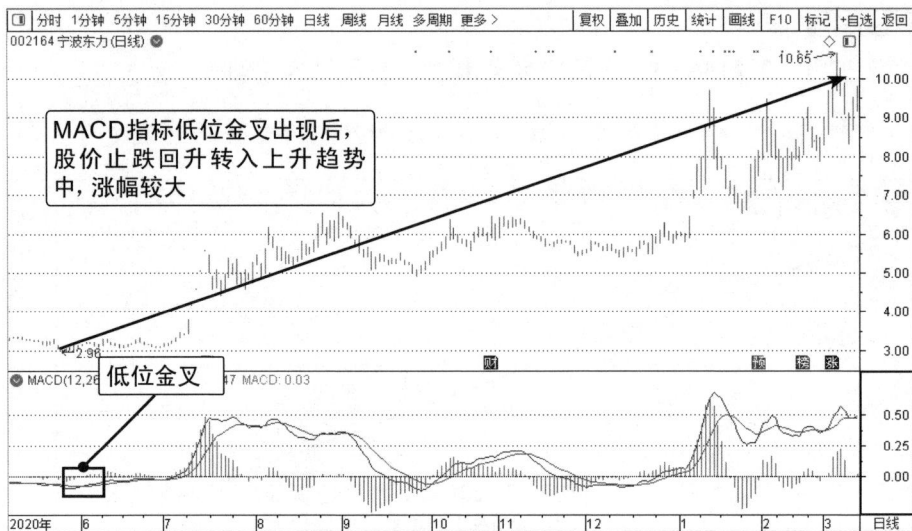

图 3-14　宁波东力 2020 年 5 月至 2021 年 3 月的 K 线走势

（2）MACD 高位金叉，趋势强化

当 MACD 金叉出现在 0 轴上方为高位金叉，说明市场正处于强势行情中，后市可能还将持续向上发展，是趋势持续强化的特点，股民此时可以适量跟进，拼短线上涨行情。

高位金叉是行情继续强势上涨的信号，但如果高位金叉出现后，DIF 线和 DEA 线并没有出现明显向上的趋势，则应及时出逃，说明股价很可能在短时间内转入下跌行情。

实例分析

鸿路钢构（002541）MACD 高位金叉出现，趋势继续

图 3-15 所示为鸿路钢构 2019 年 12 月至 2020 年 7 月的 K 线走势。

从下图可以看到，鸿路钢构处于上升趋势之中，股价震荡向上，在股价上行的过程中，MACD 指标中 DIF 线和 DEA 线运行至 0 轴上方，并在 0 轴上方波动上行。

图 3-15 鸿路钢构 2019 年 12 月至 2020 年 7 月的 K 线走势

2020 年 7 月初，股价止涨并小幅回调，此时 MACD 指标中 DIF 线和 DEA 线拐头向下，几个交易日后 DIF 线掉头上行，由下上穿 DEA 线形成高位金叉，随后 DIF 线和 DEA 线同步上行，说明该股的上升趋势并未转变，后市还有一波上涨。但因为股价前期已经经历了长时间大幅度的上涨，所以后市继续大幅上涨的可能性较低，通常会出现一波短暂的拉升行情，股民可以适量跟进，短线操作。

3.3.2 MACD 指标死叉，趋势判断

MACD 指标死叉指的是 DIF 线由上下穿 DEA 线形成的交叉。死叉是市场转弱的特征，是卖出信号。死叉同金叉一样，出现的位置不同，具有不同的意义。

（1）高位死叉，趋势启动

当死叉出现在 0 轴上方时为高位死叉，说明市场由强转弱，股价将止涨下跌，下跌趋势开始启动，投资者应趁机卖出。

但是如果高位死叉出现后，DIF 线和 DEA 线并没有继续同步下行穿破 0 轴，则此时的死叉可能是股价上涨中途调整的信号。

实例分析

海欣食品（002702）MACD 高位死叉出现，趋势启动

图 3-16 所示为海欣食品 2020 年 1 月至 9 月的 K 线走势。

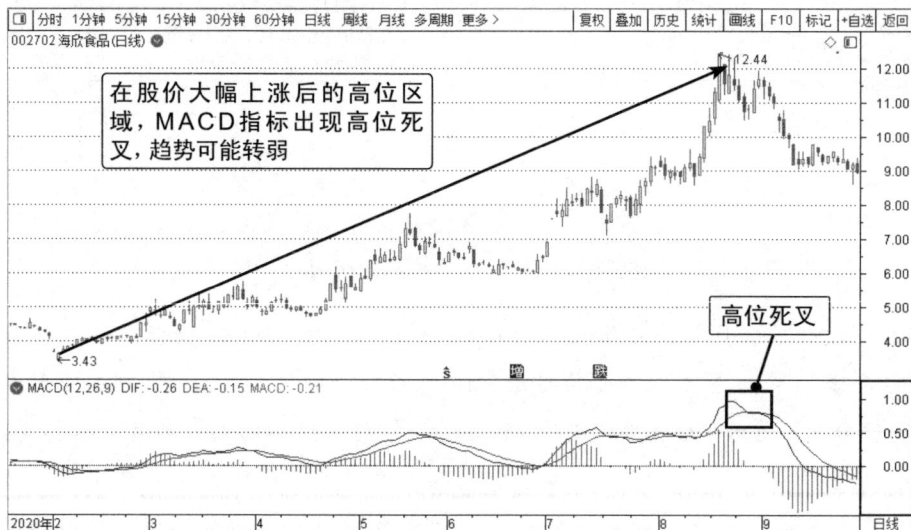

图 3-16　海欣食品 2020 年 1 月至 9 月的 K 线走势

从图中可以看到，海欣食品处于上升趋势之中，股价从 3.43 元的低位区域开始向上攀升。股价上行过程中，MACD 指标 DIF 线和 DEA 线运行至 0 轴上方，并维持在 0 轴上方波动运行。

8 月下旬，股价上涨至 12.00 元附近后止涨横盘，此时查看下方 MACD 指标发现，DIF 线由上下穿 DEA 线形成高位死叉，说明该股的上涨趋势可能转弱，后市可能下跌，谨慎的投资者可以在此位置卖出。

高位死叉出现后，DIF 线和 DEA 线继续同步下行，下穿 0 轴，运行至 0 轴下方，MACD 柱线翻绿，且绿柱线放大，说明该股的趋势已经转弱，投资者应该在此位置尽快出逃。

图 3-17 所示为海欣食品 2020 年 8 月至 2021 年 2 月的 K 线走势。

图 3-17 海欣食品 2020 年 8 月至 2021 年 2 月的 K 线走势

从图中可以看到，MACD 指标高位死叉出现后，该股转入下跌趋势之中，股价从最高价 12.44 元跌至最低 6.72 元，跌幅达到 46%。由此说明，MACD 指标高位死叉为下跌趋势启动的信号。

（2）低位死叉，趋势强化

当死叉出现在 0 轴下方时为低位死叉。低位死叉通常出现在股价下跌趋势过程中向上反弹结束之时，是下跌趋势强化的信号，后市继续看跌。所以低位死叉是卖出信号。

实例分析

众信旅游（002707）MACD 低位死叉出现，趋势继续

图 3-18 所示为众信旅游 2020 年 7 月至 2021 年 1 月的 K 线走势。

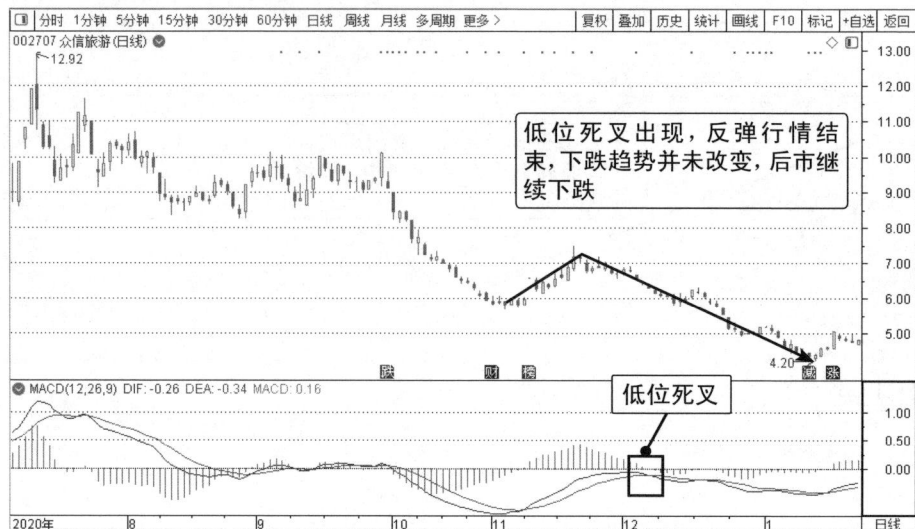

图 3-18 众信旅游 2020 年 7 月至 2021 年 1 月的 K 线走势

从图中可以看到,众信旅游处于下跌趋势中,股价从 12.00 元附近开始下跌,在股价下行的过程中,MACD 指标 DIF 线和 DEA 线纷纷下行运行至 0 轴下方。

2020 年 11 月,股价止跌小幅回升,同时查看 MACD 指标发现,DIF 线由下上穿 DEA 线形成低位金叉。但是 DIF 线和 DEA 线上行不久触及 0 轴附近便拐头向下,DIF 线由上下穿 DEA 线形成低位死叉,说明该股的这一轮反弹行情结束,下跌的趋势并未改变,后市仍然继续看跌,场内还未离场的投资者应立即离场。

3.3.3 MACD 指标 0 轴突破,趋势强化

MACD 指标的 0 轴是市场强弱的分水岭,即 0 轴下方表示市场处于弱势趋势,而 0 轴上方则表示市场处于强势趋势。所以 MACD 指标 0 轴突破是原来趋势强化的一个信号,投资者可以根据 MACD 指标是否突破 0 轴来进一步判断买进卖出点。

（1）DIF 线和 DEA 线向上突破 0 轴

我们知道低位金叉是上升趋势启动的信号，说明股价即将迎来一波上涨。但是这并不是强烈可靠的信号，因为低位金叉带来的起涨点只是一个短期的起涨点，一个短线交易机会，如果该趋势得不到强化，那么上升趋势很快便转入下跌趋势中。

如果此时 MACD 指标中的 DIF 线和 DEA 线继续上行突破 0 轴，说明股价的上升趋势得到强化，后市继续上涨的可能性较大，为买入信号。

实例分析

青岛消防（002960）DIF 线和 DEA 线向上突破 0 轴

图 3-19 所示为青岛消防 2019 年 9 月至 2020 年 7 月的 K 线走势。

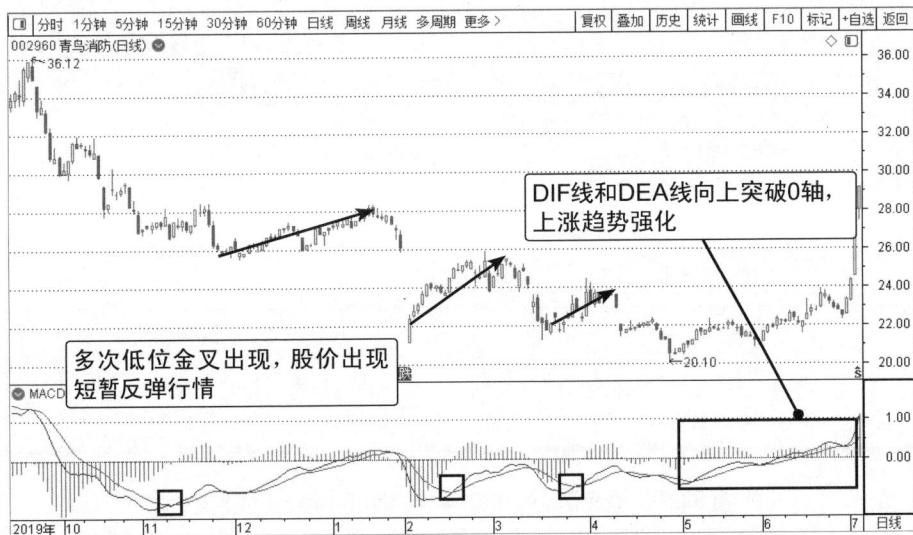

图 3-19　青岛消防 2019 年 9 月至 2020 年 7 月的 K 线走势

从图中可以看到，该股处于下跌趋势之中，股价从 36.12 元的位置开始下跌。在股价下行过程中，MACD 指标 DIF 线和 DEA 线运行至 0 轴下方，并在 0 轴下方波动运行。

仔细观察可以发现，在此期间，MACD 指标 DIF 线和 DEA 线在 0 轴下方波动的过程中出现多次低位金叉，与此同时，股价一般都会迎来一波反弹行情。但因为低位金叉出现后，DIF 线与 DEA 线同步上行至 0 轴附近或刚刚上穿 0 轴便拐头向下回到 0 轴下方，使得每一次的反弹行情都特别短暂，难以捕捉。

2020 年 5 月初，DIF 线再次由下上穿 DEA 线形成低位金叉，随后 DIF 线和 DEA 线同步向上运行，穿过 0 轴继续向上，MACD 柱线翻红，且继续放大，说明该股的上涨趋势被强化，此时股价处于强势行情之中，后市可能迎来一波大幅上涨行情，投资者可以积极买进。

图 3-20 所示为青岛消防 2020 年 4 月至 9 月的 K 线走势。

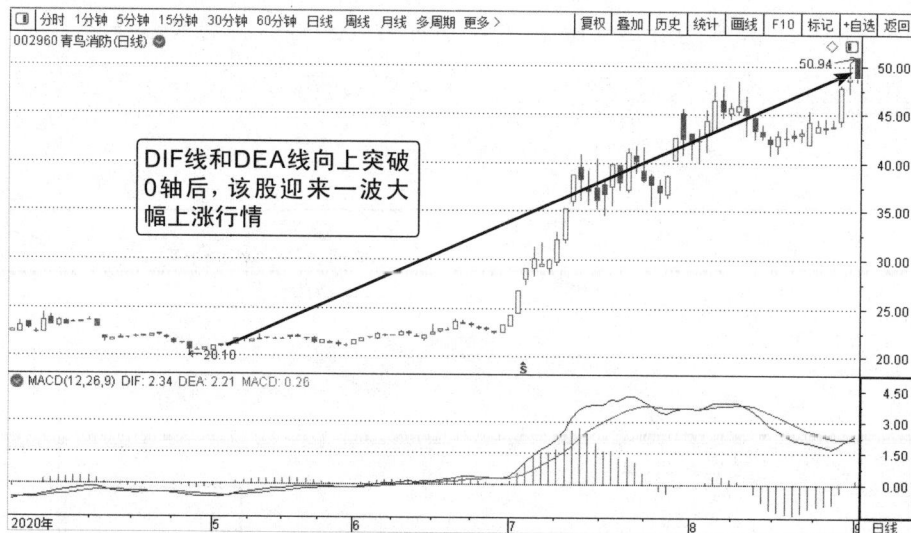

图 3-20　青岛消防 2020 年 4 月至 9 月的 K 线走势

从图中可以看到，DIF 线和 DEA 线向上突破 0 轴后，该股迎来一波大幅上涨行情，股价在短短 4 个月左右的时间，从 20.10 元附近上涨至最高 50.94 元，涨幅达到 154%。

（2）DIF 线和 DEA 线向下跌破 0 轴

高位死叉通常为下跌趋势启动的信号，说明股价即将迎来一波下跌。但是单独的高位死叉卖出信号并不可靠，因为高位死叉可能只是股价上涨过程中的一个回调，调整结束后股价继续上涨。

但如果此时 MACD 指标中的 DIF 线和 DEA 线继续下行，跌破 0 轴，说明股价的下跌趋势得到强化，后市继续下跌的可能性较大，为卖出信号。

实例分析

宁波联合（600051）DIF 线和 DEA 线向下跌破 0 轴

图 3-21 所示为宁波联合 2020 年 2 月至 9 月的 K 线走势。

图 3-21　宁波联合 2020 年 2 月至 9 月的 K 线走势

从图中可以看到，宁波联合处于上升趋势之中，股价从 5.11 元低位区域向上攀升。在股价上行的过程中，MACD 指标中的 DIF 线和 DEA 线从 0 轴下方上穿 0 轴，运行至 0 轴上方，并在 0 轴上方波动运行。

2020 年 5 月，股价止涨横盘，此时查看 MACD 指标发现，DIF 线由上下穿 DEA 线形成高位死叉，随后 DIF 线和 DEA 线同步下行，说明趋势转弱，后市可能下跌。但随后发现，DIF 线和 DEA 线下行至 0 轴附近止跌拐头向上，形成高位金叉，说明前期的高位死叉只是股价上涨途中的回调整理，股价上涨的趋势并未发生改变，股价继续向上拉升。

图 3-22 所示为宁波联合 2020 年 7 月至 2021 年 2 月的 K 线走势。

2020 年 7 月下旬，股价上涨至 13.00 元附近，曾创下 14.50 元的新高，后止涨横盘，此时涨幅已经达到 183%，股价可能见顶。此时查看 MACD 指标发现，DIF 线自上而下穿过 DEA 线形成高位死叉，随后 DIF 线和 DEA 线同步下行穿过 0 轴，MACD 柱线翻绿且放大，说明该股的下跌趋势得到强化，后市继续下跌的可能性较大，横盘时还未离场的投资者应尽快离场。

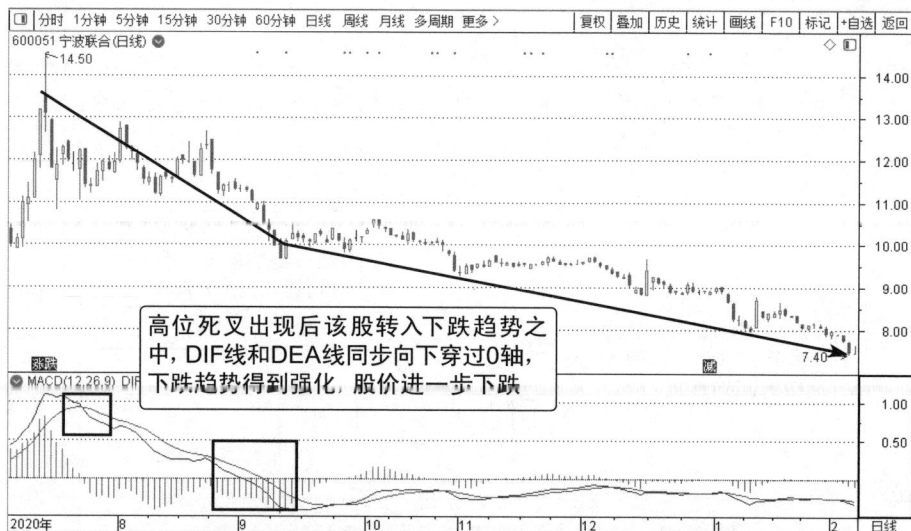

图 3-22　宁波联合 2020 年 7 月至 2021 年 2 月的 K 线走势

从图中可以看到，高位死叉出现后该股转入下跌趋势中，9 月初，DIF 线和 DEA 线同步向下穿过 0 轴，下跌趋势得到强化。股价进一步下跌，最低跌至 7.40 元，跌幅较大。如果投资者没能离场，将遭受重大经济损失。

3.3.4 MACD 指标与股价背离，趋势衰竭

MACD 指标与股价背离指的是当股价上涨或下跌时，MACD 指标曲线却下跌或上涨，二者形成背离现象。MACD 指标与股价的背离分为两种情形，即底背离和顶背离。下面我们来分别进行介绍。

（1）MACD 指标与股价顶背离

MACD 指标与股价顶背离指股价在 K 线图中表现为上涨走势，一底比一底高，重心向上移动，但此时 MACD 指标中的曲线却表现为下跌走势，一底比一底低，重心向下移动。

这种顶背离现象通常出现在股价经历一轮上涨后的高位区域，说明股价上涨动力不足，是趋势即将反转的信号，表明股价短期内即将下跌，是可靠的卖出信号。

实例分析

云南城投（600239）MACD 指标与股价顶背离

图 3-23 所示为云南城投 2020 年 2 月至 8 月的 K 线走势。

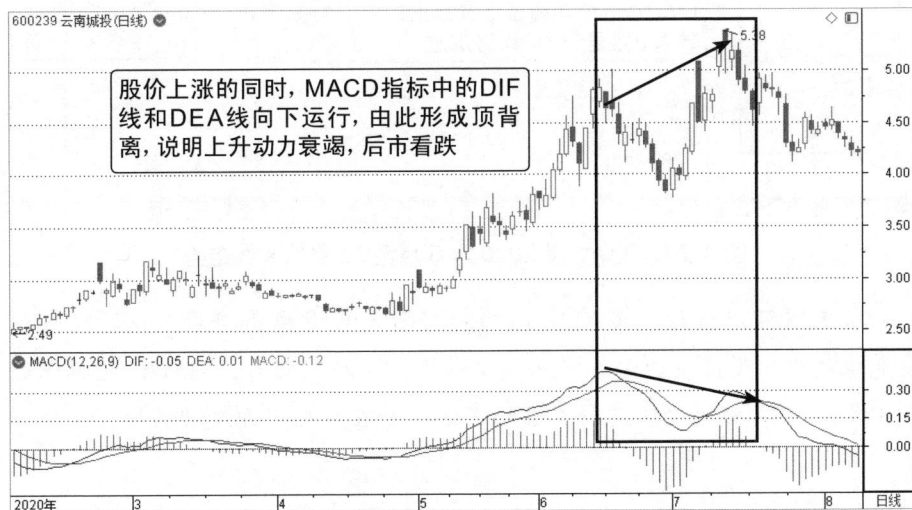

图 3-23　云南城投 2020 年 2 月至 8 月的 K 线走势

从图中可以看到，云南城投处于上升趋势中，股价从 2.49 元位置向上震荡攀升。6 月中旬股价上涨至 4.70 元附近止涨小幅回调后继续上涨，将股价拉升至 5.00 元价位线上方，创下 5.38 元的新高后止涨下跌，此时投资者想要判断此次下跌是上升趋势结束转势下跌，还是股价上涨过程中的回调，可以查看 MACD 指标。

观察 MACD 指标发现，在 6 月中旬至 7 月中旬这一阶段中，当股价震荡上涨时，MACD 指标的 DIF 线和 DEA 线却波动下行，走出两个明显的一峰比一峰低的顶点，所以 MACD 指标与股价形成顶背离走势。由此说明，该股的这一轮上涨趋势结束，后市即将下跌，投资者应该尽快离场。

图 3-24 所示为云南城投 2020 年 6 月至 12 月的 K 线走势。

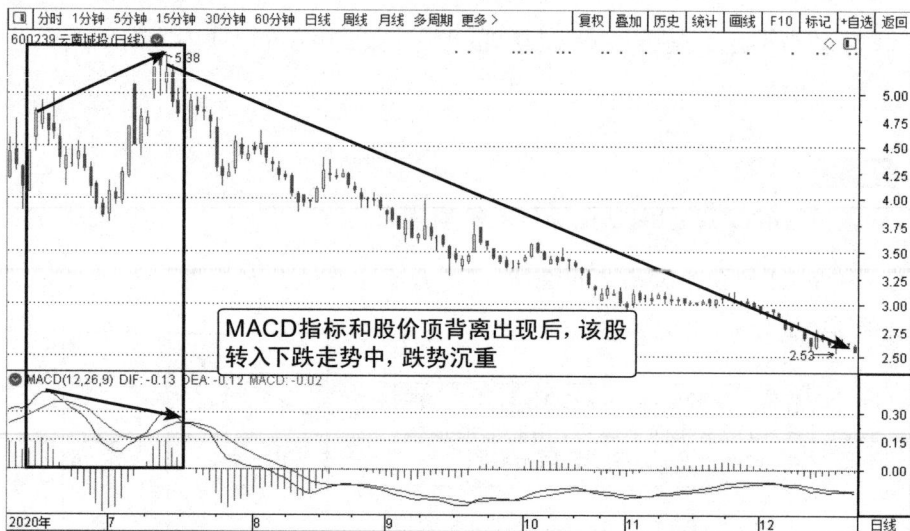

图 3-24 云南城投 2020 年 6 月至 12 月的 K 线走势

从上图可以看到，当 MACD 指标与股价顶背离出现后，该股转入下跌走势之中，股价快速向下滑落，跌幅较大。与此同时，MACD 指标中的 DIF 线和 DEA 线也向下运行至 0 轴下方，并在 0 轴下方波动运行。

（2）MACD 指标与股价底背离

MACD 指标与股价底背离指股价在 K 线图中表现为下跌走势，一底比一底低，重心下移，但此时 MACD 指标中的曲线却表现为上涨走势，一底比一底高，重心上移。

这种底背离现象通常出现在股价经历一轮下跌后的低位区域，说明股价下跌动力不足，是趋势即将反转的信号，表明股价短期内即将上涨，是投资者的买进信号。

实例分析

广汇能源（600256）MACD 指标与股价底背离

图 3-25 所示为广汇能源 2019 年 4 月至 2020 年 5 月的 K 线走势。

从下图可以看到，广汇能源处于下跌趋势之中，经过一轮大幅下跌之后，股价运行至 3.25 元价位线附近止跌，并在该价位线上下波动横行。2020 年 2 月，股价进一步下跌，股价震荡下行创下 2.40 元的新低后止跌横盘。那么股价是否在此位置筑底呢？

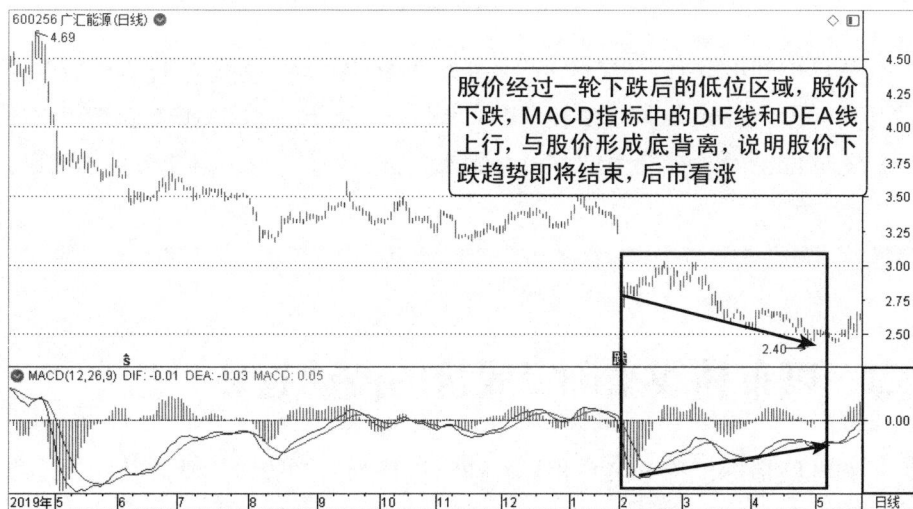

图 3-25　广汇能源 2019 年 4 月至 2020 年 5 月的 K 线走势

我们查看 MACD 指标发现，当股价进一步震荡下行时，MACD 指标中的 DIF 线和 DEA 线却波动上行，重心不断上移，与股价形成底背离，说明该股的下跌动力衰竭，后市即将转入上升行情之中，为买进机会。

图 3-26 所示为广汇能源 2020 年 2 月至 10 月的 K 线走势。

图 3-26　广汇能源 2020 年 2 月至 10 月的 K 线走势

从图中可以看到，MACD 指标与股价底背离出现后，股价止跌回升，该股转入上升趋势之中，迎来一波上涨行情。与此同时，MACD 指标中的 DIF 线和 DEA 线向上运行上穿 0 轴，至 0 轴上方，并在 0 轴上方波动运行。

3.4　以布林线来确定股价的波动趋势

布林线指标也称 BOLL 指标，通常被作为研判股价运动趋势的辅助指标，它通过股价所处布林通道内的位置来评估股价走势的强弱。它由三条线组成，包括上轨线（UP）、中轨线（MB）和下轨线（DN），其中上轨线和下轨线可分别看作股价的压力线和支撑线。股价通常会在压力线和支撑线形成的通道内运行，所以投资者可以根据股价所处布林通道内的位置来评估股价走势的强弱。

3.4.1 股价自下向上突破下轨线，趋势启动

股价在中轨线与下轨线之间向下波动运行，说明当前处于下跌趋势之中，股价空头势能强劲。当股价继续下行跌破下轨线后，再自下向上突破下轨线，说明空头势能衰竭，多头开始发力，该股即将转入上涨趋势之中，为买入信号。

实例分析

深桑达 A（000032）股价上穿下轨线，趋势分析

图 3-27 所示为深桑达 A 2017 年 9 月至 2018 年 11 月的 K 线走势。

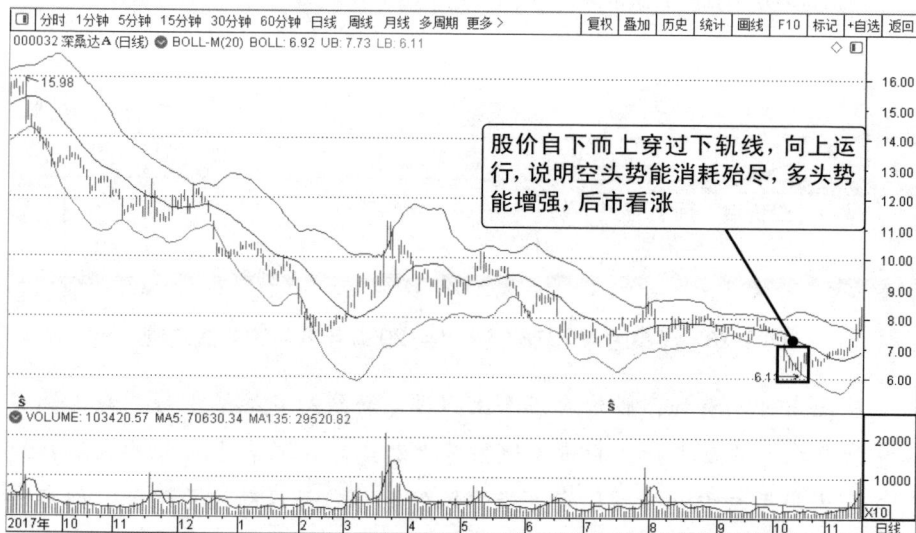

图 3-27 深桑达 A 2017 年 9 月至 2018 年 11 月的 K 线走势

从上图可以看到，深桑达 A 处于下跌趋势中，股价从高位处震荡下跌，此轮下跌持续了一年左右。2018 年 6 月，股价跌至 7.50 元附近后止跌，并在该价位线上横盘波动，且随着时间的推移波动幅度越来越小，下方成交表现缩量，说明市场处于极度弱势之中。

此时查看布林指标发现，股价在中轨线上下波动，说明此时多空处于平衡状态。2018 年 10 月中旬，K 线连续收阴，股价进一步下跌，使得股价跌至下轨线下方，并创出 6.11 元的新低。随后股价止跌回升，自下而上穿过下轨线，向上运行，说明空头势能消耗殆尽，多头势能增强，后市看涨，该股即将转入上升趋势中，投资者可以在此位置积极跟进。

图 3-28 所示为深桑达 A 2018 年 9 月至 2020 年 8 月的 K 线走势。

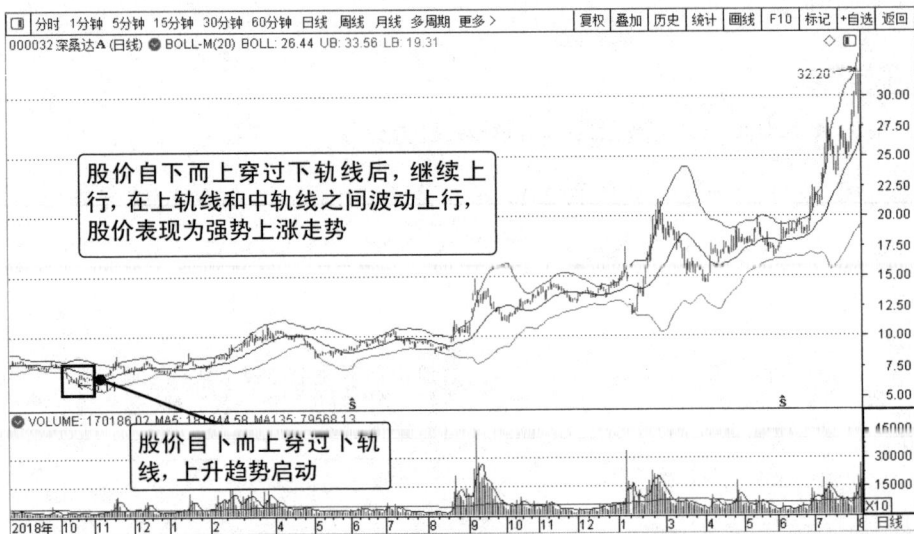

图 3-28　深桑达 A 2018 年 9 月至 2020 年 8 月的 K 线走势

从图中可以看到，股价自下而上穿过下轨线后，继续上行，在上轨线和中轨线之间波动上行，股价表现强势上涨走势。深桑达 A 此番上涨持续时间长达两年左右。如果投资者能够抓住上升趋势启动这一信号，便可以获得不错的投资回报。

3.4.2　股价自下而上突破中轨线，趋势加强

股价在布林轨道中轨线和下轨线之间波动上行，说明股价转入上升趋势之中，当股价在继续上行过程中自下而上突破中轨线时，则说明该股的上升趋势得到加强，股价将加速上扬，是加仓买进的信号。

实例分析

泸州老窖（000568）股价上穿中轨线，趋势分析

图 3-29 所示为泸州老窖 2020 年 4 月至 2021 年 1 月的 K 线走势。

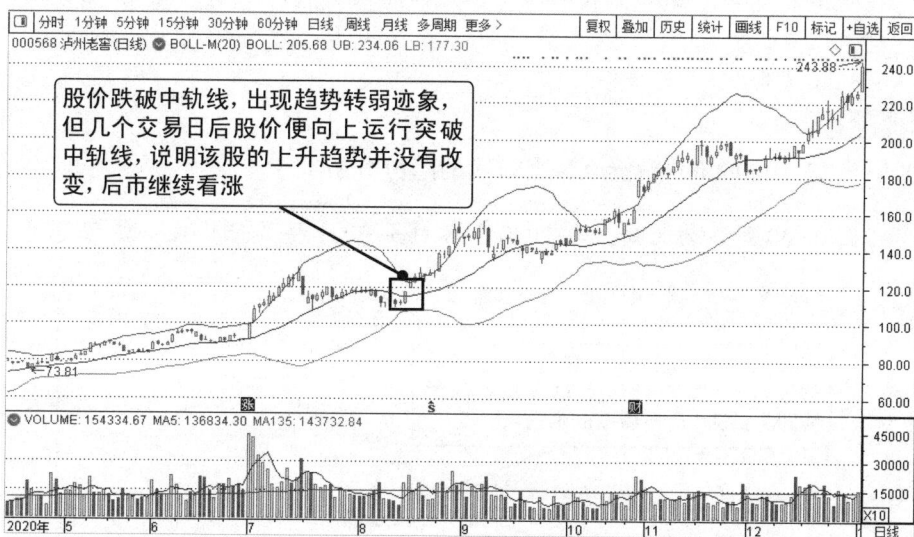

图 3-29　泸州老窖 2020 年 4 月至 2021 年 1 月的 K 线走势

从图中可以看到，泸州老窖处于上升趋势之中，股价从 2020 年 4 月开始在布林指标上轨线和中轨线形成的通道内向上运行。2020 年 7 月初，成交量明显放大，K 线连续收阳，拉升股价快速向上攀升，促使股价向上运行至上轨线上方。

当股价上涨至 120.00 元上方后止涨，并在 120.00 元价位线附近横盘波动，此时股价回到中轨线上波动。8 月上旬股价跌破中轨线，出现趋势转

弱迹象，但几个交易日后股价便又向上运行突破中轨线，说明该股的上升趋势并没有改变，此时的横盘为股价上涨过程中的调整，后市继续看涨，投资者可以在该位置加仓跟进。

3.4.3　股价上穿上轨线，趋势即将结束

股价处于多头市场，在中轨线与上轨线形成的通道内波动上行，当股价上涨至一定高位区域，突然放量拉升使得股价向上有效突破上轨线，为转势信号，说明该股的上升趋势结束，后市即将转入下跌行情中，为卖出信号。

实例分析

长安汽车（000625）股价上穿上轨线的趋势分析

图 3-30 所示为长安汽车 2020 年 5 月至 2021 年 3 月的 K 线走势。

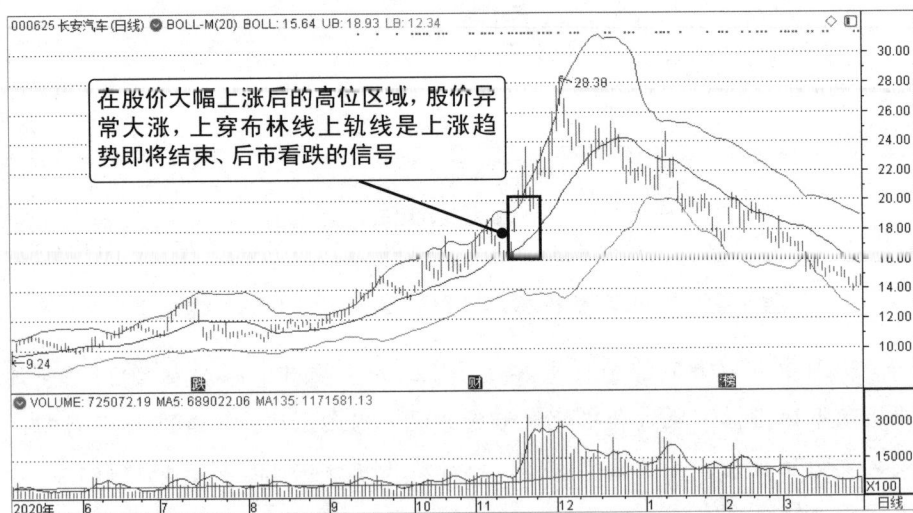

图 3-30　长安汽车 2020 年 5 月至 2021 年 3 月的 K 线走势

从图中可以看到，长安汽车前期处于上升趋势之中，股价在布林指标上轨线和中轨线形成的通道内波动上行，涨势稳定。当股价上涨至 16.00

元附近时，涨势渐缓，且在 16.00 元价位线上出现横盘调整迹象。

11 月中旬，下方成交量突然放大，K 线连续收出多根高开高走的阳线，使得股价大幅上涨有效上穿上轨线，运行至上轨线上方。此时的涨幅已经超过 130%，投资者应该引起警惕，在股价大幅上涨后的高位区域，股价异常大涨，上穿布林线上轨线是上涨趋势即将结束、后市看跌的信号，所以应该在股价上穿上轨线后及时卖出。

3.4.4 股价下穿中轨线，下跌趋势确定

股价长时间在布林线中轨线和上轨线形成的通道内波动上行后，由上向下跌破中轨线，说明该股上升趋势结束，股价转入下跌趋势之中。中轨线为重要的止损位，一旦股价向下跌破中轨线，下跌趋势基本确定，投资者应立即离场。

实例分析

大亚圣象（000910）股价下穿中轨线的趋势分析

图 3-31 所示为大亚圣象 2020 年 4 月至 2021 年 1 月的 K 线走势。

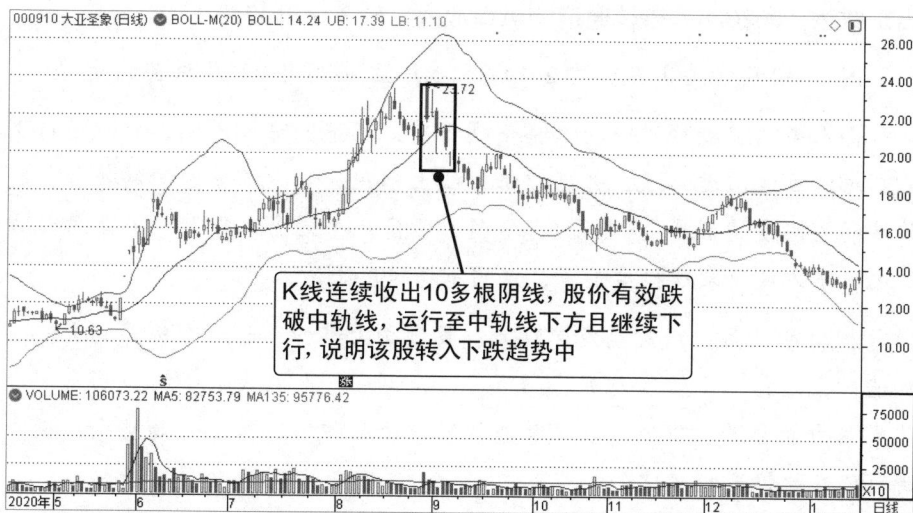

图 3-31　大亚圣象 2020 年 4 月至 2021 年 1 月的 K 线走势

从上图可以看到，大亚圣象前期处于上升趋势之中，股价在布林线上轨线和中轨线形成的通道内波动上行，当股价上涨至 22.00 元价位线附近后止涨，并在该价位线上横盘波动。

2020 年 8 月下旬和 9 月上旬，K 线连续收出 10 多根阴线，股价下跌打破横盘波动的平衡，随后股价有效跌破中轨线，运行至中轨线下方且继续下行，说明该股转入下跌趋势之中，后市看跌，投资者应在此位置卖出持股。

3.4.5 布林通道喇叭口放大，趋势确认

当布林线的上轨线加速向上运行，而下轨线却加速向下运行，此时会形成一个大喇叭的形态。布林通道喇叭口放大通常出现在股价经过一轮较大幅度下跌后的底部横盘整理一段时间之后，是股价即将上涨的有效信号，说明后市即将转入上升趋势之中，为投资者买入信号。需要注意的是，有效的喇叭口放大需要伴随成交量的放大配合。

实例分析

山东威达（002026）布林通道喇叭口放大，转入上升趋势

图 3-32 所示为山东威达 2019 年 12 月至 2020 年 11 月的 K 线走势。

山东威达前期经过一轮大幅下跌行情，从下图可以看到，股价运行至 5.00 元价位线附近止跌，并在该价位线上横盘波动。随着时间的推移，股价波动的幅度越来越小，2020 年 5 月，股价几乎横盘运行于 5.00 元价位线之上，下方成交表现极度缩量，说明市场极度冷清。

2020 年 7 月，成交量突然放大，股价向上攀升，此时布林线的上轨线加速向上运行，下轨线却加速向下运行，形成一个放大的喇叭口形态，说明有主力资金进入市场，多头势能强劲，该股即将进入上升趋势中，投资者可以在此位置积极建仓。

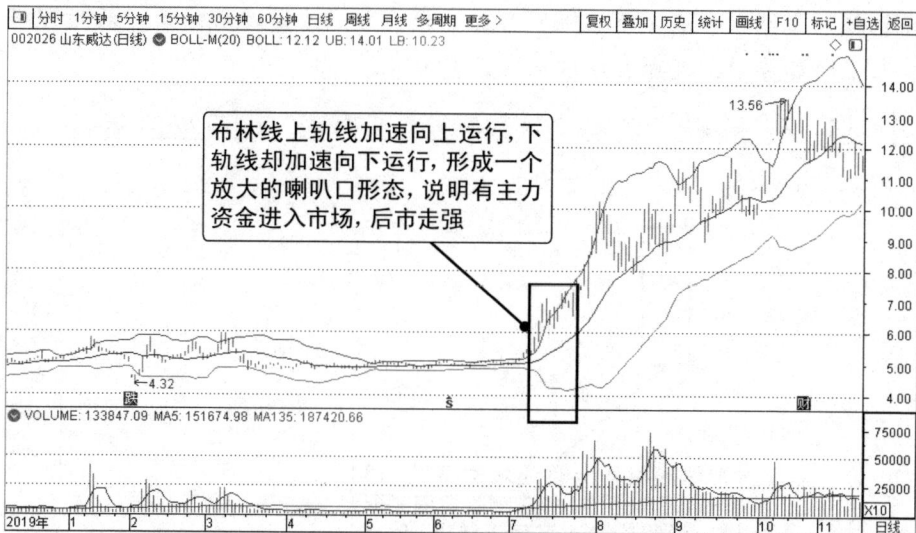

布林线上轨线加速向上运行，下轨线却加速向下运行，形成一个放大的喇叭口形态，说明有主力资金进入市场，后市走强

图 3-32　山东威达 2019 年 12 月至 2020 年 11 月的 K 线走势

3.4.6　布林通道喇叭口缩紧，趋势衰竭

布林线的上轨线加速下跌，下轨线却加速上涨，此时就会形成一个向左开口的大喇叭形态，也被称为喇叭口缩紧。布林通道喇叭口缩紧通常出现在股价经历一轮较大幅度上涨后的高位区，是股价止涨即将转入下跌行情的信号，说明上升趋势走弱，下跌趋势走强，为卖出信号。布林通道喇叭口缩紧与喇叭口放大不同，它不需要成交量配合。

实例分析

广百股份（002187）布林通道喇叭口缩紧，转入下跌趋势

图 3-33 所示为广百股份 2020 年 6 月至 2021 年 3 月的 K 线走势。

从下图可以看到，广百股份前期处于上升趋势中，股价从 6.74 元的低位区域向上大幅攀升。当股价上涨至 20.90 元后止涨下跌，股价跌破中轨线运行至中轨线下方，此时仔细观察布林线指标发现上轨线加速下跌，但

下轨线却上涨，形成喇叭口缩紧形态。说明该股上涨趋势结束，后市即将
转入下跌趋势中，投资者应在此位置卖出。

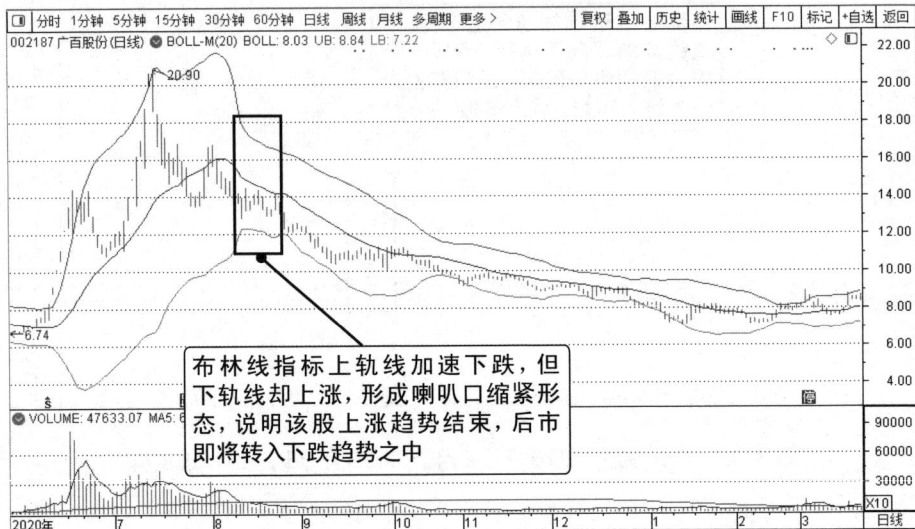

图 3-33 广百股份 2020 年 6 月至 2021 年 3 月的 K 线走势

第 4 章

趋势反转，瞄准顶部与底部K线形态

　　在股价大幅上涨后的高位顶部区域，以及股价大幅下跌后的低位底部区域，K线也会形成一些具有指示意义的形态。投资者瞄准这些形态，就能够抓住趋势反转的信号，及时买进卖出，不放过获利机会。

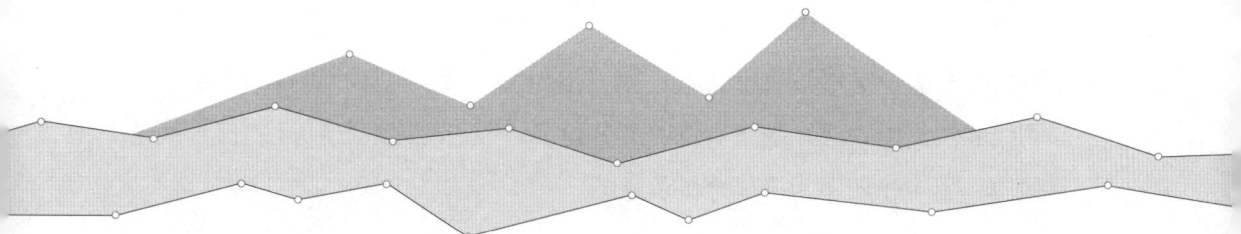

早晨之星
黄昏之星
双针探底
双针探顶
穿头破脚

4.1　常见的趋势反转 K 线形态组合

在股价上涨或下跌后的顶部或底部区域，K 线常常会形成一些具有指示意义的形态组合，一旦发现这些形态形成，就应该引起投资者注意，谨慎考虑自己的投资策略。

4.1.1　早晨之星

早晨之星也常被称为启明星，通常出现在股价下跌过程之中，是一种趋势反转信号，预示着下跌趋势即将结束，股价即将转入上涨行情之中，是比较可靠的买入信号。

早晨之星由二根 K 线组成，第　根是继续下跌的阴线；第二根是向下跳空低开的十字星线或小 K 线；第三根为长阳线，且其收盘价深入第一根阴线的实体内，深入阴线实体的部分越多，股价见底反转回升的信号就越强烈。图 4-1 所示为早晨之星示意图。

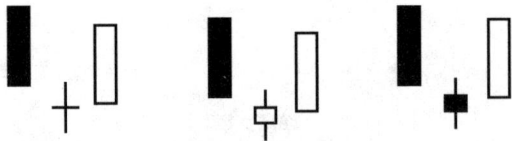

图 4-1　早晨之星

其中，第二根小 K 线的上下影线越长，股价见底回升的可能性就越大。当早晨之星出现时，投资者可以结合其他技术指标进行判断，如果各项指标都向好，可以考虑适量建仓。

实例分析

奥园美谷（000615）早晨之星趋势分析

图 4-2 所示为奥园美谷 2019 年 8 月至 2020 年 4 月的 K 线走势。

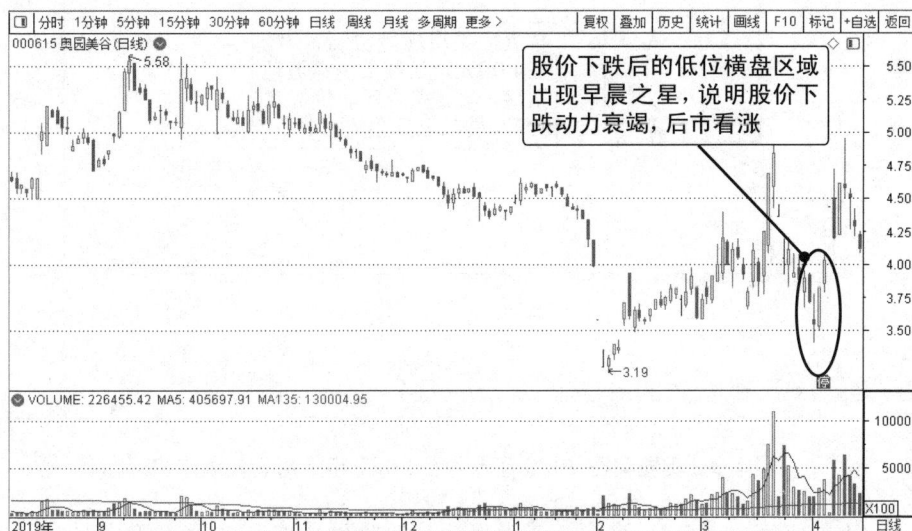

图 4-2　奥园美谷 2019 年 8 月至 2020 年 4 月的 K 线走势

从图中可以看到，奥园美谷前期处于下跌趋势之中，股价从高位区域一路下滑，创下 3.19 元的新低后止跌小幅回升，随后在 3.50 元~4.75 元波动运行。

3 月 31 日，K 线收出一根大阴线，紧接着第二天收出一根跳空低开的小阴线，第三天股价止跌回升收出一根大阳线，且大阳线实体深入第一根大阴线实体之内，三根 K 线形成典型的早晨之星形态。

在股价下跌后的低位横盘区域出现早晨之星，说明下跌趋势结束，后市极有可能迎来一波上涨行情。此外，查看下方的成交量可以发现，股价下跌过程中成交量极度萎缩，低位横盘时成交明显放量，说明场内有主力资金进入，进一步说明后市股价可能转入上升行情。激进的投资者可以在此位置买进，谨慎的投资者可以观察等待。

图4-3所示为奥园美谷2020年3月至2021年2月的K线走势。

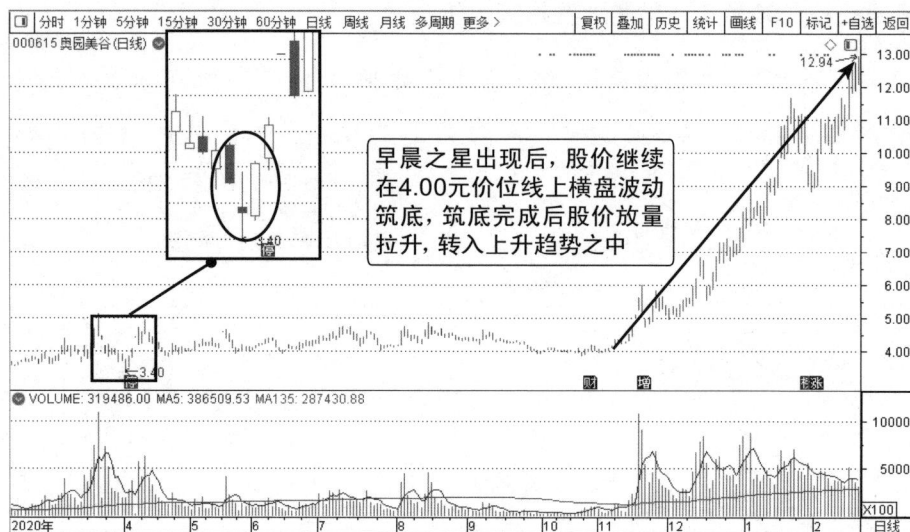

图4-3 奥园美谷2020年3月至2021年2月的K线走势

从图中可以看到，早晨之星出现后，股价继续在4.00元价位线上横盘波动筑底。11月上旬，股价筑底完成，成交再次放量，推动股价大幅向上攀升，该股股价转入上升趋势之中。

4.1.2 黄昏之星

黄昏之星也被称为暮星，通常出现在股价上涨过程中，是一种趋势反转信号，预示着上涨趋势即将结束，股价即将转入下跌行情之中，是比较可靠的卖出信号。

黄昏之星也由三根K线组成，第一根为继续上涨的长阳线；第二根为向上跳空的十字星线或小K线；第三根为大阴线，且其收盘价要深入第一根阳线实体内，深入阳线实体的部分越多，股价见顶反转回落的信号就越强烈。图4-4所示为黄昏之星示意图。

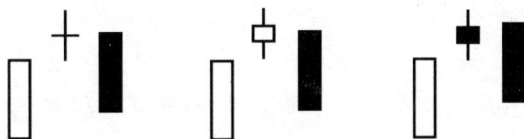

图 4-4　黄昏之星

实例分析

富通信息（000836）黄昏之星趋势分析

图 4-5 所示为富通信息 2018 年 11 月至 2019 年 8 月的 K 线走势。

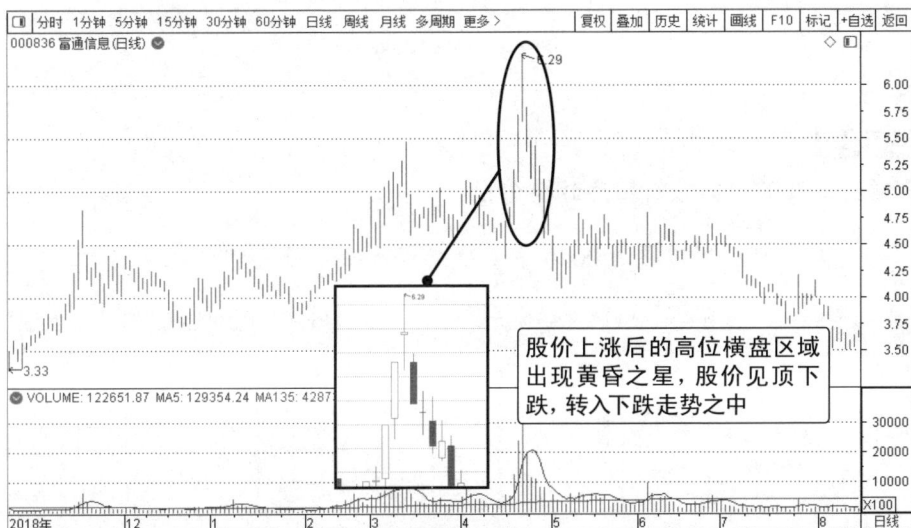

图 4-5　富通信息 2018 年 11 月至 2019 年 8 月的 K 线走势

从图中可以看到，该股经过一波上涨行情后，股价运行至 5.00 元价位线上后止涨，随后在 4.50 元～ 5.00 元横盘波动。

4 月 19 日，股价高开高走冲上 5.50 元上方，K 线收出一根大阳线，第二天股价跳空高开，收出一根带长上下影线的小阳线，第三天股价低开低走收出一根大阴线，且阴线实体深入第一根阳线实体内。这三天的 K 线组成黄昏之星形态，说明富通信息这轮上涨结束，上方压力过大，后市转跌的可能性较大，投资者可以在此位置抛售持股，锁定前期收益。

4.1.3 双针探底

双针探底是由两根 K 线组成，两根 K 线均带有较长的下影线，且下影线的最低价相近或相同，两根 K 线无论阴阳或星线。双针探底通常出现在股价下跌后的低位底部区域，是股价的见底信号，通常双针探底形态出现后股价会立即反弹。图 4-6 所示为双针探底示意图。

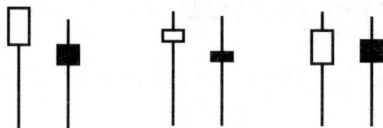

图 4-6　双针探底

实例分析

广誉远（600771）双针探底趋势分析

图 4-7 所示为广誉远 2020 年 1 月至 9 月的 K 线走势。

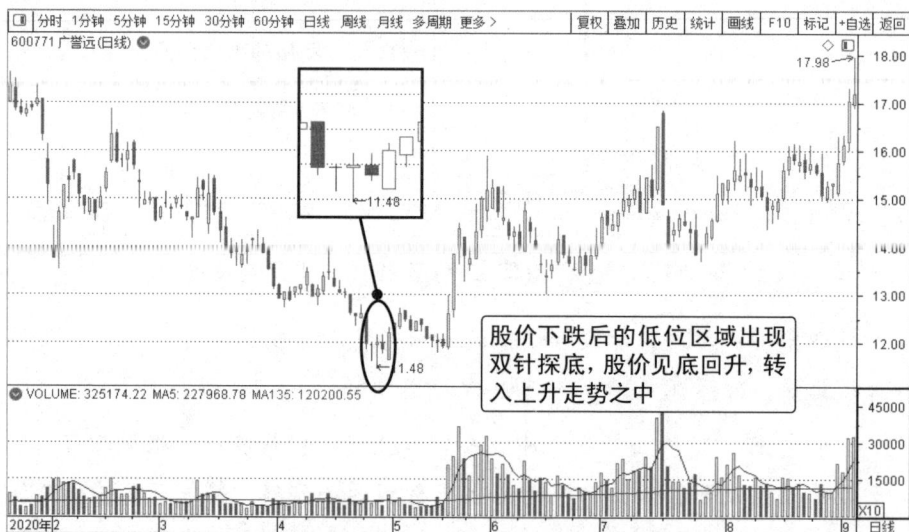

图 4-7　广誉远 2020 年 1 月至 9 月的 K 线走势

从图中可以看到，广誉远前期处于下跌趋势之中，股价震荡下跌。

4月27日，K线收出一根带长下影线的十字星线，紧接着，4月28日K线又收出一根带长下影线的小阳线，且两根K线的最低价基本相同，由此形成双针探底形态。

双针探底形态出现在股价下跌后的低位区域，说明股价下跌动力衰竭，下方受到支撑，后市看涨，该股即将转入上涨趋势之中，投资者可以在此位置积极建仓。

4.1.4　双针探顶

双针探顶是由两根K线组成，两根K线均带有较长的上影线，且上影线的最高价相近或相同，两根K线无论阴阳或星线。双针探顶通常出现在股价上涨后的高位顶部区域，是股价的见顶信号，通常双针探顶形态出现后股价会触顶下跌。图4-8所示为双针探顶示意图。

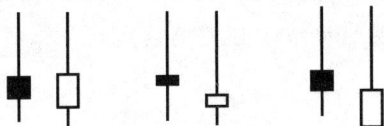

图 4-8　双针探顶

实例分析

新五丰（600975）双针探顶趋势分析

图4-9所示为新五丰2020年6月至11月的K线走势。

从下图可以看到，新五丰前期表现为上涨走势，股价一路上行。7月14日，股价高开低走，K线收出一根带长上下影线阴线，且同时创下12.95元的新高。第二天股价跳空低开，收出一根长上影线的小阴线，当日最高价为12.80元，与前一天的最高价相近，所以两天的K线形成双针探顶形态。

双针探顶形态的出现，说明上方承压过重，股价难以继续维持上涨的趋势，股价见顶下跌的可能性较大，为投资者的卖出信号。

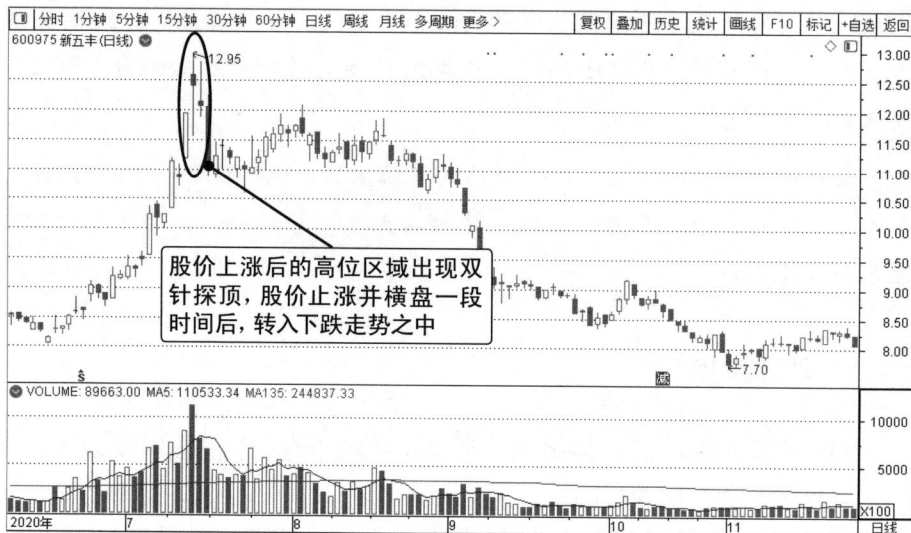

图4-9 新五丰2020年6月至11月的K线走势

从新五丰的后市走势来看，双针探顶形态出现后，股价止涨并横盘调整一段时间后转入下跌趋势中，且跌幅较大。

4.1.5 穿头破脚

穿头破脚是由两根K线组成，其最大的特点在于第二根K线的实体部分完全覆盖前一根K线的实体部分。需要注意的是，这里覆盖的是实体部分，而不包含上下影线部分。

穿头破脚分为两种情况：一种是底部穿头破脚；另一种则是顶部穿头破脚。下面分别来进行介绍。

（1）底部穿头破脚

底部穿头破脚第一根K线为阴线；第二根K线为阳线，阳线的实体部分完全包含阴线的实体部分，也就是俗语说的"阳包阴"。底部穿头破脚是股价回升的转势信号。图4-10所示为底部穿头破脚示意图。

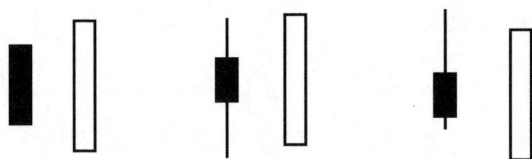

图 4-10　底部穿头破脚

实例分析

雄韬股份（002733）底部穿头破脚趋势分析

图 4-11 所示为雄韬股份 2020 年 7 月至 2021 年 1 月的 K 线走势。

图 4-11　雄韬股份 2020 年 7 月至 2021 年 1 月的 K 线走势

从图中可以看到，雄韬股份前期表现下跌走势，股价向下运行。10 月底，股价创出 15.87 元的新低后止跌横盘。仔细观察发现，横盘过程中 10 月 30 日 K 线收出一根阴线，紧接着第二天 K 线收出一根阳线，且阳线实体完全包含阴线实体部分，形成底部穿头破脚形态。说明股价在此位置触底，后市看涨，投资者可以在底部穿头破脚形态出现时，确认阶段底部，适量建仓。

（2）顶部穿头破脚

顶部穿头破脚与底部穿头破脚对应，也是由两根 K 线组成，第一根为阳线，第二根为阴线，阴线的实体部分完全包含阳线的实体部分，也就是俗语说的"阴包阳"。顶部穿头破脚是股价见顶转势的信号。图 4-12 所示为顶部穿头破脚示意图。

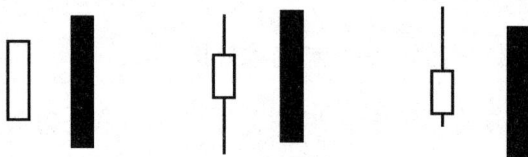

图 4-12　顶部穿头破脚

实例分析

风范股份（601700）顶部穿头破脚趋势分析

图 4-13 所示为风范股份 2018 年 1 月至 8 月的 K 线走势。

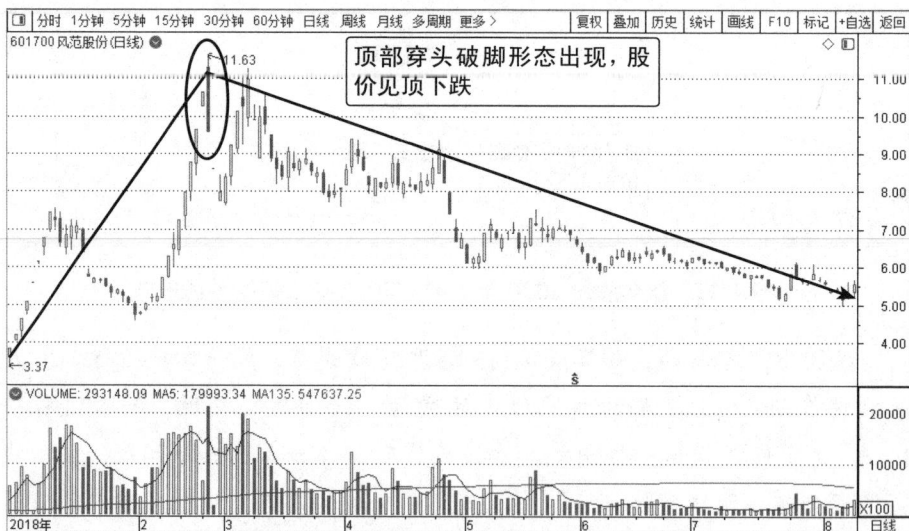

图 4-13　风范股份 2018 年 1 月至 8 月的 K 线走势

从图中可以看到，风范股份前期处于上涨趋势中，股价震荡向上运行。2 月 25 日股价向上跳空高开高走收出一根阳线，继续之前的涨势。但第二天股价却高开低走，收出一根大阴线，且大阴线实体部分完全包含前一根阳线的实体部分，形成顶部穿头破脚形态。

顶部穿头破脚形态的出现，说明该股的这一轮上涨行情结束，股价见顶，后市股价反转下跌，此时为投资者的卖出机会。

4.2　重要的长期 K 线底部形态

除了 K 线组合之外，长期 K 线走势还会形成一些具有指示意义的形态，这些形态的可靠性更强。因为 K 线组合通常由两三天或几天的股价走势形成，具有一定的偶然性，且主力做盘的概率较大，但是长期 K 线形成的形态，相较于 K 线组合来说形成的时间更长，有的甚至需要两三个月才能完成，主力做盘概率较低，更能反映出市场中隐藏的一些真实信息。

长期 K 线形态也分为底部形态和顶部形态，下面我们从底部形态开始介绍。

4.2.1　V 形底形态

V 形底形态又称为尖底，出现在底部的频率较高，而且一般出现在市场剧烈的波动之中，图 4-14 所示为一般 V 形底的形态。该形态与其他的反转形态最大的区别就在于它是通过急速下跌，然后急速拉升而形成的，是一种变化较快、转势力度极强的反转形态，所以 V 形底形成的时间通常较短，有的甚至仅用 2 ~ 3 个交易日就完成了。

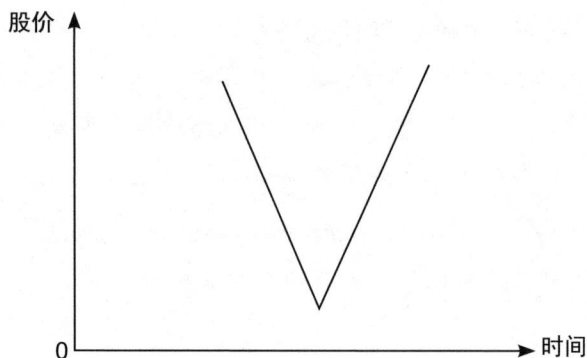

图 4-14　V 形底

V 形底通常出现在下跌趋势末期或上升趋势的阶段调整之中，股价先连续快速大幅下跌，使市场陷入极度恐慌，让投资者廉价抛售手中持股，然后利用连续长阳快速上攻，形成单日或双日反转，同时成交量放大。

实例分析

鹏博士（600804）V 形底形态趋势反转

图 4-15 所示为鹏博士 2019 年 5 月至 2020 年 4 月的 K 线走势。

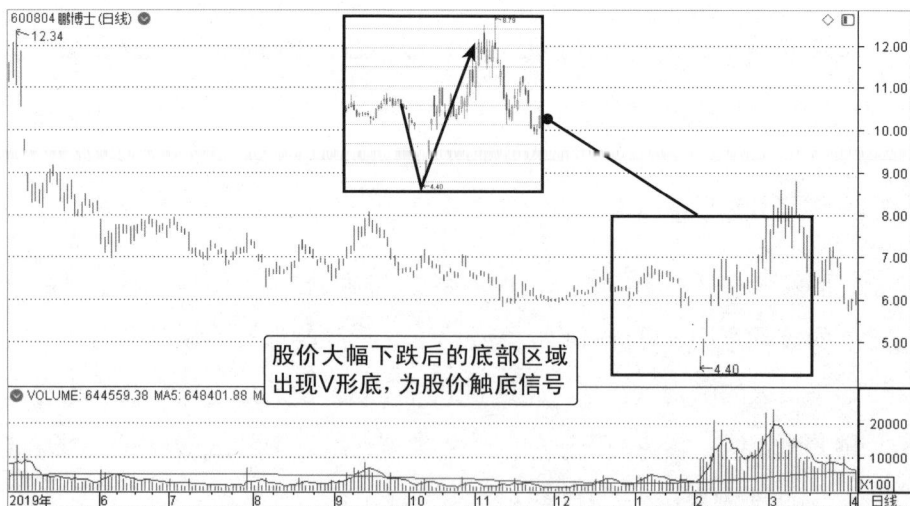

图 4-15　鹏博士 2019 年 5 月至 2020 年 4 月的 K 线走势

从上图可以看到，鹏博士处于下跌趋势之中，股价从高位处一路下行，当股价跌至 6.00 元价位线附近后止跌，并在该价位线上横盘波动运行。

2020 年 1 月下旬，K 线突然连续跌停，使股价进一步下跌，随后 K 线又连续收出多根向上跳空高开高走的大阳线，使得股价急速上涨，这一急跌急涨形成典型的 V 形底形态，下方成交量明显放大，说明该股趋势反转，后市看涨。

图 4-16 所示为鹏博士 2019 年 12 月至 2020 年 7 月的 K 线走势。

图 4-16　鹏博士 2019 年 12 月至 2020 年 7 月的 K 线走势

从图中可以看到，V 形底出现后鹏博士转入上升趋势之中，股价上涨至 8.00 元后止涨回调，随后继续向上震荡攀升。由此可见，V 形底形态为可靠的底部反转信号。

4.2.2　双重底形态

双重底又称为 W 形底，该形态一般在下跌行情的末期出现。双重底反转形态一般具有如下特征：

◆ 形态的低点通常在同一水平线，股价第一次冲高回落后的顶点称为颈部，当股价放量突破颈线时，行情可能见底回升。

◆ 形态形成后，股价有可能出现回落的行情，股价最终会在颈部附近价格止跌企稳，后市看涨，投资者可在第二次回落止跌后介入。

图 4-17 所示为双重底的一般形态。

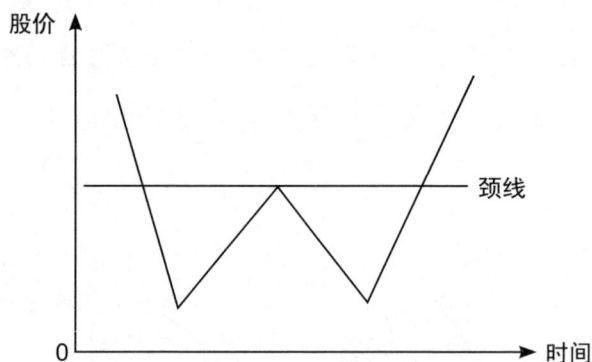

股价
颈线
0 时间

图 4-17 双重底

实例分析

新宏泰（603016）双重底形态趋势反转

图 4-18 所示为新宏泰 2019 年 4 月至 2020 年 2 月的 K 线走势。

从下图可以看到，新宏泰处于下跌趋势之中，股价从 21.00 元附近的高位区域一路下行，跌势沉重。

2019 年 8 月中旬，股价下跌创出 12.95 元的新低后止跌回升，当股价回升至 16.00 元价位线附近后止涨，拐头向下再次下跌，当股价跌至 13.00元价位线附近时止跌回升，此次回升成交量明显放大，且大于前一次反弹时的成交量。两次下跌再回升形成两个明显的低点，且低点基本在同一水平线上，由此形成双重底形态，说明股价在此位置筑底，后市股价将转入上升趋势之中。

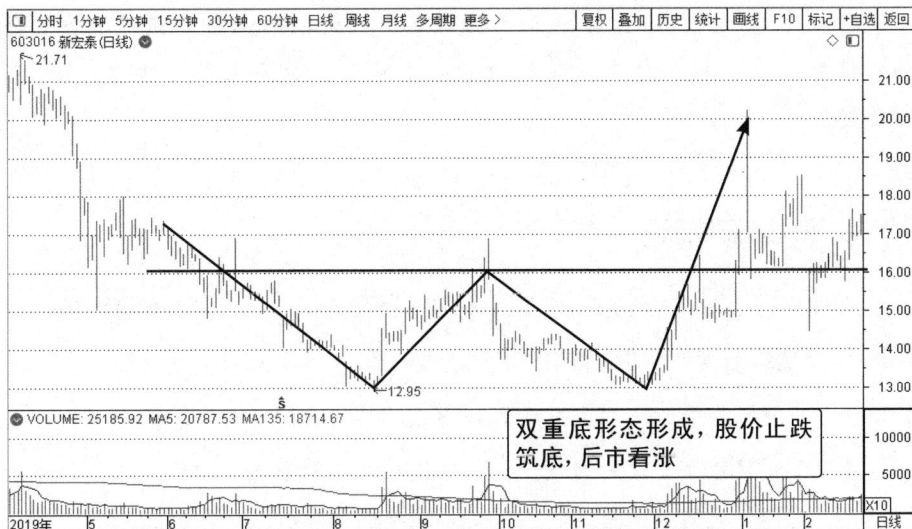

图 4-18　新宏泰 2019 年 4 月至 2020 年 2 月的 K 线走势

股价上涨至 20.00 元附近后止涨下跌，跌至颈线附近止跌横盘波动，此时为投资者的介入机会。

图 4-19 所示为新宏泰 2019 年 6 月至 2020 年 5 月的 K 线走势。

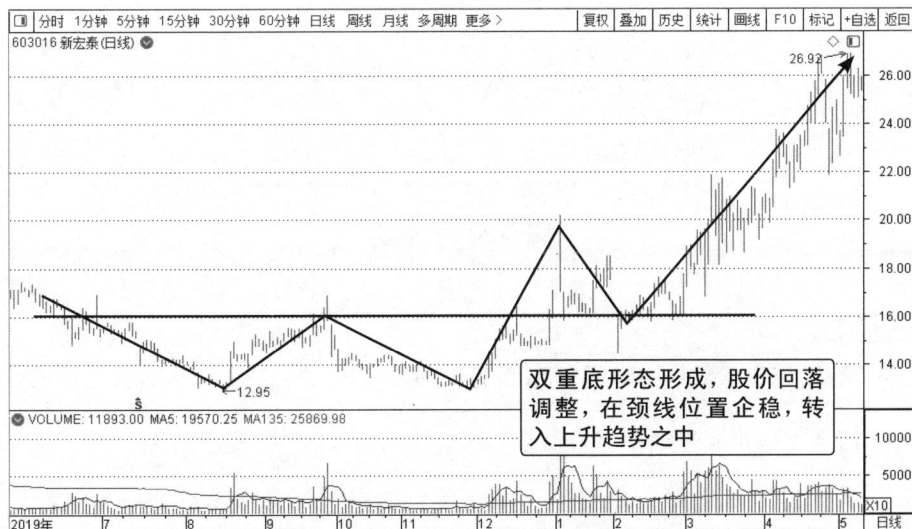

图 4-19　新宏泰 2019 年 6 月至 2020 年 5 月的 K 线走势

从上图可以看到，双重底形态形成后，股价回落调整，在颈线位置企稳后便转入上升趋势之中，股价快速向上攀升，最高上涨至 26.92 元，涨幅较大。

4.2.3　头肩底形态

头肩底形态是在实战中出现最多的一种形态，它是一个长期趋势的反转形态，通常出现在下跌行情的末期。这一形态具有以下特征：

◆　头肩底形态的两肩低点大致相等。

◆　就成交量而言，左肩最少，头部次之，右肩最多。股价突破颈线不一定需要大的成交量配合，但是日后继续上涨时成交量会放大。

图 4-20 所示为头肩底的一般形态。

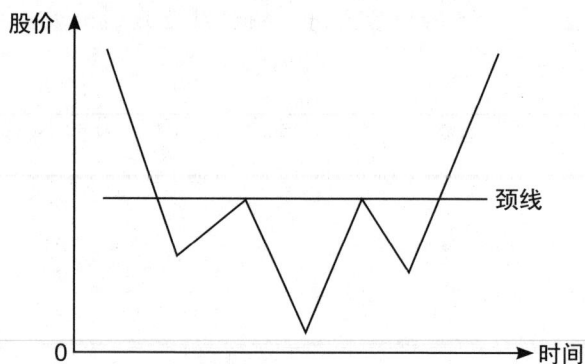

图 4-20　头肩底

实例分析

华丽家族（600503）头肩底形态趋势反转

图 4-21 所示为华丽家族 2019 年 5 月至 2020 年 6 月的 K 线走势。

从下图可以看到，该股处于下跌趋势之中，股价从高位处一路下行。12 月股价跌至 3.00 元价位线附近后止跌回升，形成头肩底形态的左肩部分。

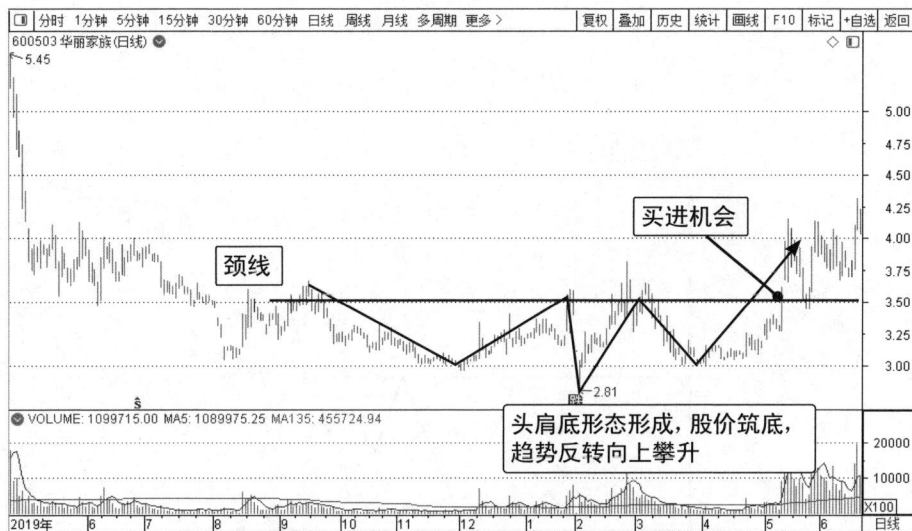

图 4-21　华丽家族 2019 年 5 月至 2020 年 6 月的 K 线走势

随后股价向上拉升，当股价上涨至 3.50 元附近后止涨下跌，并跌破前期低点，在创下 2.81 元的新低后止跌回升，形成头肩底的头部。

股价再次向上攀升，当股价上涨至 3.50 元附近后又止涨下跌，跌至前期低点 3.00 元附近止跌回升，形成头肩底形态的右肩。至此，头肩底形态完成，说明股价筑底完成，后市股价即将反转进入上升趋势之中。股价继续上行，放量拉升突破颈线，此时为投资者的买进机会。

4.2.4　三重底形态

三重底形态是头肩底形态的变形，是由三个一样的低位或接近的低位形成，与头肩底的区别是头部的价位回缩到和肩部差不多相等的位置。

出现三重底形态的原因是投资者没有耐心，在形态完全形成之前便急于卖出；走势不如人意时又急于买进，等到形态完成，大势已定。股价正式开始反转时，投资者却犹豫不决，缺乏信心，没有把握住上涨的行情。三重底形态的分析需要注意以下两点：

◆ 三重底的颈部和顶部连线是水平的，所以三重底具有矩形的特征。

◆ 三重底的低点与低点的间隔距离不必相等。

图 4-22 所示为三重底的一般形态。

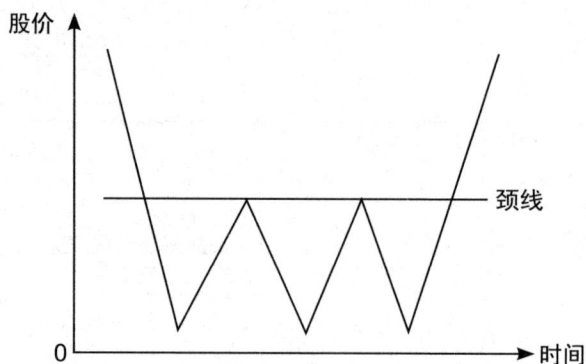

图 4-22 三重底

实例分析

重庆百货（600729）三重底形态趋势反转

图 4-23 所示为重庆百货 2019 年 4 月至 2020 年 5 月的 K 线走势。

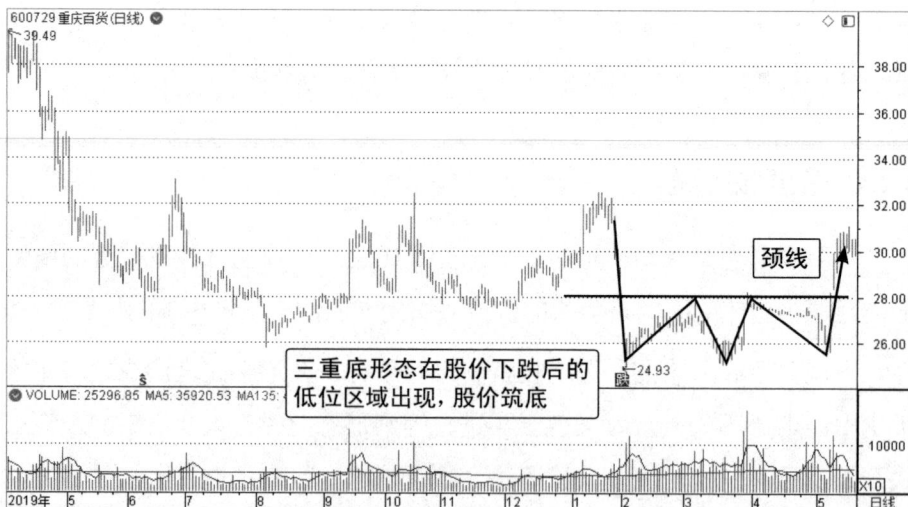

图 4-23 重庆百货 2019 年 4 月至 2020 年 5 月的 K 线走势

从上图可以看到，重庆百货处于下跌趋势之中，股价从 39.49 元的相对高位区域一路下跌，股价跌至 26.00 元价位线附近后止跌，并在 26.00 元~32.00 元波动运行。

2020 年 1 月中旬，K 线连续收出多根阴线，股价进一步下跌至 26.00 元价位线上，随后股价在 26.00 元~28.00 元波动运行。仔细观察可以发现，股价在波动过程中形成了三个几乎相同的低点，以及两个几乎大致相同的顶点，至此三重底形态形成。

三重底形态出现在股价经过一轮大幅下跌后的低位区域，说明股价在此位置筑底，后市股价反转回升的可能性较大，投资者可以在 K 线连续收阳向上突破颈线时买进。

图 4-24 所示为重庆百货 2020 年 1 月至 10 月的 K 线走势。

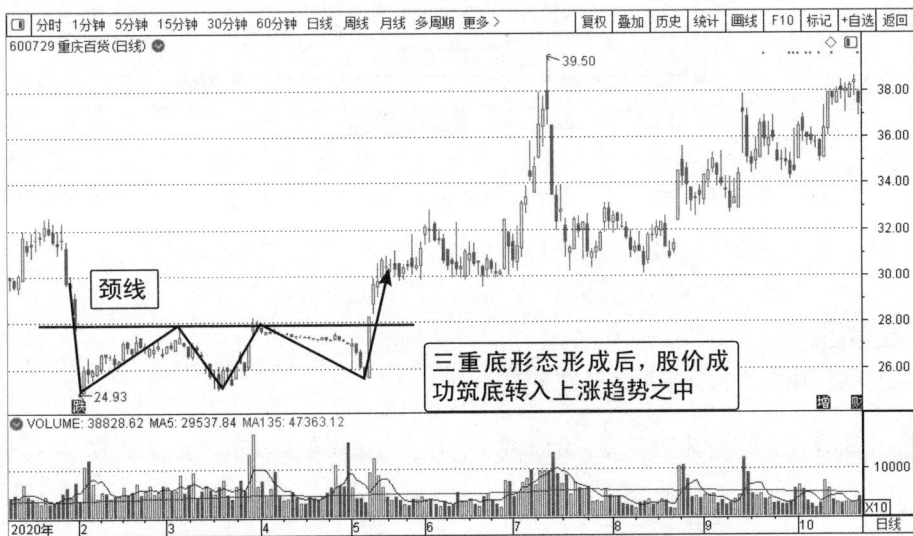

图 4-24　重庆百货 2020 年 1 月至 10 月的 K 线走势

从图中可以看到，三重底形态形成后，股价成功筑底转入上涨趋势之中，股价震荡向上运行，涨幅较大。如果投资者在股价突破颈线位置时买进，可以获得不错的投资回报。

4.2.5 圆弧底形态

圆弧底是一种极具上涨能力的底部形态，其形成过程是股价缓慢下滑，在跌势趋缓并止跌之后，多空达到平衡，在底部横盘少许时日后，股价又缓慢回升，每次回落点都略高于前一次形成的低点，整个形态就像一个圆弧，所以被称为圆弧底或圆底，其形态示意如图 4-25 所示。

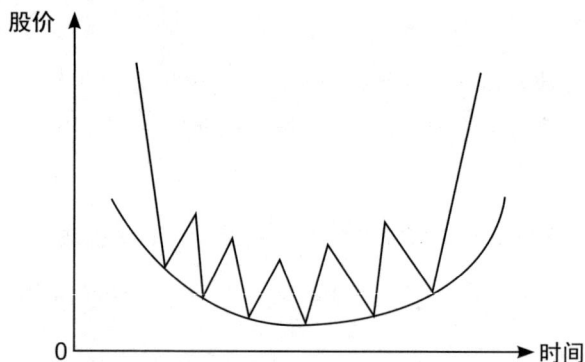

图 4-25　圆弧底形态

注意：在实战操盘中，标准的圆弧底形态比较少见，大多数时候的圆弧底形态都不太标准，但是同样能发出可靠的行情反转信号。

实例分析

飞亚达（000026）圆弧底形态趋势反转

图 4-26 所示为飞亚达 2019 年 11 月至 2020 年 10 月的 K 线走势。

从下图可以看到，飞亚达 2019 年 12 月中旬股价止涨下跌，股价跌至 8.00 元价位线后止跌小幅回升至 10.00 元附近止涨开始缓慢地小幅下滑，滑落至 8.00 元附近后又企稳缓慢上涨，形成圆弧底形态。

圆弧底形态是比较可靠的股价筑底信号，说明股价在此位置筑底，后市看涨，一旦成交放量，股价一改之前的缓慢走势开始向上大幅拉升，是投资者的买进机会。

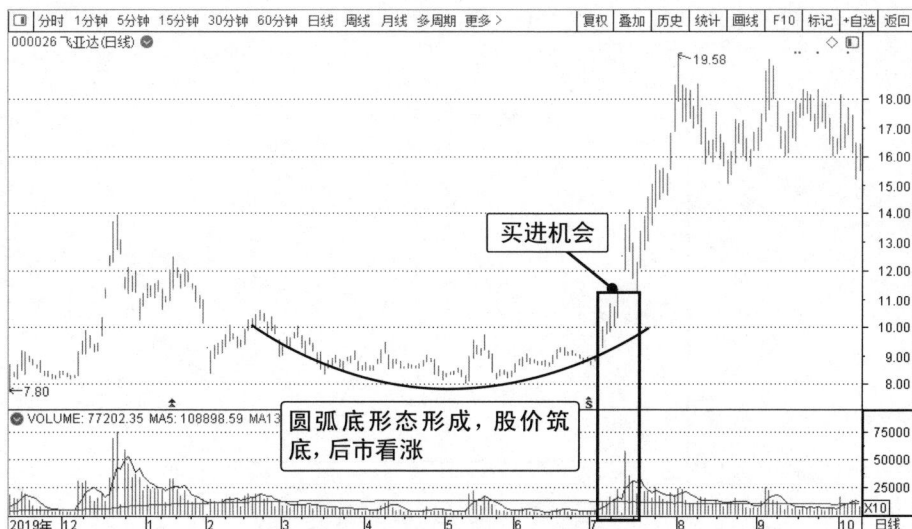

图 4-26　飞亚达 2019 年 11 月至 2020 年 10 月的 K 线走势

4.3　重要的长期 K 线顶部形态

长期 K 线顶部形态与底部形态相对应，它预示股价即将见顶，上涨趋势结束，后市即将转入下跌行情之中，是每一位投资者都应该了解且掌握的卖出信号。

4.3.1　倒 V 形顶形态

倒 V 形顶也称尖顶形态，其走势同 V 形底一样，是一个比较常见的反转形态，它在顶部出现的频率较高，而且一般出现在市场剧烈波动之中。

倒 V 形顶与 V 形底形态相反，它是由于股价急速上涨，然后急速下跌而形成的。也是一种变化较快、转势力度较强的反转形态。倒 V 形顶形成的时间比较短，有的甚至仅几个交易日就完成了。图 4-27 所示为倒 V 形顶示意图。

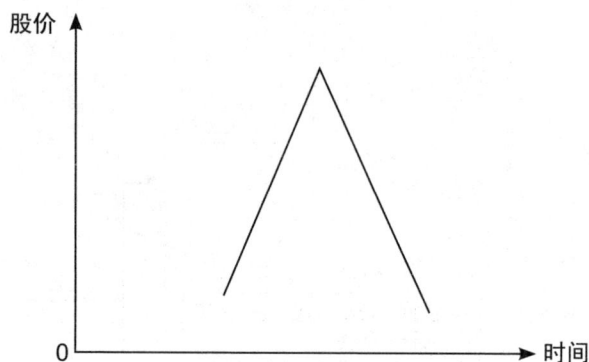

图 4-27　倒 V 形顶示意图

实例分析

民生控股（000416）倒 V 形顶形态趋势反转

图 4-28 所示为民生控股 2020 年 4 月至 11 月的 K 线走势。

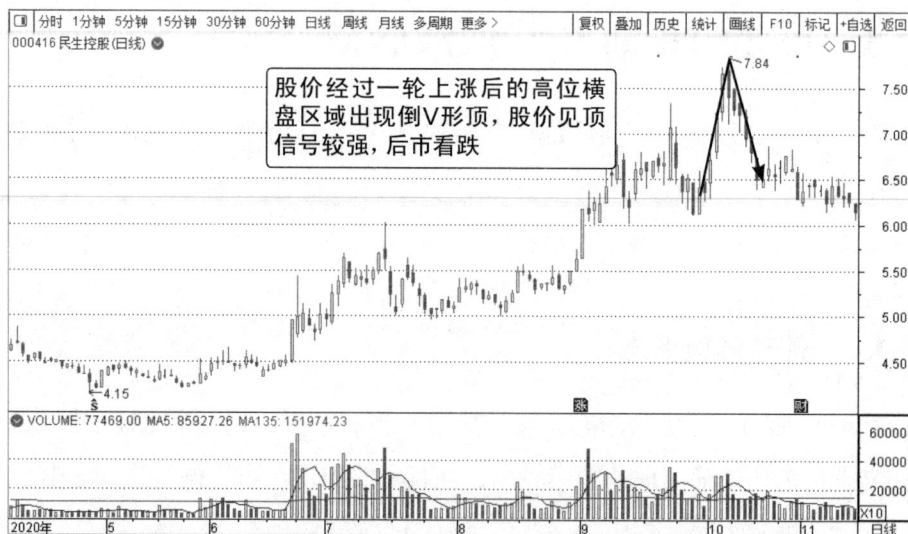

图 4-28　民生控股 2020 年 4 月至 11 月的 K 线走势

从上图可以看到，民生控股前期处于上涨趋势之中，股价震荡向上。2020 年 9 月，股价上涨至 6.50 元价位线上后止涨，并在该价位线上波动横行，此时涨幅已经超过 50%，有见顶趋势。

10 月上旬，K 线突然连续拉出三根高开高走的大阳线，将股价拉升至 7.50 元上方，打破前期滞涨局面，似乎涨势还在继续。但紧接着 K 线又收出 6 根连续下跌的阴线，将股价拉回至 6.50 元价位线上，止跌横盘。这一涨一跌使 K 线形成典型的倒 V 形顶形态，说明股价在此位置见顶，后市极有可能转入下跌趋势之中，投资者应在倒 V 形顶形成后横盘调整时及时出逃。

图 4-29 所示为民生控股 2020 年 9 月至 2021 年 2 月的 K 线走势。

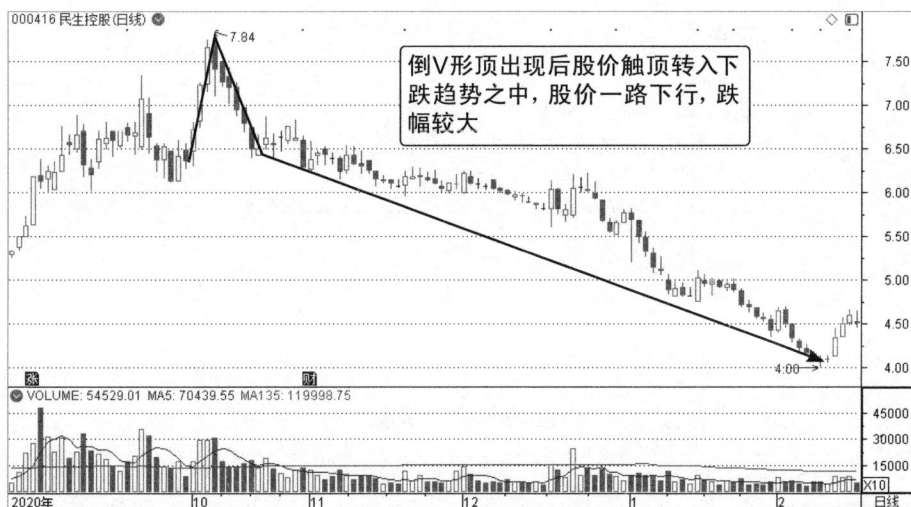

图 4-29　民生控股 2020 年 9 月至 2021 年 2 月的 K 线走势

从图中可以看到，倒 V 形顶出现后股价触顶转入下跌趋势之中，股价一路下行，跌幅较大。如果投资者没有发现倒 V 形顶发出的卖出信号，将遭受巨大损失。

4.3.2　双重顶形态

双重顶又称 M 形顶，该形态一般是在上升行情的末期出现，它与双重底形态的作用刚好相反，是一个后市看跌的见顶反转形态。

双重顶反转形态一般具有如下特征：

◆ 形态的高点并不一定在同一水平，通常第二个顶点比第一个顶点稍高，是高位追涨筹码介入拉高的结果，由于主力借机出货，因此股价上涨力度不大。

◆ 形态的两个顶点就是股价这轮上升行情的最高点，当股价有效跌破形态颈线（第一次下跌的低点为颈部）时行情发生逆转，投资者应果断卖出股票。

图 4-30 所示为双重顶的一般形态。

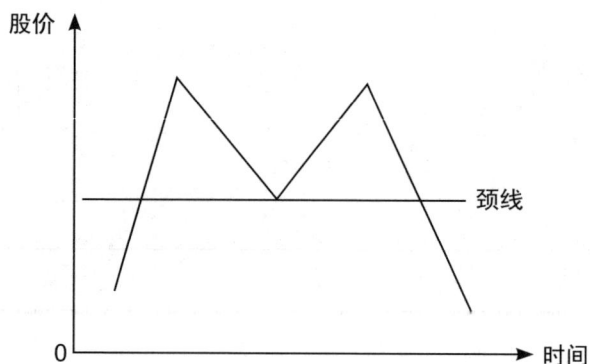

图 4-30　双重顶

理财贴士 *实战中的双重底形态*

在实际操作中，也会出现双重底的两个低点不在同一水平线上的情况，通常第二个低点都较第一个低点稍高，是因为部分先知先觉的投资者在第二次股价回落时已开始买入，令股价没法再次跌回上次的低点。而且形态底部两个低点之间的距离不对称的情况，通常是左底成交量大于右底，突破颈线若伴随放量，则上涨信号比较明确。此外，双重底形态在底部构筑的时间越长，其产生的回升效果就越长。完整形态的 W 底构筑时间至少需要一个月左右。过短的时间间隔有可能是主力设置的技术陷阱。

实例分析

天健集团（000090）双重顶形态趋势反转

图 4-31 所示为天健集团 2020 年 2 月至 9 月的 K 线走势。

从下图可以看到，天健集团从 2020 年 2 月开始表现为上涨趋势，股价从 4.21 元的低位开始向上攀升。2020 年 7 月，股价向上运行创下 9.83 元的新高后止涨下跌，跌至 8.00 元价位线附近后止跌回升，当股价上涨至前期高点 9.80 元附近时再次受阻下跌。两次冲高回落形成两个明显的高点，且两个高点几乎在同一水平位置，形成典型的双重顶形态。

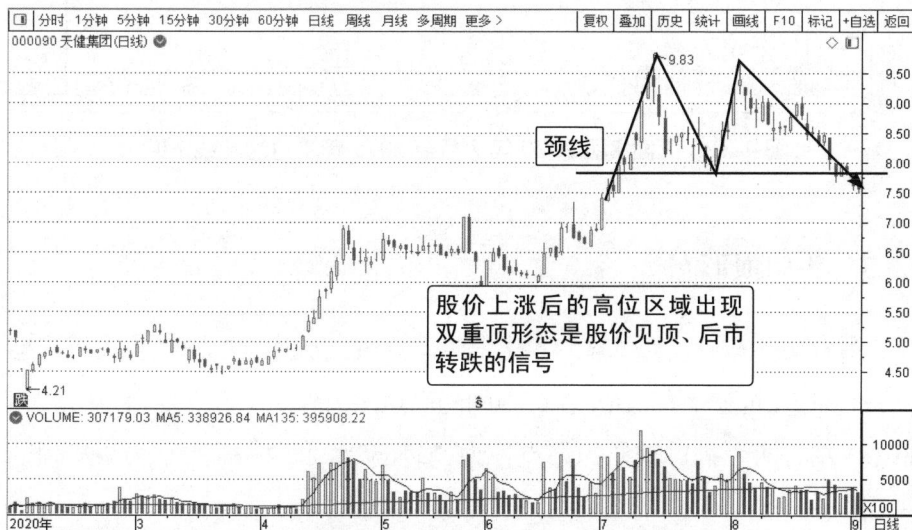

图 4-31　天健集团 2020 年 2 月至 9 月的 K 线走势

股价上涨后的高位区域出现双重顶形态是股价见顶、后市转跌的信号，投资者应该尽快离场。当股价有效跌破颈线时，就不要再抱有幻想了。

图 4-32 所示为天健集团 2020 年 7 月至 2021 年 1 月的 K 线走势。

从下图可以看到，双重顶形态形成后，天健集团股价见顶，随即转入下跌趋势之中，股价震荡向下，最低跌至 5.36 元，跌幅较大。

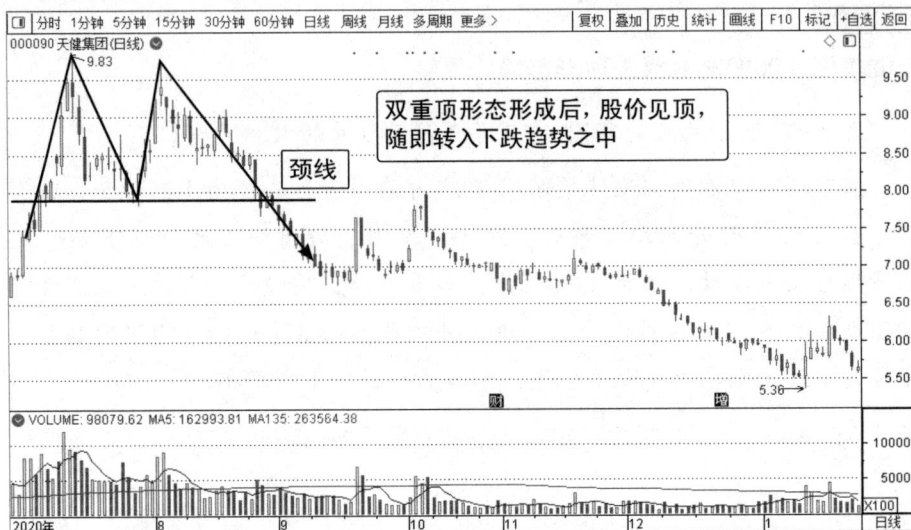

图 4-32　天健集团 2020 年 7 月至 2021 年 1 月的 K 线走势

4.3.3　头肩顶形态

头肩顶形态是较为可靠的卖出信号，通过三次连续的涨跌构成该形态的三个部分，也就是有三个高点，中间的高点比另外两个高点要高，称为"头部"，左右两个相对较低的高点称为"肩部"。图 4-33 所示为头肩顶的一般形态。

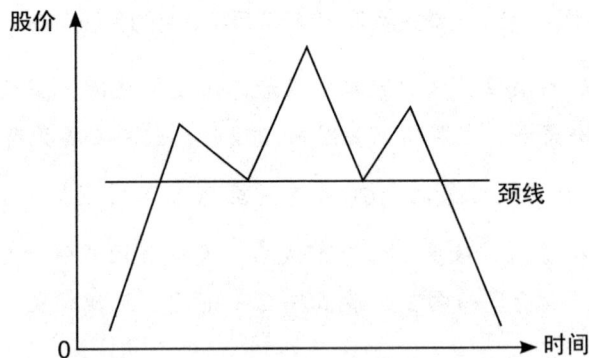

图 4-33　头肩顶

实例分析

岭南控股（000524）头肩顶形态趋势反转

图 4-34 所示为岭南控股 2020 年 5 月至 2021 年 2 月的 K 线走势。

从下图可以看到，岭南控股 2020 年 7 月初，成交放量推动股价开始向上攀升。随后股价从 6.00 元附近的低位大幅向上攀升，在 10 个交易日内，K 线连续涨停将股价拉升至 11.00 元位置，然后止涨下跌回调。

当股价下跌至 9.00 元价位线时止跌回升，K 线连续放出多根高开高走的大阳线将股价拉升至 15.00 元上方，在创出 15.40 元的新高后止涨下跌，当股价跌至前期低点 9.00 元附近时止跌回升。股价再次上涨至 11.00 元附近时止涨下跌。

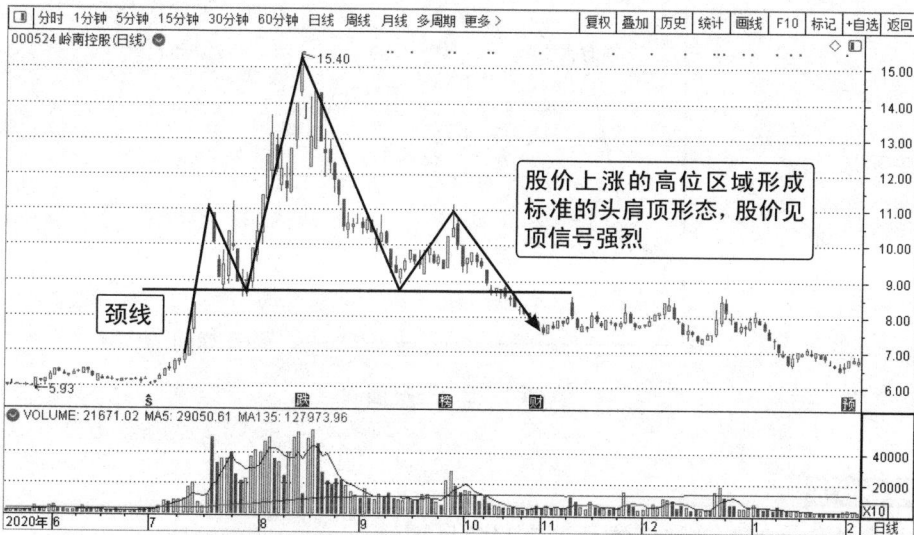

图 4-34　岭南控股 2020 年 5 月至 2021 年 2 月的 K 线走势

此时，仔细观察股价走势可以发现，股价这一番连续上涨下跌，形成三个明显的高点和两个明显的低点。其中，第一个和第三个高点几乎在水平位置，两个下跌回调形成的低点也大致处于同一水平位置，由此形成标准的头肩顶形态。

头肩顶形态在股价大幅上涨后的高位区域出现，说明股价见顶信号强烈，后市转跌可能性较大，当股价下跌有效跌破头肩顶颈线位置时投资者就不要再迷恋了，应该及时离场。

4.3.4 三重顶形态

三重顶与三重底类似，是由三个一样高位或接近的高位形成，头部的价位与肩部的位置相离不远。出现三重顶形态的原因也是投资者没有耐心，在形态完全形成时便急于卖出或急于买进，等到形态完成、大势已定时，却发现股价已经处于下跌通道中，后市遭受不少的损失。

图 4-35 所示为三重顶的一般形态。

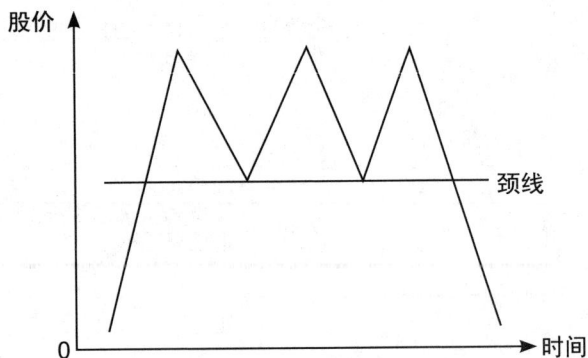

图 4-35　三重顶

实例分析

数字认证（300579）三重顶形态趋势反转

图 4-36 所示为数字认证 2020 年 4 月至 9 月的 K 线走势。

从下图可以看到，数字认证处于上涨趋势之中，股价经过一轮大幅上涨行情上涨至 65.00 元上方后止涨，随后在 57.50 元～68.00 元波动运行。仔细观察发现，股价在波动过程中形成了三个明显的高点和两个低点，其中高点和低点大致分别处于同一水平位置，由此形成了三重顶形态。

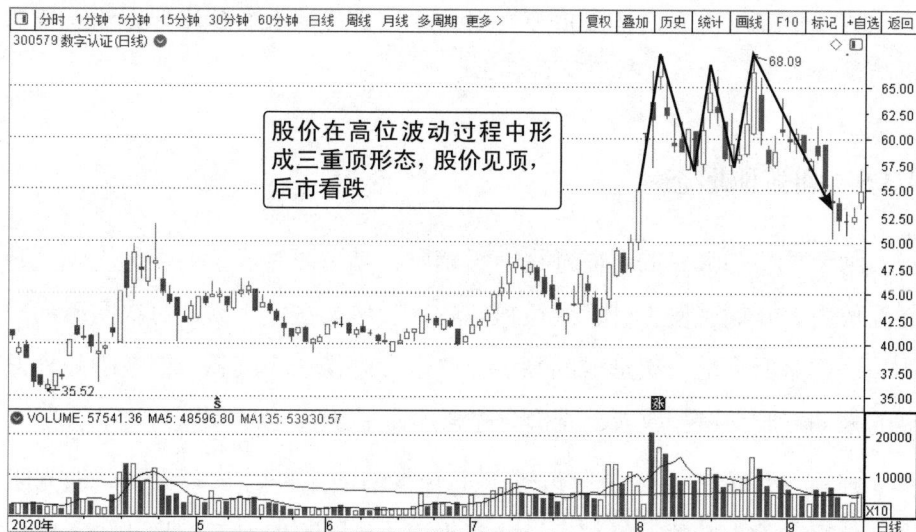

图 4-36 数字认证 2020 年 4 月至 9 月的 K 线走势

三重顶形态出现，说明该股这一轮上涨行情即将结束，后市转跌，股价有效跌破颈线位置时为投资者离场的最后机会。

图 4-37 所示为数字认证 2020 年 8 月至 2021 年 2 月的 K 线走势。

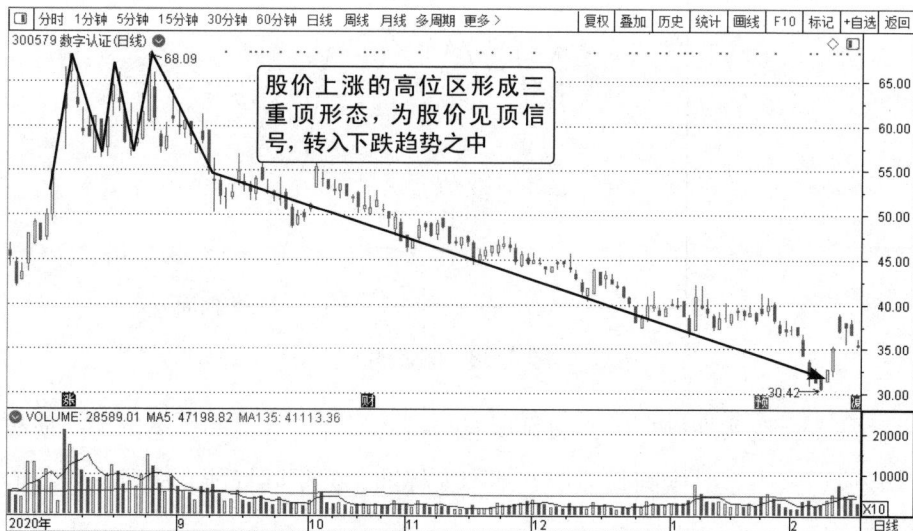

图 4-37 数字认证 2020 年 8 月至 2021 年 2 月的 K 线走势

从图中可以看到，三重顶形态形成后，股价结束高位波动走势，转入下跌行情之中，一路下行，跌势沉重。

4.3.5 圆弧顶形态

圆弧顶与圆弧底的形成过程刚好相反，其形成时股价的表现为先上升到高位后，开始缓慢上升，到达顶部后，股价又缓慢下跌，每次回落形成的高点都略低于前一次形成的高点，整个形态像一个圆弧。但在圆弧顶发展的末期，成交量会放大，股价会逐渐加速下跌。

圆弧顶形成的原因是股价进入上升行情的末期时，多头开始遇到阻力，使得股价上升的速度减缓，使其小幅上涨，有时甚至出现小幅下跌。多空双方在高位区展开拉锯战，多头由主动进攻变成被动防守，直至上升动力衰竭，形成大幅破位走势。该形态宛如一根圆弧状的曲线，称为圆弧顶。

圆弧顶的形态示意图如图4-38所示。

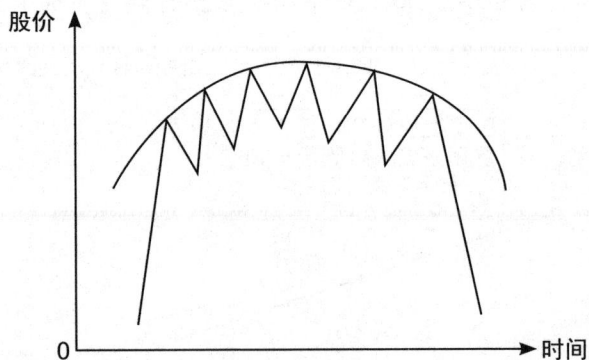

图4-38　圆弧顶

注意：在实战操盘中，圆弧顶与圆弧底一样，标准的形态出现的情况比较少，大多数时候圆弧顶形态都不太标准，但是同样能发出可靠的行情反转信号。

实例分析

唐人神（002567）圆弧顶形态趋势反转

图 4-39 所示为唐人神 2020 年 2 月至 9 月的 K 线走势。

从下图可以看到，唐人神处于上升趋势之中，股价从 6.00 元附近开始震荡上行。当股价上涨至 11.00 元附近时，涨势渐缓，K 线频繁收出向上拉升的小 K 线，股价小幅上涨，当股价上涨至 12.00 元上方后止涨又开始缓慢小幅下跌，且每次回落形成的高点都略低于前一次形成的高点，整个形态像一个圆弧，由此形成圆弧顶形态。

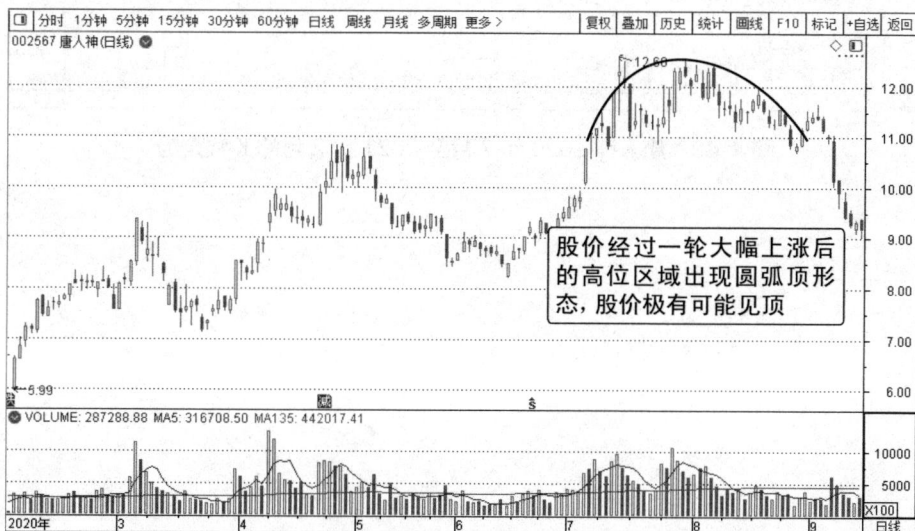

图 4-39　唐人神 2020 年 2 月至 9 月的 K 线走势

在股价经过一轮大幅上涨后的高位区域出现圆弧顶形态，说明股价极有可能见顶，后市将转势下跌，投资者应尽快离场。

图 4-40 所示为唐人神 2020 年 7 月至 2021 年 2 月的 K 线走势。

从下图可以看到，圆弧顶形成后，股价一改之前的缓慢走势，K 线连续收出多根低开低走的大阴线，拉低股价使其脱离高位区域，转入下跌走势之中。如果投资者在圆弧顶形成后没有及时离场，将面临重大损失。

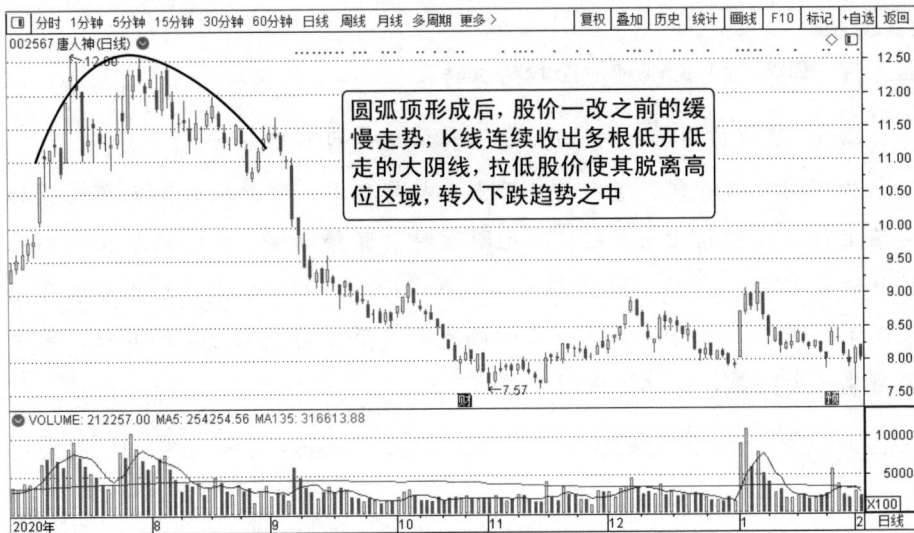

图 4-40　唐人神 2020 年 7 月至 2021 年 2 月的 K 线走势

第5章
趋势中继，把握其中的加减仓机会

趋势中继是趋势把握中的一个重要环节，它是原趋势的中途整理，结束之后趋势继续，但如果投资者不能正确判断，就可能使自己失去加仓或减仓的大好机会，从而使得自己遭受不必要的经济损失。

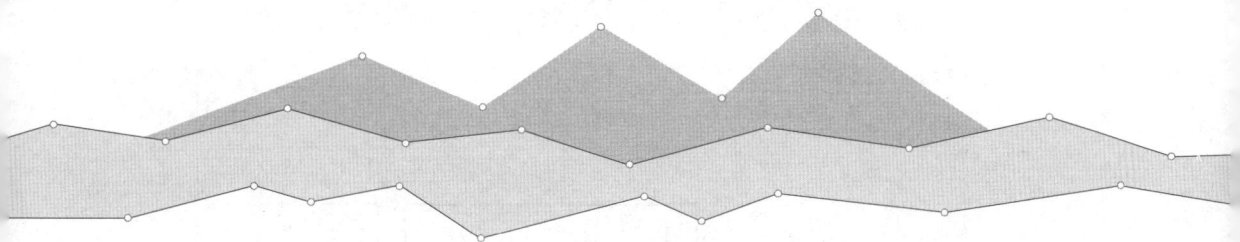

中继是什么意思
趋势中继有什么特点
对称三角形整理
上升三角形整理
下降三角形整理

5.1 对"趋势中继"的理解

在利用趋势中继形态做决策判断之前，投资者们需要对趋势中继有一个正确的理解，可以帮助投资者在实战中准确判断趋势中继形态，从而做出正确的投资决策。

5.1.1 中继是什么意思

"中继"一词从字面意思上来理解就是处于中间的、继续的走势。中继表现在 K 线走势图上为当前趋势的一个暂时休整，结束后市场运行方向仍然按照原来的趋势运行。根据趋势方向的不同，趋势中继又分为上涨中继和下跌中继，图 5-1 和图 5-2 所示分别为上涨中继和下跌中继。

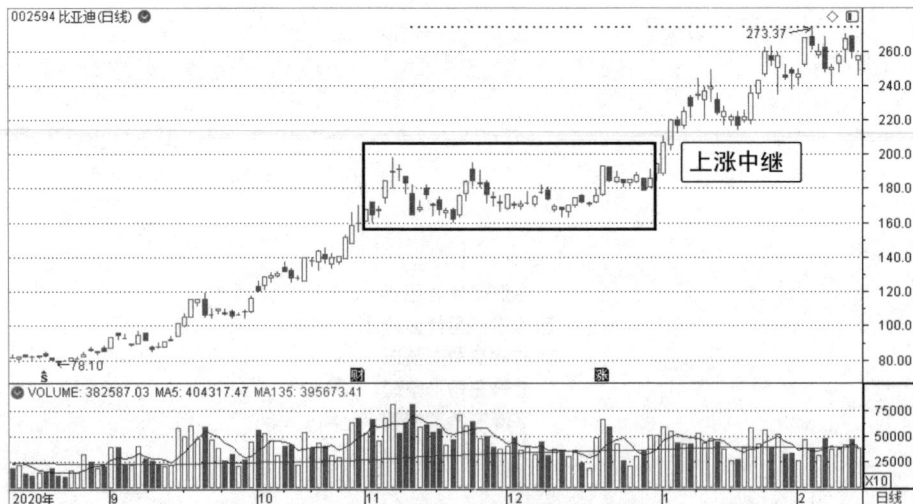

图 5-1　上涨中继

图 5-2　下跌中继

从上面两图中可以看到，无论是上涨中继，还是下跌中继，都是股价原趋势途中的一个调整，并不会影响原来趋势的运行。因此，把握中继形态能够更好地做好投资过程中的加减仓操作。

5.1.2　趋势中继有什么特点

趋势中继相较于趋势反转来说，更有利于投资者，因为趋势反转无论反转信号多强烈，我们始终属于逆势操盘，风险较大，但是趋势中继则不同，因为它，趋势不会发生改变，所以只要顺势操作即可，不容易踩雷。

总的来看，趋势中继主要有以下三个特点：

①投资者的操盘方向为原趋势运行方向，没有逆势操盘风险。

②中继过程中会形成各种中继形态，这些形态本身会形成支撑位和阻力位，帮助投资者清晰判断。

③中继形态在方向延续的时候，总会经常出现，越是凌厉的单边走势，其中的中继形态越多。

另外，需要注意的是，中继形态相比反转形态更容易把握。因为在市场的某一个波段趋势之中，趋势反转的形态只能出现两次，即趋势启动时和结束时，但是中继形态却可以多次出现，直到趋势发生转变。这就为投资者提供了更多的操盘机会。

5.2　三角形中继整理形态

三角形整理形态是趋势中继中比较常见的一种整理形态，也是比较基础的一种形态。根据三角形形态的不同，三角形整理形态也进一步划分成多种类型，下面来具体看看。

5.2.1　对称三角形整理

对称三角形也称收敛三角形，它可能出现在上涨趋势之中，也可能出现在下跌趋势之中。对称三角形有两条聚拢的直线，上面的直线向下倾斜，起到压力作用；下面的直线向上倾斜，起到支撑作用，两条线一条向上发展，一条向下发展，显示多空力量对等。两条直线的交点称为顶点，对称三角形一般有6个转折点，如图5-3所示。

对称三角形整理的最后，市场多头和空头争夺的焦点集中在一个很小的价格区域内，这就是收敛三角形的末期，一旦某一方获得胜利，那么价格将持续向胜利的一方运行，所以收敛三角形的跌破和突破往往预示着这一段中期趋势的延续。

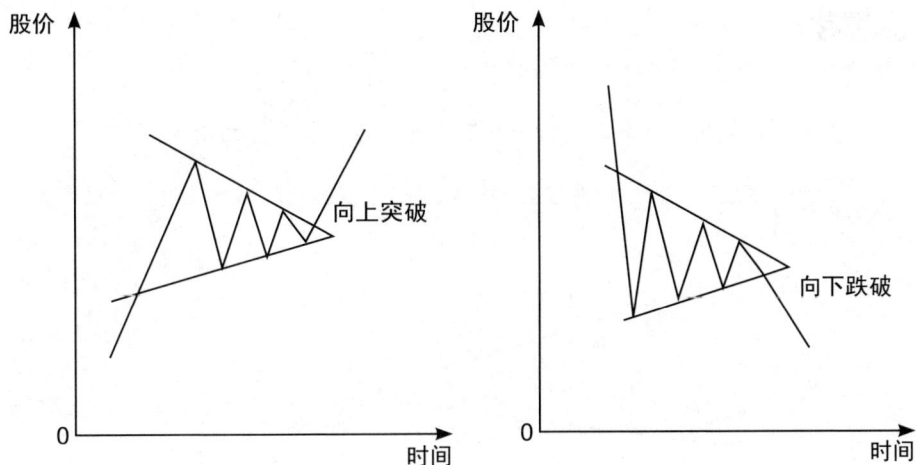

图 5-3　对称三角形整理

如果对称三角形出现在上升趋势之中，那么经过一段时间的整理后，股价会向上突破上边线，继续上行；如果对称三角形出现在下跌趋势之中，那么经过一段时间的整理后，股价会向下跌破下边线，继续下行。

需要注意的是，在对称三角形形成的过程中，成交量会逐渐减少，但是当股价向上突破时必须要有成交的放量配合，才能确认其突破的有效性，但是向下跌破时则不需要成交量配合。

在对称三角形中有一些买卖点是投资者可以把握的，具体如下：

◆　在下跌对称三角形中，当股价反弹至对称三角形上边线时就是卖出位置；而在上升对称三角形中，当股价调整至对称三角形下边线时，投资者可以适量买进。

◆　在下跌对称三角形中，当股价有效跌破对称三角形下边线时，投资者不要再对市场抱有幻想，应该尽快离场；在上升对称三角形中，一旦股价放量突破对称三角形上边线，投资者可以适量加仓。

实例分析

蓝英装备（300293）下跌途中对称三角形整理分析

图 5-4 所示为蓝英装备 2020 年 7 月至 2021 年 2 月的 K 线走势。

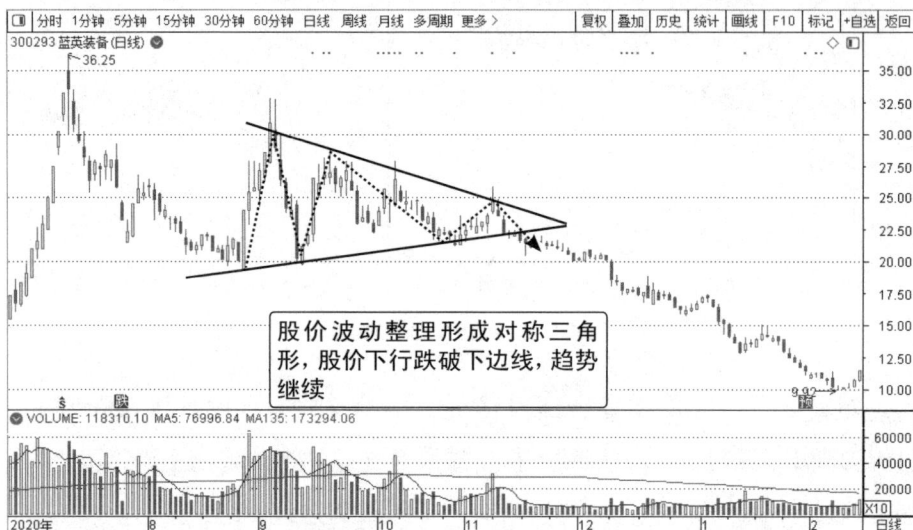

图 5-4 蓝英装备 2020 年 7 月至 2021 年 2 月的 K 线走势

从上图可以看到，蓝英装备前期上涨创下 36.25 元的新高后止涨转入下跌走势之中。股价向下运行，跌至 20.00 元价位线得到支撑止跌，迎来反弹行情。随后股价接连出现两波明显的反弹，但是反弹的高度一波比一波低，而止跌位逐渐向上，此时分别连接高点和低点，发现 K 线走势形成明显的下跌行情中的对称三角形整理形态。

随着对称三角形整理形态波动幅度的减少，说明该股的这一波反弹上涨动力逐渐衰竭，一旦股价向下有效跌破三角形下边线，股价就会继续之前的下跌趋势向下运行。

实例分析

太阳能（000591）上升途中对称三角形整理分析

图 5-5 所示为太阳能 2020 年 4 月至 2021 年 1 月的 K 线走势。

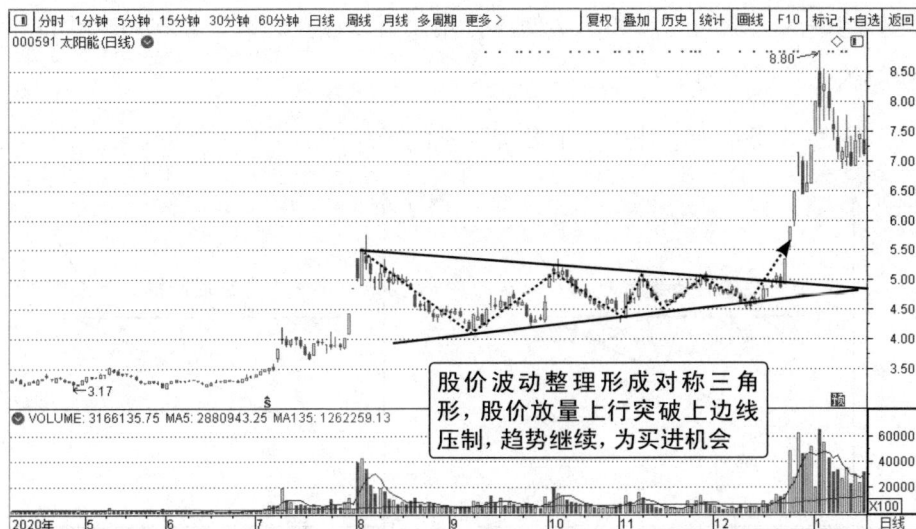

图5-5　太阳能2020年4月至2021年1月的K线走势

从上图可以看到，太阳能处于上涨趋势之中，股价从3.17元的低位处开始向上攀升。当股价上涨至5.50元附近后止涨下跌，成交量缩小。股价跌至4.00元价位线附近后得到支撑，企稳回升，此番上涨并未持续较长时间，股价反而转入横盘波动运行的走势之中。

仔细查看股价波动过程中的走势可以发现，股价形成明显的几个高点和几个低点，此时分别连接高点和低点，可以看到K线走势形成明显的上涨途中的对称三角形整理形态。

由此可以说明，太阳能的这一轮上升趋势并未发生改变，后市继续看涨。2020年12月中旬，成交量突然放大，带动股价向上攀升突破对称三角形上边线的阻碍，说明整理结束，此时为投资者追涨买进加仓的大好机会。

5.2.2　上升三角形整理

上升三角形形态是对称三角形的变形，它通常出现在上涨趋势之中，股价每次上涨的高点基本处于同一水平位置，而回落的低点却不断上移，这样将每次上涨的高点和回落低点分别用直线连接起来，就构成一个向上倾斜的三角形，即上升三角形。

图 5-6 所示为上升三角形整理形态的示意图。

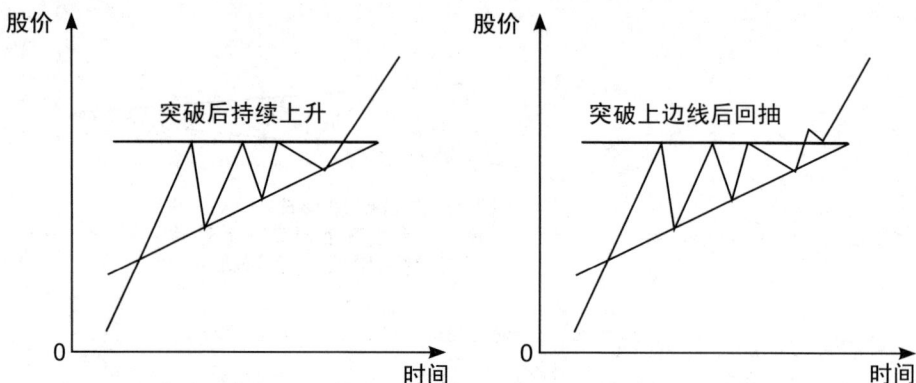

图 5-6　上升三角形整理

上升三角形在形成过程中，成交量不断萎缩，股价向上突破压力线时需要成交放量，而且突破后通常会有回抽上边线的过程，即在原来高点连接处止跌回升，以便确认突破的有效性，但也有些强势股突破上边线后不回抽便持续上升。

但是，如果股价向上突破上升三角形上边线阻力位置时成交没有放量，那么可能信号出错，投资者要放弃这一信号指标，继续观望。

上升三角形是一个较好的买进信号，买入时机有三种：一是趁回调至低点位置时买进，这种通常在三角形区域内反复震荡时操作，但是这种方法风险较大；二是趁着股价向上突破时及时跟进，这种方法比较适合强势股，一旦股价放量拉升突破便买进；三是一种比较安全的做法，即在股价突破压力线后小幅回调再创新高时买进，以确认突破有效便买进。

实例分析

兔宝宝（002043）上升三角形整理分析

图 5-7 所示为兔宝宝 2019 年 11 月至 2020 年 8 月的 K 线走势。

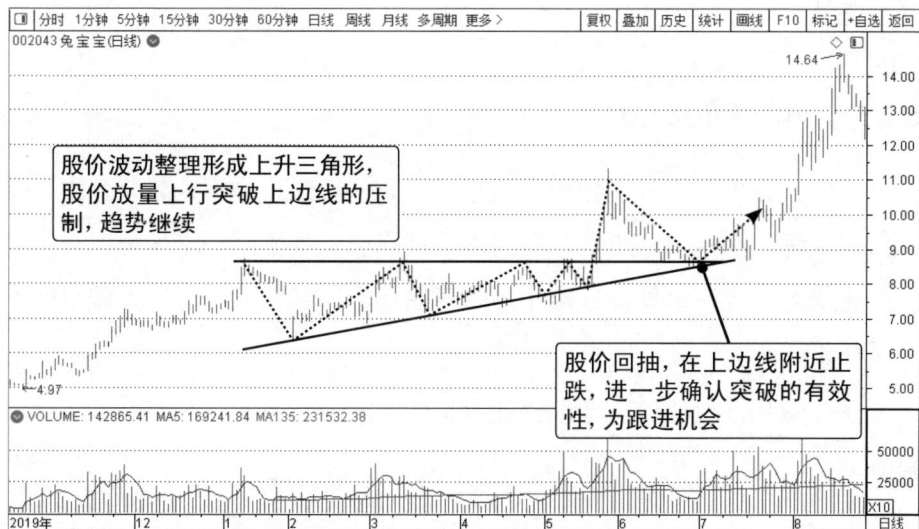

图 5-7　兔宝宝 2019 年 11 月至 2020 年 8 月的 K 线走势

从图中可以看到，兔宝宝处于上升趋势之中，股价从 4.97 元的低位区域开始向上攀升，当股价上涨至 8.50 元附近时止涨下跌，随后股价在 8.50 元附近横盘波动运行。

仔细观察股价波动过程中的走势可以发现，股价多次上冲至 8.50 元附近时便受阻下跌，使得股价波动高点大致保持在同一水平线上，但股价回落的低点位置却在不断上移，分别连接高点和低点，发现 K 线形成上升三角形走势。

由此说明，兔宝宝这一轮的上升趋势并未发生改变，后市仍然看涨，投资者可以继续持股。2020 年 5 月中旬，成交量放大，带动股价上涨，一举突破上升三角线上边线的压制，说明股价整理结束，即将继续之前的上涨行情，投资者可以在此位置加仓跟进。

股价上涨至 11.00 元价位线附近后止涨下跌，跌至上升三角形上边线附近受到支撑止跌企稳，说明上边线前期的压制作用已经转为支撑，进一步说明上升三角形被有效突破，股价拉升在即，稳健的投资者可以在此位置积极跟进。

5.2.3　下降三角形整理

下降三角形与上升三角形刚好相反，它一般出现在下跌趋势之中，每次股价反弹的高点不断下移，但回落的低点基本处于同一水平位置，将每次的上涨高点和回落低点分别用直线连接起来，就构成一个向下倾斜的下降三角形。

图 5-8 所示为下降三角形整理形态的示意图。

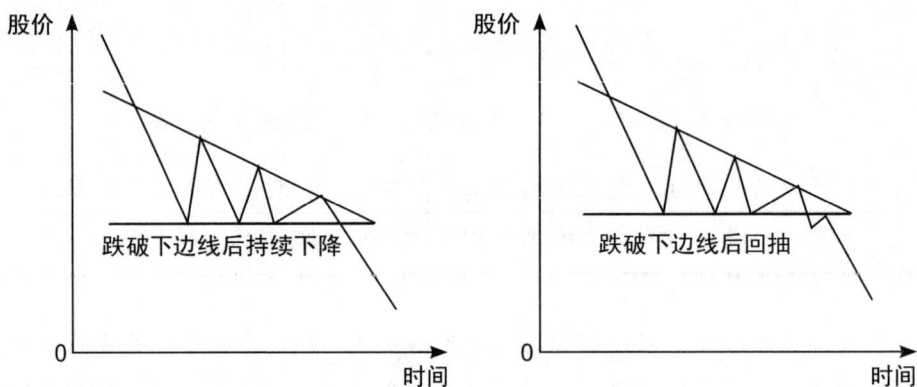

图 5-8　下降三角形整理

下降三角形整理形态表示在该整理区域内卖方力量略大于买方力量。下降三角形被跌破后，也可能回抽下边线后再确认下跌，但如果跌破时力度较强则可能不会回抽。

实例分析

华能水电（600025）下降三角形整理分析

图 5-9 所示为华能水电 2019 年 6 月至 2020 年 5 月的 K 线走势。

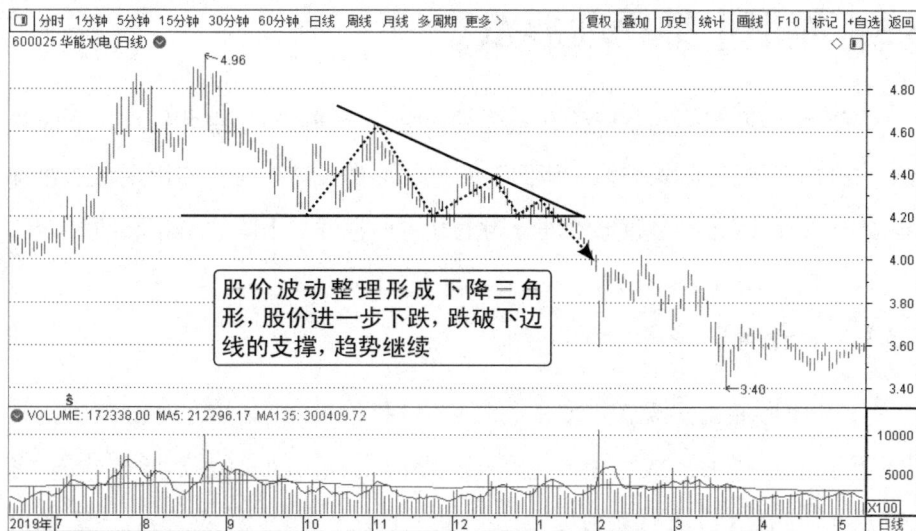

图 5-9　华能水电 2019 年 6 月至 2020 年 5 月的 K 线走势

从上图可以看到，华能水电前期表现为上涨走势，股价向上攀升。2019 年 8 月，股价止涨在高位区波动运行的过程中形成了双重顶，股价转入下跌趋势之中。

股价跌至 4.20 元价位线止跌回升，并在 4.20 ～ 4.60 元波动运行。仔细观察股价波动过程中的 K 线走势可以发现，股价多次跌至 4.20 元价位线附近后便受到该价位线的支撑止跌反弹，且随着时间的推移，股价反弹的力度越来越弱，形成逐渐降低的三个高点。

连接高点和低点，发现股价在横盘波动过程中形成下降三角形，4.20 元价位线为下降三角形下边线，对股价起到支撑作用。在股价下跌的行情中，出现下跌三角形说明该股的下跌趋势并没有发生改变，后市继续看跌的可能性较大，还没有离场的投资者应尽快抛售手中持股。

2020 年 1 月下旬，K 线连续收阴，股价进一步下跌，跌破下降三角形下边线后继续下行，最低跌至 3.40 元，跌幅较大。

5.3 旗形中继整理形态

旗形整理形态指的是股价在整理过程中，分别连接高点和低点，形成两条倾斜的平行线，形状类似"旗面"的整理形态。该形态通常出现在急速且大幅变动的行情之中。旗形整理分为上升旗形整理与下降旗形整理两种。

5.3.1 上升旗形整理

上升旗形通常出现在上涨的行情中，经过一段快速的上升行情后，股价出现横向整理，形成一个成交密集、略向下倾斜的股价波动密集区，将这一区域的高点与低点分别连接在一起，形成一个略下倾的平行四边形，这就是上升旗形整理形态。上升旗形整理形态示意图如图5-10所示。

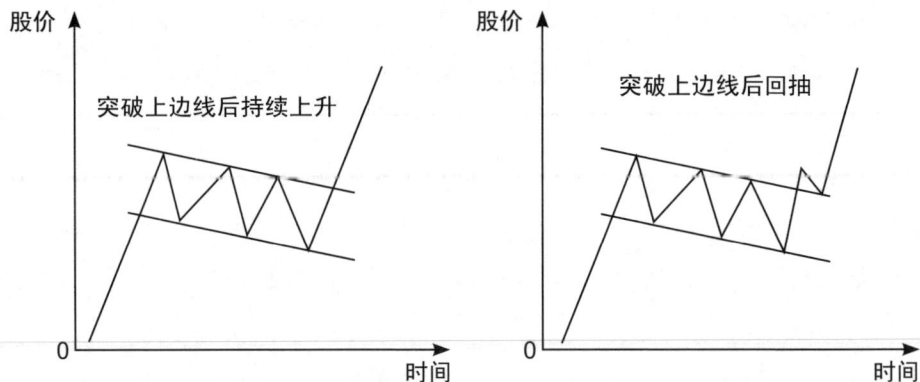

图 5-10　上升旗形整理形态

上升旗形形态通常具有以下几个特点：

①上升旗形形态是比较常见的一种整理形态，通常出现在上升趋势之中，且股价大多数情况下最终都会向上突破旗形上边线，继续上涨。

②上升旗形形态形成的过程中，连接这些反弹高点可以得到一条向右下方倾斜的上边线，具有阻力作用；而连接回落低点则可以得到一条与上

边线平行的向右下方倾斜的下边线，具有支撑作用。

③上升旗形在形成的过程中成交量通常会缩小，但是当股价向上突破旗形上边线时必须伴随着成交的放量，这样的向上突破才能证明是有效性的。

④股价向上突破上升旗形上边线后，有时会出现回抽，但回抽一般都止于上边线，投资者可以等到回抽上边线确认之后再逢低吸纳买进该股。

实例分析

苏盐井神（603299）上升旗形整理分析

图 5-11 所示为苏盐井神 2020 年 6 月至 2021 年 2 月的 K 线走势。

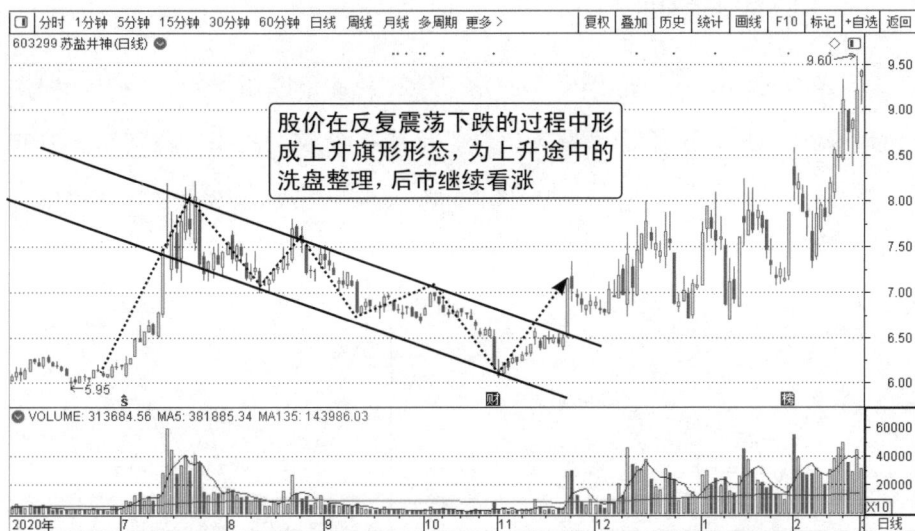

图 5-11　苏盐井神 2020 年 6 月至 2021 年 2 月的 K 线走势

从图中可以看到，苏盐井神从 2020 年 6 月底开始上涨，成交量放大，拉升股价快速向上攀升至 8.00 元价位线附近后止涨，随后转入反复震荡下跌的走势之中。

分别连接震荡走势中的高点和低点发现，高点连接形成的上边线和低点连接形成的下边线基本平行，看起来像是一面旗帜的形态，股价下跌至下边线附近受到支撑反弹回升，上涨至上边线附近受到压制受挫下跌，如此反复震荡，形成上升旗形形态。

在股价上涨初期形成的上升旗形通常为主力洗盘时故意制造的常态，目的在于使场内散户对后市看空，以便主力清理浮筹，待洗盘结束后将继续之前的趋势大幅拉升股价。

11 月 23 日，成交量放出巨量，K 线收出一根涨停大阳线，一举向上突破上升旗形上边线，说明主力洗盘结束，随后该股转入震荡继续向上的走势之中，最高上涨至 9.60 元，涨幅较大。

5.3.2　下降旗形整理

下降旗形与上升旗形相反，通常出现在急速下跌市场中，经过一段快速的下跌行情后，股价出现横向整理，形成一个成交密集、略向右上方倾斜的股价波动密集区，将这一区域的高点与低点分别连接在一起，形成一个略上倾的平行四边形，这就是下降旗形。其整理示意图如图 5-12 所示。

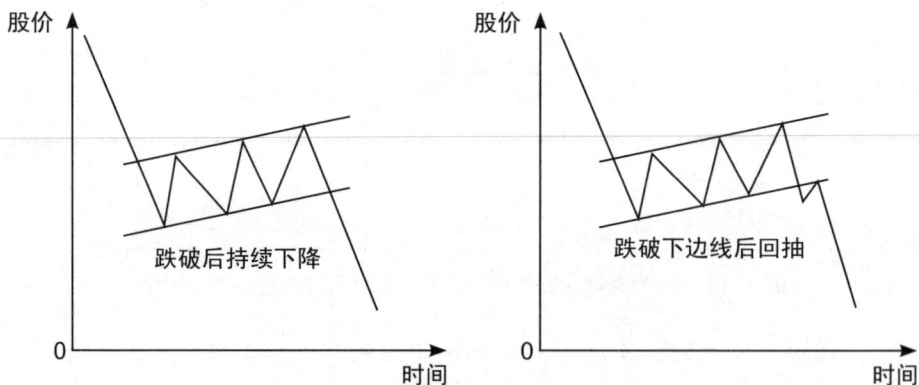

图 5-12　下降旗形整理形态

下降旗形形态通常具有以下四个特征：

①下降旗形形态也是一种比较常见的整理形态，一般出现在下跌趋势中，大多数情况下下降旗形最终都会向下跌破，随后继续下跌。

②下降旗形形态形成的过程中，连接这些反弹高点可以得到一条向右上方倾斜的上边线，具有阻力作用；而连接回落低点，则可以得到一条与上边线平行的下边线，具有支撑作用。

③下降旗形形态在形成的过程中，成交量通常表现缩小，当股价下跌突破时一般不需要成交量配合，但如果成交配合放量，那么股价下跌的力度则更强，跌幅也更大。

④当股价跌破下降旗形整理形态的下边线或者回抽下边线确认后，投资者就要积极卖出，落袋为安。

实例分析

长久物流（603569）下降旗形整理分析

图 5-13 所示为长久物流 2019 年 11 月至 2021 年 2 月的 K 线走势。

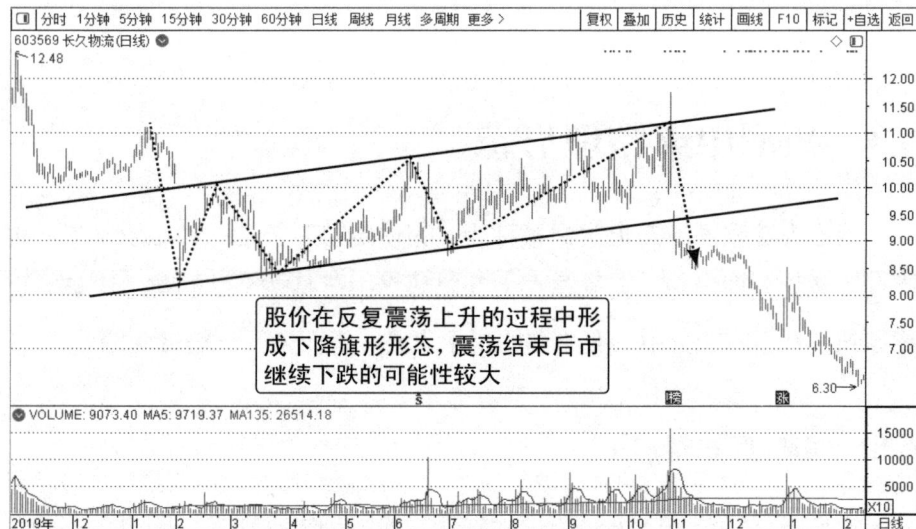

图 5-13　长久物流 2019 年 11 月至 2021 年 2 月的 K 线走势

从上图可以看到，2019 年 11 月长久物流从 12.48 元位置开始下跌，股价下跌至 10.00 元价位线附近后止跌横盘波动。2020 年 1 月初，股价再次下跌，当股价下跌至 8.50 元附近后止跌，随后转入震荡向上的走势之中，该股的下跌趋势似乎发生转变，转入上升趋势之中。但事实是否如此呢？

仔细查看股价震荡上升的走势过程可以发现，股价反弹的高点逐渐上移，回落的低点也逐渐上移。分别连接高点和低点，看到高点连线形成的上边线与低点连线形成的下边线相互平行，形成一个略微向右上方倾斜的旗帜，当股价跌至下边线附近时受到支撑止跌反弹，当股价上涨至上边线附近时受到压制止涨下跌，如此反复，最终形成一个下降旗形。

在股价下跌途中出现与原趋势相反的旗形，说明震荡结束之后后市股价将继续下跌。投资者可以利用下降旗形形成时的震荡高位离场，以减少损失。

2020 年 10 月底，K 线连续收阴，成交量放大，有效跌破下降旗形的下边线位置，随后该股转入继续下跌的走势之中。

5.4　矩形中继整理形态

矩形中继整理形态也常常被称为"箱体走势"，是一种比较常见、也比较特殊的整理形态。无论是在上升趋势之中还是在下跌趋势之中都有可能见到，且不同趋势中具有不同的指示意义，下面来一一进行介绍。

5.4.1　矩形形态特点

矩形整理形态实际上是股价"停滞"的一种暂时现象，即股价波动至某价位区时虽然仍具有上下波动的弹性，但是却仅限于高点与低点之间，不会出现明显的上升或下跌走势，而是停留在那一个区间。从走势上来看，分别连接股价波动时的高点和低点可以发现，高点连线与低点连线相互平行，形似长方形，所以被称为矩形整理形态。

图5-14所示为矩形整理形态示意图。

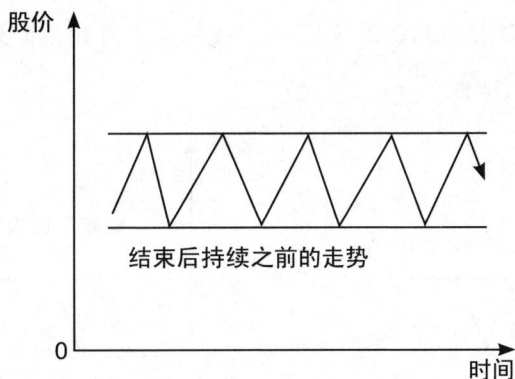

图 5-14　矩形整理形态

从图中可以看到，矩形是股价在上下界限之间的波动变化而形成的形态，当股价上涨到同一高点位置时受阻掉头向下，股价下跌跌至同一低点位置受到支撑止跌拐头向上。矩形形态的出现说明多空双方的力量在该范围内达到平衡状态，一旦股价上涨或下跌打破这一平衡，该股就会延续原来的趋势继续运行。

需要注意的是，矩形形态不仅会作为整理形态在中途出现，也有可能作为反转形态在股价底部或顶部出现。当矩形作为整理形态出现时，矩形被有效突破后，股价会按照原来的趋势继续运行；但是矩形作为反转形态出现时，矩形被有效突破后股价则会按照与原来趋势相反的趋势运行。此时，想要判断是整理趋势还是反转趋势，可以从以下两点入手：

①当股价从底部上涨到30%～50%或是从高位下跌至30%～50%时，出现的矩形形态可以视作整理形态。

②当股价从底部上涨或从高位下跌幅度超过 80% 以后出现的矩形形态，大多数情况下为矩形反转形态。

5.4.2 上升矩形整理形态

在上涨行情中出现的矩形整理形态就称为上升矩形整理形态，其整理示意图如图 5-15 所示。

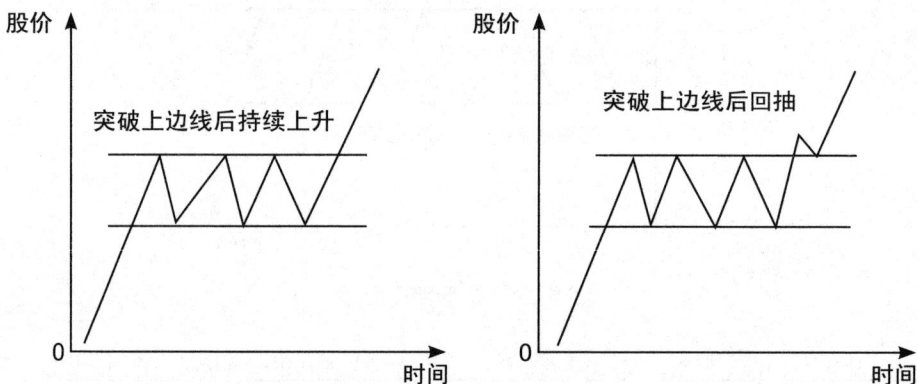

图 5-15 上升矩形整理形态

上升矩形整理形态出现在股价上升趋势之中，股价经过一段时间的上涨后在某一价位遇到较强的阻力止涨回落，但回落至某一低点又受到较强的支撑止跌回升，但股价回升至遇阻位置再次受阻下跌，跌至前期受支撑位置再次获得支撑止跌回升，如此，股价反复上下波动，从而形成上升矩形。

上升矩形一般最终都会向上突破，随后股价将进入一个新的上升阶段之中。但是当股价向上突破矩形时成交必须放量配合，否则突破的真实性就不可靠。

在上涨行情中出现上升矩形整理形态后，当股价向上突破矩形上边线时，形成第一买点，投资者可以少量买入；当股价在突破之后再次回抽确认时，形成第二买点，投资者可以适当加仓。

实例分析

晨鸣纸业（000488）上升矩形整理形态分析

图5-16所示为晨鸣纸业2020年3月至2021年2月的K线走势。

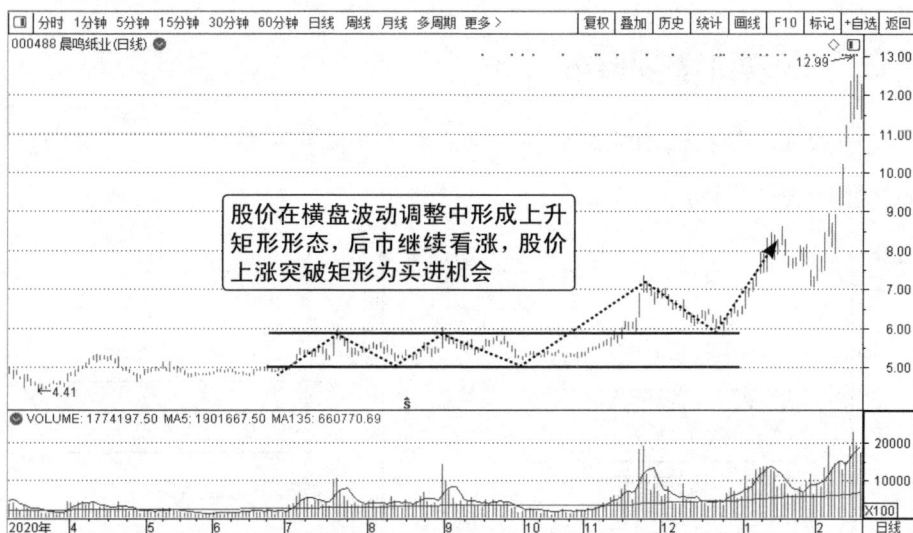

图5-16 晨鸣纸业2020年3月至2021年2月的K线走势

从上图可以看到，2020年3月晨鸣纸业从4.41元的位置开始上升，当股价上涨至5.20元附近后止涨小幅回调整理运行。2020年7月初，成交放量，股价再次向上攀升，当股价上涨至6.00元价位线时受阻掉头向下，股价下跌至5.00元价位线时受到支撑止跌回升，随后股价在5.00～6.00元波动运行，形成矩形形态。

仔细观察可以发现，在矩形形态出现的区间位置，股价涨幅为36%左右，不算高，说明这一轮上涨极大可能还未结束，此时的矩形形态为股价上涨途中的整理，结束之后股价将继续上涨。

2020年11月，成交明显放量，推动股价上涨并突破上升矩形，至于上升矩形上边线上方。11月23日，K线收出一根带巨量的涨停大阳线，将股价拉升至7.00元价位线附近，说明上升矩形形态被有效突破，投资者可以在此位置积极买进。

但股价在之后的几个交易日止涨下跌，当股价跌至上升矩形上边线附近时受到支撑止跌回升，再次确认突破的有效性，投资者可以在此位置放心大胆地跟进。

5.4.3　下降矩形整理形态

出现在下跌行情中的矩形整理形态称为下降矩形整理形态，其整理示意图如图 5-17 所示。

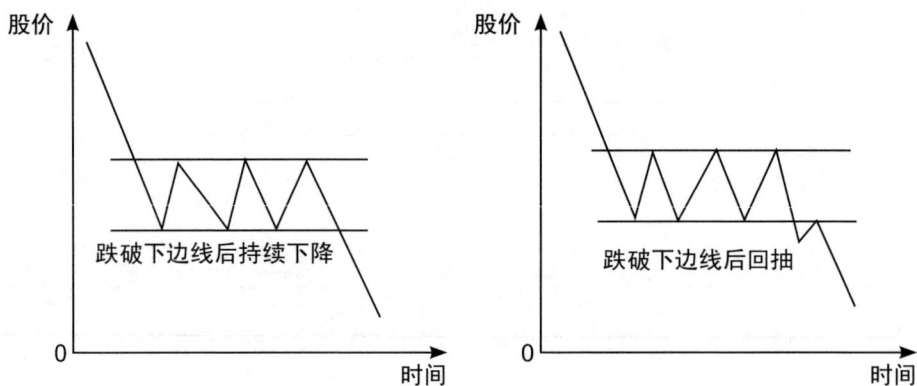

图 5-17　下降矩形整理形态

下降矩形整理形态出现在股价下跌趋势之中，股价经过一段时间的下跌后在某一价位受到较强的支撑止跌反弹，但反弹至某一高点又受到较强的阻力止涨回落，但股价回落至前期受支撑位置再次获得支撑止跌反弹，上涨至前期遇阻位置再次受阻止涨回落。如此，股价反复上下波动，从而形成下降矩形形态。

下降矩形形成后，当股价最终向下跌破矩形下边线时，意味着该股的整理行情被打破，后市股价将继续下跌。在下跌行情中出现下降矩形整理形态后，如果股价跌破下边线或者回抽下边线，投资者要果断地卖出股票，规避行情后市继续下跌。

在实战操作中，很少出现两条界线完全水平的矩形整理形态，近似水平也可以看作矩形整理。

实例分析

中关村（000931）下降矩形整理形态分析

图5-18所示为中关村2020年6月至2021年1月的K线走势。

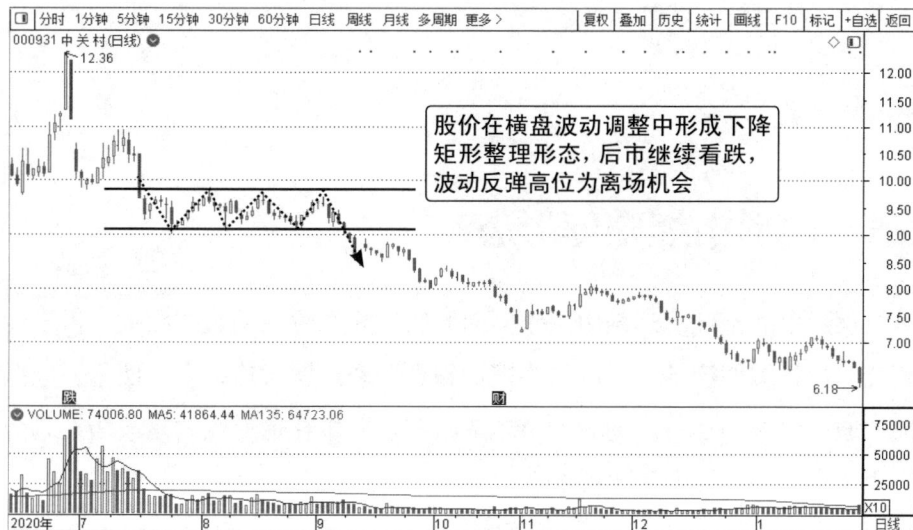

图5-18　中关村2020年6月至2021年1月的K线走势

从上图可以看到，2020年6月底中关村上涨至12.36元的高位后，K线收出一根巨量大阴线，股价止涨下跌。股价跌至10.00元价位线后止跌小幅回升至11.00元附近止涨，继续下跌。

股价下挫至9.00元价位线附近时受到支撑止跌反弹，但股价反弹至10.00元价位线时便受阻止涨下跌，随后股价在9.00～10.00元区间波动运行，9.00元价位线成为下跌支撑线，阻止股价继续下跌，而10.00元价位线则成为阻力线，阻止股价继续上涨。由此可知，股价波动运行K线形成下降矩形。

　　股价从 12.36 元的高位下跌至矩形下边线位置，跌幅为 27% 左右，由此可以得出该股的这一轮下跌行情并未结束，此时的矩形形态为下跌过程中的整理形态，一旦整理结束，股价将继续下跌，投资者应借助矩形整理形态中的反弹高位趁机离场。

　　9 月初，K 线连续收出多根低开低走的阴线，使得股价大幅下跌，一举跌破下降矩形下边线，随后该股转入之前的下跌趋势之中，持续了 5 个多月的下跌行情，跌势沉重。

5.5　楔形中继整理形态

　　楔形中继整理形态是由两条同向倾斜，相互收敛的直线组成，但未能相交，形状类似楔子，所以称为楔形整理形态。而股价则在这两条直线形成的通道内波动运行。随着通道越变越窄，股价在通道内的这段短期趋势也逐渐衰竭，转折也就即将来临。

5.5.1　上升楔形形态

　　由两条斜率不同，但均向上方倾斜的界线所形成的楔形称为上升楔形。与上升三角形不同的是，上升楔形整理通常出现在下跌趋势之中，是下跌持续形态。

　　因为在上升楔形整理形态中，股价上升，卖出压力虽然不大，但是市场中的做多氛围仍然不浓，股价虽然上扬，但每一个新的上升波动都比前一个弱，最后当需求完全消失时，股价便会反转回跌。

　　因此，上升楔形整理形态表示多方力量逐渐减弱，常出现在下跌行情的反弹阶段，它只是一次跌后技术性反弹而已，当其下边线被跌破后，股价通常会急速下跌，也会出现回抽的情况，但是最终还是在强烈的卖方打压下继续下跌行情，当股价跌破下边线后，投资者就应该果断卖出，持币观望。

图 5-19 所示为上升楔形整理形态示意图。

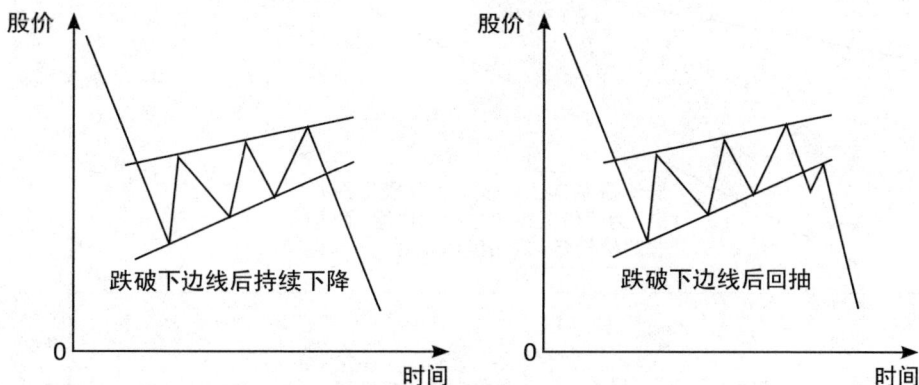

图 5-19　上升楔形整理形态

总的来看，上升楔形具有以下几个特点：

①上升楔形在下跌趋势中出现，属于整理形态。

②分别连接反弹的高点和下跌低点，发现两条连线倾斜于右上方，形成一个向右上方倾斜的楔形。

③上升楔形在形成的过程中，成交量通常会不断减少，呈现出价升量减的背离走势。

④股价向下跌破上升楔形下边支撑线后常有回抽，并在楔形下边线附近受阻，从而确认股价向下突破的有效性。

⑤在上升楔形操盘的过程中，投资者不要被股价低点逐渐上移的表象迷惑，这是主力诱多行为，应持币观望，一旦股价向下跌破，场内的持股者要及时离场止损。

实例分析

中洲控股（000042）上升楔形整理形态分析

图 5-20 所示为中洲控股 2019 年 1 月至 2020 年 2 月的 K 线走势。

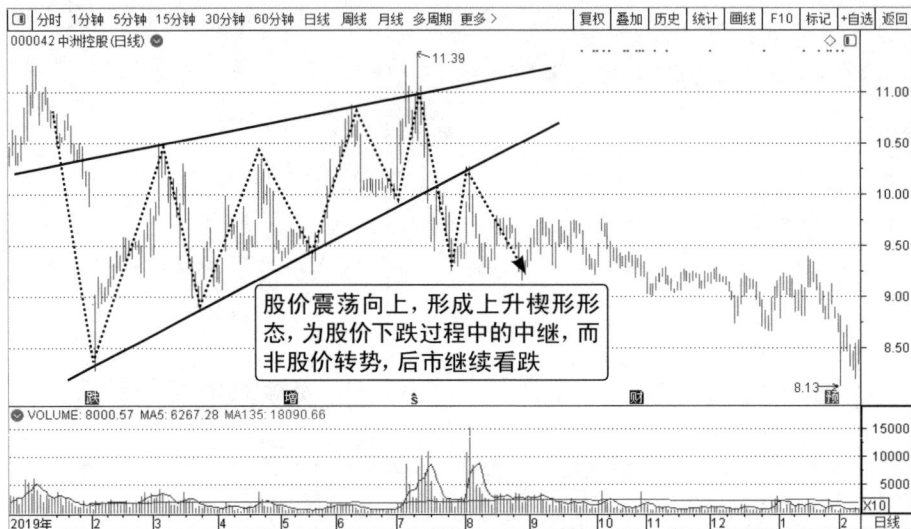

图 5-20　中洲控股 2019 年 1 月至 2020 年 2 月的 K 线走势

从图可以看到，2019 年 1 月中洲控股从 11.00 元上方开始下跌，K 线连续收阴，一个月内股价跌至 8.50 元附近。随后股价止跌回升，转入震荡向上的走势之中，波动低点逐渐上移，似乎该股转入上升趋势之中，事实上是否如此呢？

仔细观察股价震荡向上时下方的成交量变化发现，该股的这一轮上涨并没有成交量的支撑，成交量没有明显的放大迹象，说明这一轮上涨为无量上涨，持续时间不长。

分别连接股价震荡上涨过程中形成的高点和低点，可以看到，高点逐渐上移，低点也逐渐上移，使得两条连线均向右上方倾斜并聚敛，形似楔形。由此可以判断，该股的这一轮震荡上涨形成典型的上升楔形整理形态，后市继续看跌，场外投资者不要贸然入场，场内投资者应在反弹回升至高位处及时离场。

2019 年 7 月，成交明显放量，K 线连续收阴，股价下跌并跌破上升楔形下边线，说明该股的这一轮震荡上涨结束，后市继续之前的下跌行情，持股投资者应立即离场。

2019 年 8 月初，股价回抽向上拉升，但是上涨至上升楔形下边线附近时受阻，拐头转入下跌走势中，再次确认上升楔形被跌破的有效性。随后该股转入下跌趋势之中。

5.5.2　下降楔形形态

由两条斜率不同，但均向下方倾斜的界线所形成的楔形称为下降楔形。与下降三角形不同的是，下降楔形整理通常出现在上升趋势之中，是上涨持续形态。

因为下降楔形是上升途中回调无力的表现，也就是说股价虽然回调，但回调速度越来越慢，不是真正的下跌，而是主力的洗盘行为。

图 5-21 所示为下降楔形整理形态示意图。

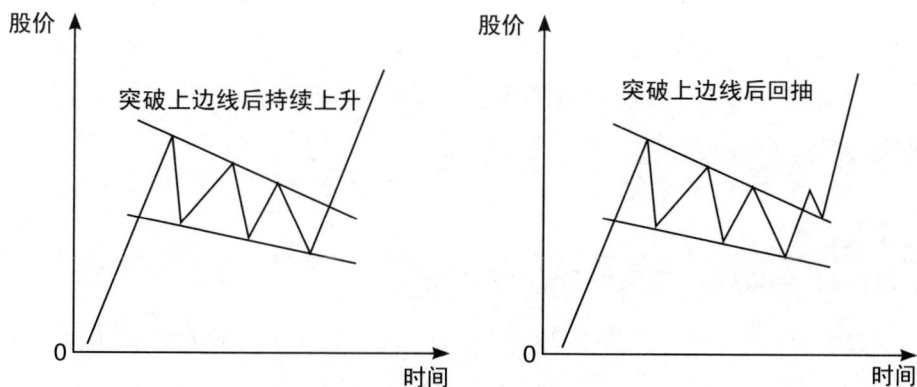

图 5-21　下降楔形整理形态

在实战中，股价在突破下降楔形整理形态的上边线后继续原来的上升趋势，有时会回抽上边线，但是最终在上边线处止跌后继续上涨。所以，当投资者在上升行情中遇到下降楔形整理形态后，可在突破上边线或者回抽上边线后积极买入做多，持股待涨。

总的来看，下降楔形具有以下几个特点：

①下降楔形在上升趋势中出现，属于整理形态。

②反弹高点逐渐下移，回落低点也逐渐下移，高点连接的直线向右下方倾斜，低点连接的直线也向右下方倾斜，形成一个向右下方倾斜的楔形。高点连线具有阻力作用，低点连线具有支撑作用。

③下降楔形在形成的过程中，成交量表现萎靡，但有时候也会出现不规则的放量。当股价向上突破下降楔形时必须要有成交量的配合，才能说明突破的有效性。

④股价向上突破下降楔形后有时候会出现回抽的情况，但股价回抽至下降楔形上边线附近时便会受到支撑止跌回升。

⑤在下降楔形操盘的过程中，投资者不要被股价低点逐渐下移的表象迷惑，这是主力洗盘行为，目的在于清理场内浮筹，从而更好地拉升后市股价，场内投资者不要轻易抛售持股，而场外的投资者可以待股价向上有效突破后再入场。

实例分析

航发控制（000738）下降楔形整理形态分析

图 5-22 所示为航发控制 2020 年 4 月至 2021 年 1 月的 K 线走势。

从下图可以看到，2020 年 5 月初，航发控制从 11.83 元的低位处开始向上攀升，并转入上升行情之中。

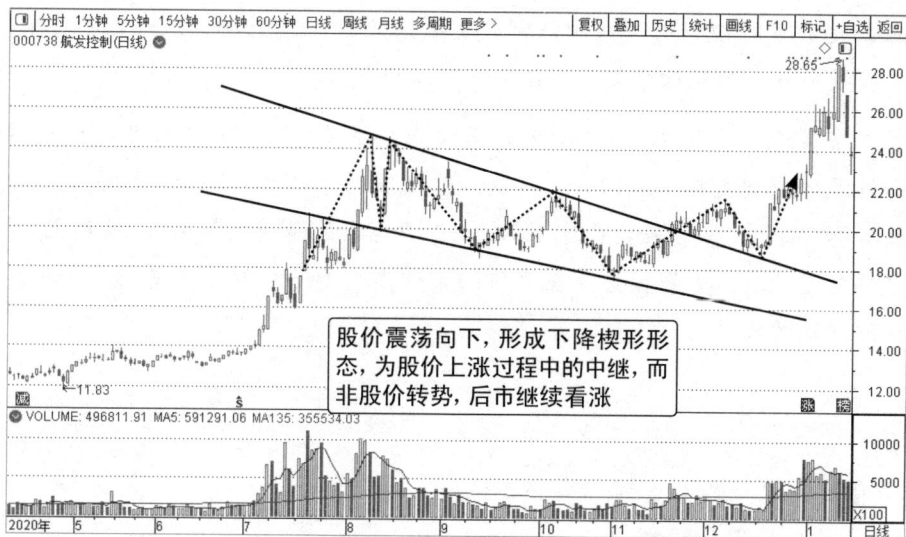

股价震荡向下,形成下降楔形形态,为股价上涨过程中的中继,而非股价转势,后市继续看涨

图 5-22　航发控制 2020 年 4 月至 2021 年 1 月的 K 线走势

2020 年 7 月初,成交明显放量,带动股价大幅向上攀升,仅一个月左右的时间股价上涨至 24.00 元附近,涨幅超过 70%,随后股价转入震荡下跌的走势之中。

股价震荡向下运行,高点逐渐降低,低点也逐渐降低,成交表现缩量,出现转势迹象,那么该股是不是转入下跌趋势之中了呢?

分别连接股价震荡向下时形成的高点和低点发现,高点连线向右下方倾斜,低点连线也向右下方倾斜并聚拢,形成下降楔形。股价在楔形上边线和下边线内波动下行,当股价上行至上边线附近时遇阻止涨下跌,当股价下行至下边线附近时获得支撑止跌反弹,如此反复,波动运行,且波动幅度越来越弱,说明空头势能逐渐转弱。

该股在经过一番上涨后,股价运行至相对高位区域止涨出现下降楔形,可以判断为是主力的诱空洗盘行为,目的在于通过震荡下跌的走势清理前期获利盘,以便后市更好地拉升股价。所以场内投资者可以持股待涨,不必着急出局。

2020 年 11 月中旬,成交放量,K 线连续收阳,拉升股价上涨并一举向上突破下降楔形上边线的压制，突破后股价继续上涨，涨幅超过3%，为有效突破，此时投资者可以适量加仓买进。

当股价上涨至21.00元附近时再次止涨下跌，但跌至下降楔形上边线附近便会受到支撑止跌回升，再次确认突破的有效性。此时，投资者可以放心加仓跟进。随后股价快速上涨，一个月左右的时间上涨至28.00元上方，涨幅超过50%，如果投资者在之前的下降楔形走势中贸然离场，就会损失这波涨幅的收益。

第 6 章

反趋势运动，也可以做逆势操盘

　　上升趋势中，股价不是直接上涨的；而在下降趋势中，股价也不是直接下跌的，而是波动运行的，这就使得即便是在上升趋势中也有下跌走势，在下跌趋势中也存在上升走势。这类反趋势的运动轨迹，对投资者而言，也是一段可以操作的波段，可以做逆势操盘。

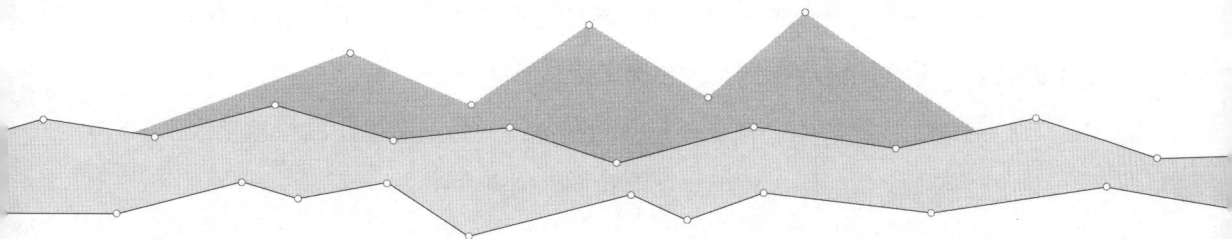

上升趋势中的横盘整理
上升途中的回调
上升途中的回档
上升途中的回踩
下降趋势中的横盘整理

6.1 上升趋势中的各类反趋势运动

上升趋势中的反趋势运动有很多，根据运行的强度大小不同，有不同的操盘应对方法，投资者首先需要了解这些反趋势运动具有的特点，考虑主力目的，再对应做出正确的决策。

6.1.1 上升趋势中的横盘整理

横盘整理一词可以将其分成两个词来看，横盘指股价波动幅度较小，整理指消化前期强势或弱势走势，以便酝酿下一波行情。上升趋势中的横盘整理是上升趋势中的一个特别的反趋势运动，即股价虽然不随着上升趋势继续上行，但是也不逆向下行，而是处于停滞状态。但横盘整理结束后趋势是否继续则需要根据实际行情来进行判断。

通常上升趋势中的横盘整理分为两类：一是上涨途中的横盘整理；二是上涨后期高位的横盘整理。下面我们分别来介绍。

（1）上涨途中的横盘整理

上涨途中的横盘整理指的是股价经过一段时间的上涨后，运行至相对高位区域然后滞涨横盘，目的在于对前面一段急速上涨做消化，以便后市能够再次拉升。从成交量方面来看，股价前期上涨时量增价升相互配合，涨势良好，到了横盘整理阶段，如果成交量出现明显萎缩，则说明场内浮筹被清理。

上升途中出现横盘整理是上涨过程中的短暂休息，一旦股价向上突破结束盘整，股价便会继续上行，表现为上涨行情。所以，投资者有必要注意这一波段，在股价向上突破时积极加仓。

上涨途中的横盘整理具有以下五个特点，可以帮助投资者做出判断。

◆ 股价脱离低位底部，虽然止涨横盘整理，但60日均线仍然向上运行，趋势不变，且股价在60日均线上方横盘整理，重心并未下移。

◆ 股价向上突破盘整平台时成交量明显放大。

◆ 股价横盘整理过程中波动幅度较小，且K线收出大量小K线。

◆ 股价横盘整理过程中形成的高点和低点保持在一个相对狭窄的区间范围之内。

◆ 横盘整理波动时投资者操作的可能性较低，最好的介入点为股价向上有效突破横盘时。

实例分析

恒力石化（600346）上涨途中横盘整理操盘分析

图6-1所示为恒力石化2020年4月至11月的K线走势。

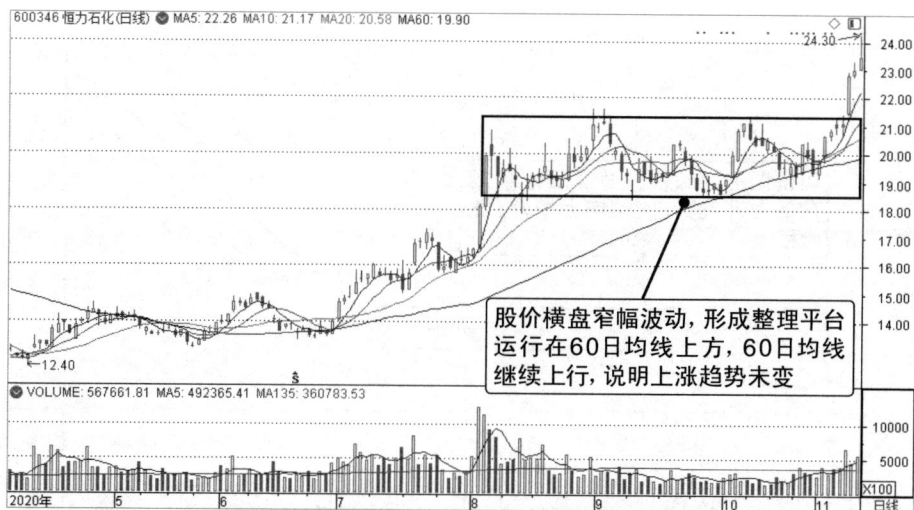

图6-1　恒力石化2020年4月至11月的K线走势

从上图可以看到，2020 年 4 月恒力石化从 12.40 元位置开始向上攀升，股价上涨至 14.00 元附近后止涨横盘波动，此时多根均线相互缠绕运行。7 月初，成交放量，股价向上攀升，均线系统发散开来并拐头向上运行，呈现多头排列，股价转入上升趋势之中。

当股价上涨至 20.00 元附近时止涨，小幅回调至 19.00 元附近后止跌回升，随后股价在 19.00 ~ 21.00 元区间内波动运行盘整，形成横盘整理走势。此时该股这一轮上涨涨幅已达到 69% 左右，滞涨横盘必然会引起场内持股者的不安，那么后市走势会如何发展呢？

仔细观察这一轮走势可以发现，虽然股价涨幅达到 69%，但是股价前期处于比较稳定的小幅上涨走势之中，8 月初两根高开高走的涨停大阳线拉升近 20% 的涨幅使股价运行至 20.00 元附近，随后滞涨横盘，但 60 日均线运行方向并未改变，继续上行，说明主力洗盘意图明显，目的在于清理场内前期获利盘，使其快速获利了结出局，以便后市快速拉升行情。11 月上旬，成交放量，股价向上突破整理平台，说明盘整结束，后市继续看涨，投资者可以在此位置积极加仓。

图 6-2 所示为恒力石化 2020 年 5 月至 2021 年 2 月的 K 线走势。

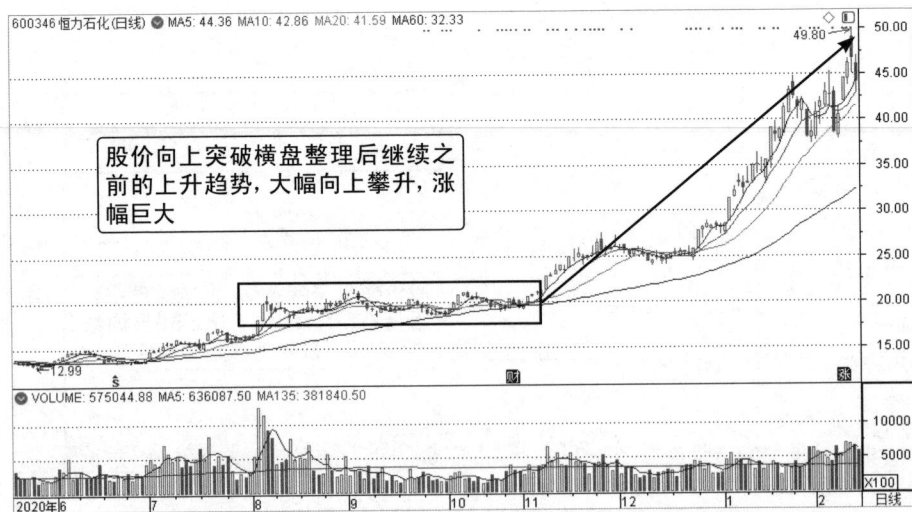

图 6-2 恒力石化 2020 年 5 月至 2021 年 2 月的 K 线走势

从图中可以看到，股价向上突破横盘整理后继续之前的上升趋势，大幅向上攀升，最高上涨至49.80元，涨幅超过149%。如果投资者在股价横盘整理时贸然离场，就会损失巨大的获利空间。

（2）上涨后期高位横盘整理

上涨后期高位横盘整理指股价经过一轮大行情的拉升后，涨幅较大，股价运行至高位处止涨，横盘波动运行。说明多方势能耗尽，价位较高，继续上涨的空间有限，上方压力过大，主力在头部逐渐出货，一旦主力离场，市场则由多转空，股价急速下跌。因此，投资者要警惕这种高位横盘整理的走势，在股价转势之前及时离场。

上涨后期高位横盘整理走势具有以下几个特点：

◆ 股价经过一轮大幅上涨后，在高位区域止涨，横盘波动。

◆ 多方势能逐渐衰竭，价位较高，继续上涨的空间有限，后市下跌可能性较大。

◆ 横盘波动过程中因为上方压力大，K线会经常收出带长上影线的K线。

◆ 通常涨幅超过80%以上的横盘整理，投资者应考虑高位盘整出局。

◆ 股价向下跌破整理平台，该股转入下跌趋势之中，开始大幅向下滑落。

实例分析

东方集团（600811）上涨高位横盘整理操盘分析

图6-3所示为东方集团2020年2月至8月的K线走势。

从下图可以看到，2020年2月东方集团从2.80元的低位区域开始向上攀升，随后转入上升趋势之中。在上升过程中，均线系统呈多头排列，促使股价快速向上拉升。当股价上行至5.50元附近时止涨，并在5.25元价位线上横盘整理，此时的横盘为上升途中的整理还是股价高位触顶整理呢？

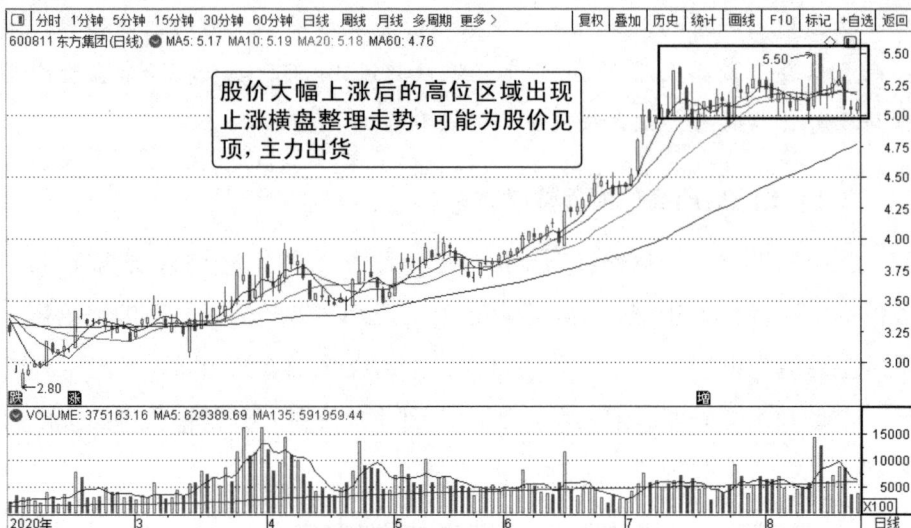

图 6-3　东方集团 2020 年 2 月至 8 月的 K 线走势

　　仔细观察横盘波动时的走势可以发现，在横盘过程中 K 线收出大量带长上影线的 K 线，说明上方压力较大，上涨受阻。其次，股价从 2.80 元位置上涨到 5.50 元，涨幅超过 96%，说明此轮上涨幅度较大，股价有见顶的可能。

　　在股价横盘过程中，8 月 13 日 K 线收出一根带巨量的大阳线，紧接着第二天 K 线收出一根带巨量的阴线，且两根 K 线最高都为 5.50 元，形成平顶形态。在股价大幅上涨后的高位区域出现平顶形态，为看空信号，后市下跌的可能性较大。由此进一步说明此时的高位横盘整理为主力出货，后市股价一旦下行跌破平台就会转入下跌趋势之中。

　　图 6-4 所示为东方集团 2020 年 7 月至 2021 年 2 月的 K 线走势。

　　从下图可以看到，8 月 26 日 K 线收出一根低开低走的大阴线，使得股价跌破整理平台，多根均线纷纷拐头向下运行，该股转入下跌趋势之中，最低跌至 2.98 元，跌幅超过 45%。如果投资者对高位横盘整理的判断错误，可能遭受重大的经济损失。

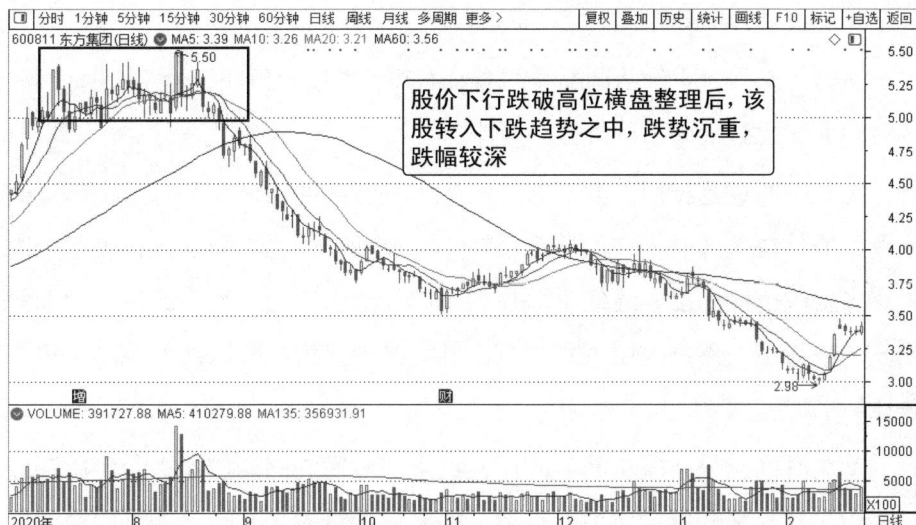

图 6-4 东方集团 2020 年 7 月至 2021 年 2 月的 K 线走势

6.1.2 上升途中的回调

回调是指在上涨趋势之中，股价因为上涨速度太快，而受到卖方打压出现的暂时回落现象。但是股价回调的幅度小于上涨幅度，回调结束之后，股价将继续之前的上涨趋势。

从成交量来看，股价在回调的过程中，成交通常会缩量。如果一只处于上升趋势中的股票，在回调过程中反复缩量，甚至出现极度缩量的情况，说明此时场内的抛盘已经不多，股价走回原来走势的概率增大，此番回调结束。

对投资者来说，回调结束是一个买进机会，可以享受后市股价上涨的收益。但是因为回调在时间和力度方面的不同，分为不同程度的回调，且有不同的操盘方式，所以不能一概而论。

（1）从时间来看

从时间来看，股价回调的时间有长有短，所以股价回调分为长时回调、中时回调和短时回调三种类型，具体内容如下：

①长时回调是指股价回调时间大于上涨时间的回调。面对这样程度的回调，股价再次冲高上涨的可能性较小。前期回调为主力试盘，查看场内投资者对股价的态度，连续下跌使得场内投资者普遍看跌，此时主力顺势出货。或者主力感到抛压沉重，难以继续推高股价，所以通过震荡来化解抛压。

②中时回调是指股价回调时间接近上涨时间的回调。此类回调后期股价是否再次上涨并继续之前的行情，需要借助量能来判断。如果成交明显放量拉升，突破前期压力位，那么股价继续上涨的可能性较大。

③短时回调是指股价回调时间小于上涨时间的回调。这类回调通常结束之后股价会继续上涨，且回调的时间越短，股价再次上涨的力度和幅度就越大。股价止跌回升时为投资者的加仓机会。

（2）从力度来看

从力度来看，股价回调的力度有大有小，所以回调分为弱势回调、中度回调和强势回调三类，具体内容如下：

①弱势回调是指股价回调幅度不足上涨波段的1/3，此类回调后市继续上涨的可能性较大，一旦股价止跌回升突破前期高点即可买进。

②中度回调是指股价回调至上涨波段1/2左右的程度，此类回调后市股价是否会继续上涨需要查看量能。如果股价止跌回升时成交量配合充分放大，那么股价回到上升趋势中的可能性较大。

③强势回调是指股价回调远超过上涨波段1/2的程度，此类回调后市很难再创新高。面对这类回调，投资者要坚决回避，持币观望。

实例分析

云南白药（000538）股价回调走势判断

图 6-5 所示为云南白药 2020 年 3 月至 12 月的 K 线走势。

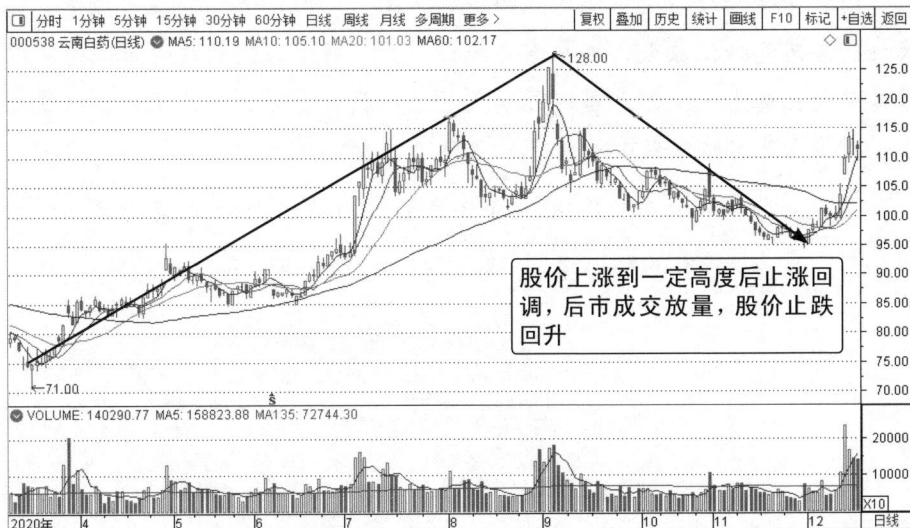

图 6-5 云南白药 2020 年 3 月至 12 月的 K 线走势

从图中可以看到，2020 年 3 月云南白药从 71.00 元位置开始向上攀升，由此转入上升趋势之中。9 月初，股价创出 128.00 元的最高价后止涨回调，开始震荡向下运行，股价跌至 95.00 元附近止跌短暂横盘后出现小幅回升迹象，那么该股的这一轮回调是否结束了呢？还能不能继续之前的上涨趋势呢？

首先，我们从时间上来看，该股从 71.00 元上涨至 128.00 元用了 5 个多月的时间，而股价从 128.00 元跌至 95.00 元止跌用了近 3 个月的时间，属于短时回调，后市继续上涨的可能性较大。

其次，从回调力度来看，股价从 71.00 元上涨至 128.00 元上涨了 57.00 元，当回调幅度为 1/3 时价位为：128-（128-71）×1/3=109.00（元），当回调幅度为 1/2 时价位为：128-（128-71）×1/2=99.50（元）。实际上股价跌至 95.00 元附近止跌，回调幅度为上涨波段的 1/2 左右，所以后市股价是否能够继续上涨趋势，需要查看其成交量来做进一步的判断。

此时，查看下方的成交量发现，股价止跌回升时，成交明显放量，K 线连续收阳带动股价上涨，均线纷纷拐头向上，有回升的迹象。但是，如果成交量不能持续放大，那么则可能性不大，所以谨慎的投资者此时可以继续观望，查看成交量是否能继续放量推动股价上涨，一旦成交量继续放大，股价上涨突破前期 128.00 元位置则可加仓。

图 6-6 所示为云南白药 2020 年 3 月至 2021 年 2 月的 K 线走势。

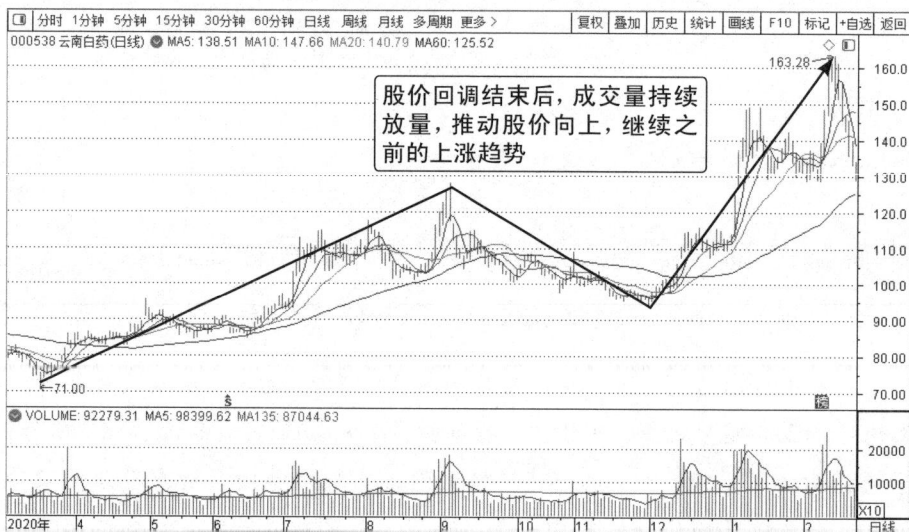

图 6-6　云南白药 2020 年 3 月至 2021 年 2 月的 K 线走势

从图中可以看到，12 月中旬股价上涨至 110.00 元上方时遇阻止涨，横盘调整。随后成交再次放量，K 线收出高开高走大阳线一举突破前期高位，股价继续上涨，最高上涨至 163.28 元，涨幅较大。

6.1.3　上升途中的回档

回档是股价上升过程中因为股价上涨过快而出现的暂时回跌现象，是短时间的调整，并不会改变上升趋势。股价回档时，如果投资者持有筹码，应继续持股待涨；如果没有筹码，则可以趁回档时介入。图 6-7 所示为上升回档的示意图。

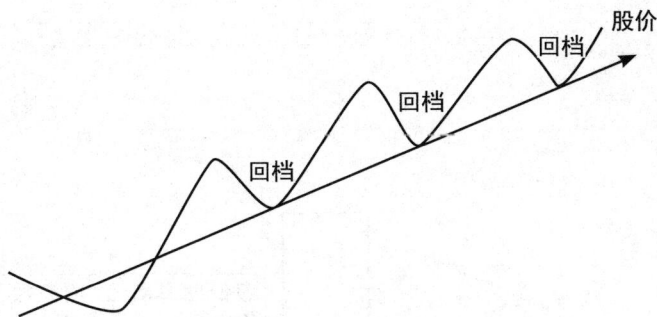

图 6-7　上升回档

上升途中的回档是比较常见的反趋势运动，可操作性较强，通常具有以下三个特点：

①回档时间较短，有的甚至两三个交易日便结束。对于投资者来说，回档结束时为买进机会。

②上升回档的股票中线看涨，短线上有所回调。

③回档时成交量有大有小，不一定缩量。

因为回档的时间较短，所以我们需要掌握一定的方法才能准确抓住回档时的买进机会，否则便容易错过。下面介绍几个抓住上涨回档的技巧：

（1）缩量回档

股价回档时成交缩量，通常是主力清洗浮筹的一种手段，如果股价在短期均线位置附近获得支撑，表明回档结束，可以尝试买进，接下来若出现放量拉升，则果断加仓。

实例分析

远大控股（000626）缩量回档买进分析

图 6-8 所示为远大控股 2020 年 10 月至 2021 年 1 月的 K 线走势。

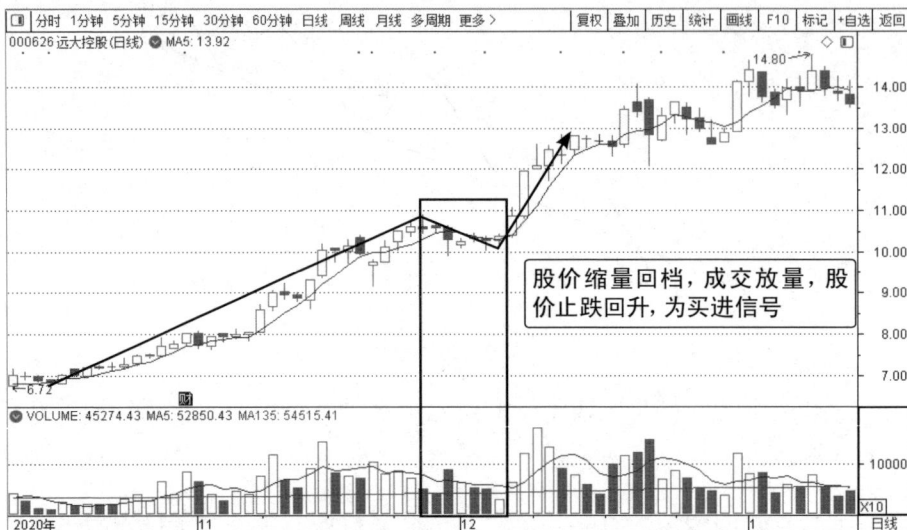

图 6-8　远大控股 2020 年 10 月至 2021 年 1 月的 K 线走势

从图中可以看到，远大控股处于上升趋势之中，股价从 6.72 元位置开始上涨，当股价上涨至 11.00 元附近时止涨下跌。K 线连续收出多根小阴线，股价下跌，但股价并未有效跌破 5 日均线，而始终站在 5 日均线上方，此时查看下方成交量，发现下跌过程中成交表现缩量。几个交易日后股价止跌回升，成交放出巨量，此时为投资者的加仓机会。

（2）缺口不回补

由于利好消息的出现，股价跳空突破时出现缺口，随后开始缩量回档，但是缺口不回补，然后直接进入新的一波拉升。这是股价的一种强势信号，一旦回档结束，投资者可以积极跟进。

实例分析

五粮液（000858）缺口不回补买进分析

图 6-9 所示为五粮液 2020 年 3 月至 7 月的 K 线走势。

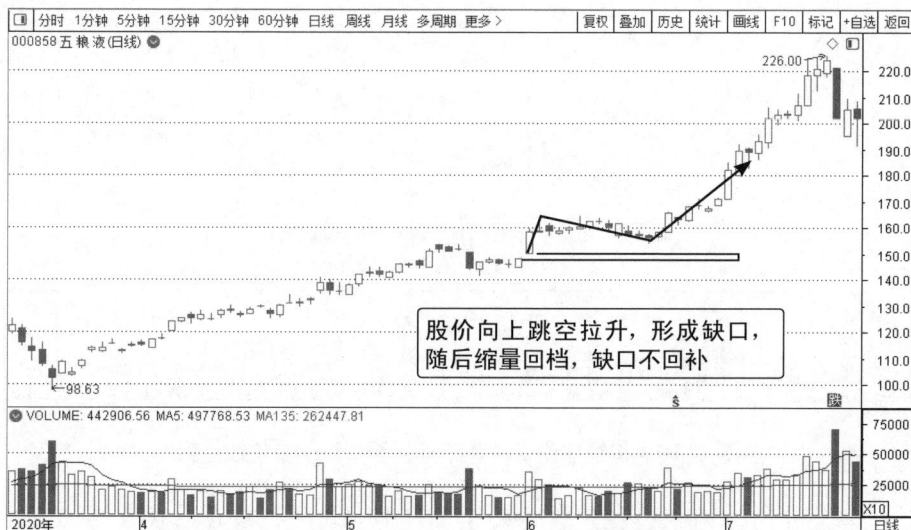

图 6-9　五粮液 2020 年 3 月至 7 月的 K 线走势

从图中可以看到，五粮液处于上升趋势之中，股价从 98.63 元的位置开始向上稳定拉升。6 月 1 日，K 线向上跳空高开高走，形成缺口，将股价拉升至 160.00 元附近，随后股价止涨缩量回档调整，但并未回补缺口。这是市场强势的信号，投资者可以在回档结束时积极加仓。

（3）回档后跳空缺口

股价缩量回档后出现跳空缺口，缺口出现、回档发力的时候，因为是回档后出现的缺口，意味着回档后的走势会比回档前的走势更强，所以回档后出现跳空缺口，投资者可以积极加仓。

实例分析

杭氧股份（002430）回档后跳空缺口买进分析

图 6-10 所示为杭氧股份 2020 年 6 月至 11 月的 K 线走势。

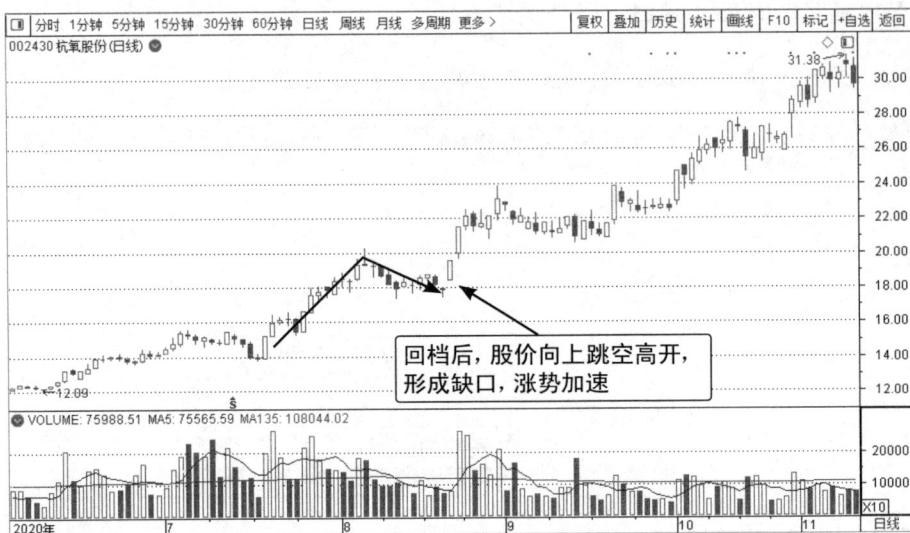

图 6-10　杭氧股份 2020 年 6 月至 11 月的 K 线走势

从图中可以看到，杭氧股份处于上升趋势之中，股价表现震荡向上走势。当股价上涨至 20.00 元附近时，K 线收出一根长上影线阴线，股价止涨回档，股价调整至 18.00 元价位线上。

8 月下旬，成交突然放出巨量，股价跳空高开形成缺口，K 线收出一根高开高走的大阳线，说明市场强势，后市可能加速上涨，投资者应在此位置积极跟进。

6.1.4　上升途中的回踩

回踩指的是股价大幅拉升之前，主力为了验证某一个价位线支撑作用的有效性，而主动跌至该位置重新验证其是否具有支撑性。实际上，可以将回踩看作是对近期技术支撑位的确认，幅度较浅。

回踩是一个需要重点关注的反趋势运动，回踩确认支撑后，投资者可以大胆买进，即便买进后遭遇股价大幅回调，那个支撑位置也仍然有效，只要股价不跌破该价位，投资者就可以继续持有。因此，上涨过程中的回踩就是投资者低吸的机会。

实例分析

珠江啤酒（002461）上升途中回踩买进分析

图 6-11 所示为珠江啤酒 2018 年 11 月至 2020 年 8 月的 K 线走势。

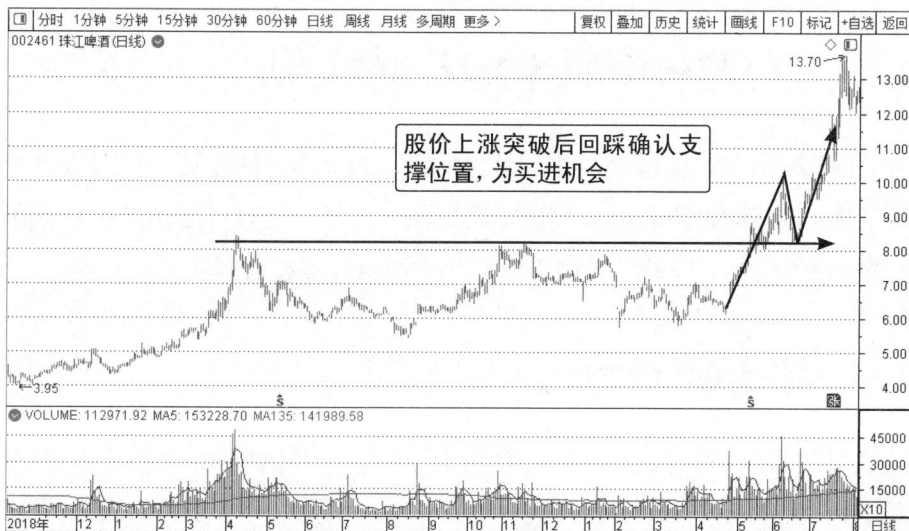

图 6-11　珠江啤酒 2018 年 11 月至 2020 年 8 月的 K 线走势

从图中可以看到，珠江啤酒处于上升趋势之中，2018 年 11 月股价从 3.95 元的低位开始上涨，经过 5 个多月的拉升，股价上涨至 8.20 元附近止涨回调。随后该股转入长时间的回调走势之中。

2019 年 8 月股价止跌回升，当股价再次上涨至 8.20 元附近时多次放量上冲 8.20 元，但都受到压制止涨，随后股价在 6.00 ~ 8.00 元波动运行。说明 8.20 元价位线是一个强有力的阻力位。

2020 年 5 月，成交再次持续放量，推动股价上涨并有效突破 8.20 元，上冲至 10.00 元附近后止涨回抽，股价跌至 8.20 元附近止跌，再次证明了此番突破的有效性，8.20 元价位线由之前的阻力作用转为支撑作用，投资者可以在 8.20 元位置买进。

从该股后市走势来看，股价回踩确认之后转入加速上升的趋势之中，1 个月左右的时间股价从 8.20 元附近上涨至最高 13.70 元，涨幅达到 67%。

6.2　下降趋势中的各类反趋势运动

下降趋势中的反趋势运动主要包括整理和反弹，抓住这些反趋势运动的特点可以帮助投资者尽快离场，避免被套，甚至还有可能帮助投资者在下降行情中获利。因此，投资者有必要掌握这些反趋势运动。

6.2.1　下降趋势中的横盘整理

下降趋势中也有横盘整理，它是下降趋势中比较特殊的一类反趋势运动，即股价虽然不随着下降趋势下行，但也不逆向上行，而是处于停滞状态。而横盘整理之后的走势则要根据实际情况来进行判断。

通常下降趋势中的横盘整理分为两类：一是下降途中的横盘整理；二是下降后期低位的横盘整理。下面我们分别来进行介绍。

（1）下降途中的横盘整理

下降途中的横盘整理指的是股价经过一轮下跌之后，股价向下运行至某一低位企稳止跌，略有反弹。待横盘整理结束，股价向下跌破横盘，股价继续下行。

此时的盘整实际上只是空头下跌过程中的中场休息，虽然股价略有反弹迹象，但空头实力强劲，一旦空头发起进攻，股价便再度下跌。

从成交量方面来看，下跌初期成交放量，盘整阶段可以明显感受到量能缩小，大部分场内的持股投资者都处于观望状态，等待方向的选择。

下降途中的横盘整理具有以下三个特点，可以帮助投资者做判断。

①股价经过一段时间的下跌后企稳横盘，虽然略有反弹，但不会改变下跌的趋势，后市继续看跌。

②成交量表现为前期价跌量增，横盘时价平量缩，股价向下跌破横盘不需要成交放量。

③下跌途中的横盘整理为场内投资者的离场机会，盘整结束后股价会进一步下跌，如果不尽快离场，将面临重大损失。一旦股价向下有效跌破整理平台时就不要对其抱有幻想了。

实例分析
双成药业（002693）下跌途中横盘整理分析

图 6-12 所示为双成药业 2020 年 3 月至 10 月的 K 线走势。

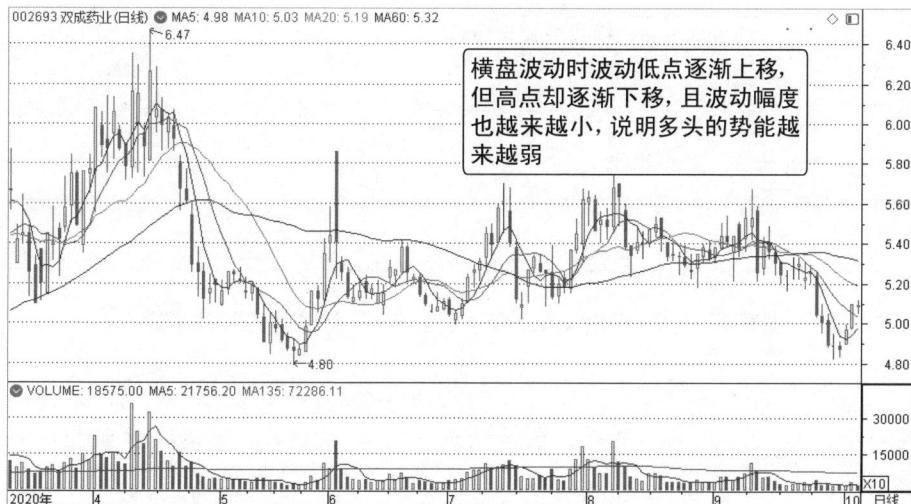

图 6-12　双成药业 2020 年 3 月至 10 月的 K 线走势

从上图可以看到，2020 年 4 月，双成药业开始止涨下跌，K 线连续收出 10 多根下跌阴线，促使股价快速下跌。当股价跌至 5.00 元价位线附近时止跌企稳回升，随后股价在 5.00 元至 5.75 元区间小幅波动运行，查看波动低点发现，低点有逐渐上移迹象，那么是不是股价趋势发生了变化，后市看涨呢？

此时，仔细观察横盘波动时的走势可以发现，虽然波动低点逐渐上移，但是高点却逐渐下移，且波动幅度也越来越小，说明多头的势能越来越弱，只要股价不能向上突破平台高点，就不能确认趋势反转。

9 月中旬，均线系统由之前的纠缠状态拐头向下发散开来，说明多空平衡的状态被打破，空头实力强劲，后市看跌，投资者应尽快离场。

图 6-13 所示为双成药业 2020 年 4 月至 2021 年 2 月的 K 线走势。

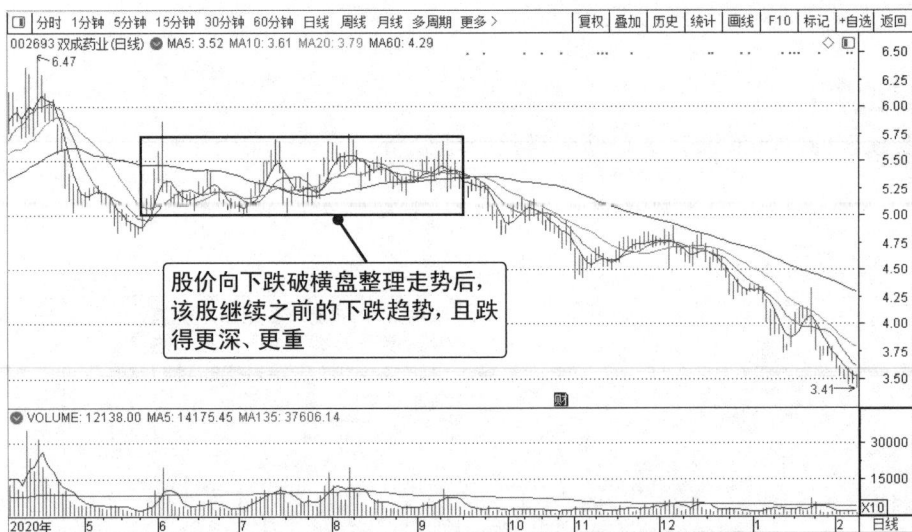

图 6-13　双成药业 2020 年 4 月至 2021 年 2 月的 K 线走势

从图中可以看到，股价向下跌破横盘整理走势后，该股继续之前的下跌趋势，且跌得更深、更重，最低跌至 3.41 元。如果投资者在横盘整理走势中没能及时离场，可能被深套。

（2）下跌低位的横盘整理

下跌低位横盘整理是指股价经过一轮长时间的下跌后，股价运行至底部低位区域，并在底部盘整时的走势。随着利多消息的出现，人气逐渐聚集，场内资金并未撤离，只要股价已经跌至底部区域，不再继续下挫，投资者就会纷纷入场，市场由空转多。主力则在盘整过程中不断吸收廉价筹码，场内浮筹逐渐减少，上档压力也逐渐减轻，多方在此位置积蓄足够力量，蓄势待发，一旦股价向上突破平台，股价则转入上升趋势之中。此时为投资者的买进机会。

下跌低位横盘整理主要具有以下几个特点：

◆ 下跌低位横盘属于下跌趋势中最后一跌的横盘整理，通常时间较长。

◆ 横盘整理前股价必须要有一个急速下跌的过程，使得股价跌无可跌，确认底部。

◆ 高位筹码全部移动到低位底部区域。

◆ 股价向上突破横盘时必须要有成交量作为支撑。

实例分析

山东威达（002026）下跌低位横盘整理分析

图 6-14 所示为山东威达 2019 年 5 月至 2020 年 7 月的 K 线走势。

从下图可以看到，山东威达经过一段长时间的大幅下跌行情之后，股价运行至 4.75 元低位区域止跌，随后股价小幅震荡回升，当股价拉升至 5.75 元附近时 K 线连续收出大阴线，股价急跌，将股价拉低至 5.00 元价位线上，随后股价在该价位线上横盘整理，持续时间长达 4 个月之久，成交量极度萎缩。

由此可以看出，场内的空头势能已经完全释放，股价跌至底部区域，已经跌无可跌。这类个股一旦主力入场低位吸筹，就可能迎来一波巨幅拉升行情，投资者此时可以持币观望。

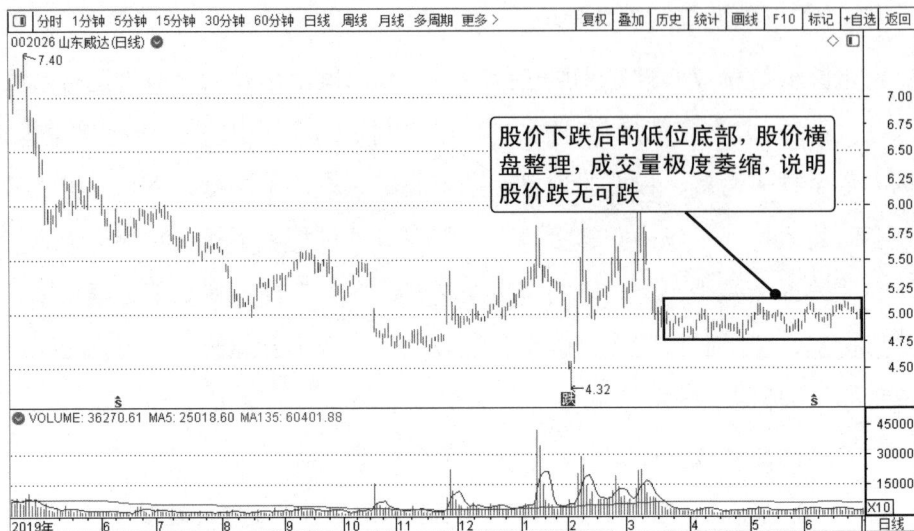

图6-14 山东威达 2019 年 5 月至 2020 年 7 月的 K 线走势

图 6-15 所示为山东威达 2020 年 1 月至 11 月的 K 线走势。

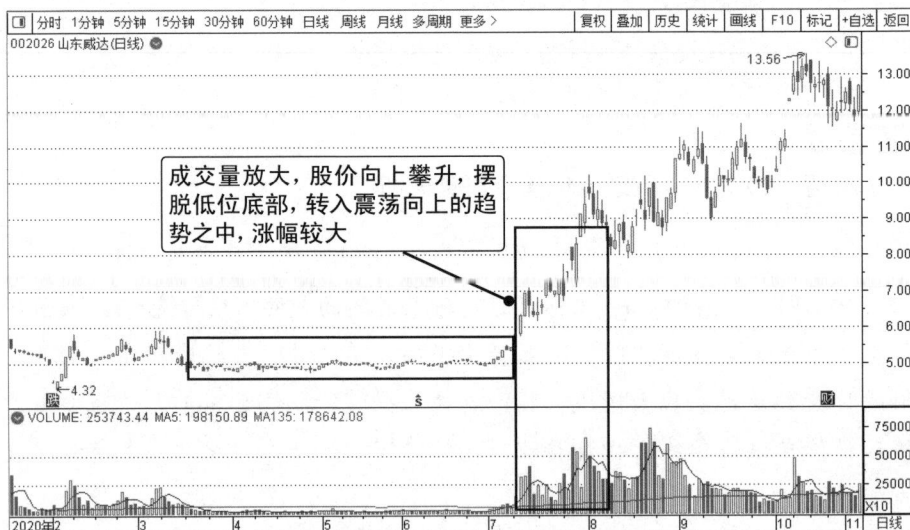

图 6-15 山东威达 2020 年 1 月至 11 月的 K 线走势

从上图可以看到，7 月上旬成交突然放量，推动股价向上攀升并一举突破整理平台，说明场内有主力资金入场，后市看涨，此时为投资者入场的最佳机会。

从后市的走势来看，股价向上拉升摆脱底部低位区域后转入上升趋势之中，震荡向上运行，最高上涨至 13.56 元，涨幅较大。

6.2.2 报复性反弹

报复性反弹指的是股价在经历连续大幅下跌之后的报复性上涨。这类反弹的速度非常快，且反弹力度大，如果投资者把握得当，将得到不错的短期收益，但是因为这类报复性反弹通常为突然性爆发，所以往往难以准确捕捉，没有经验的投资者往往难以操作。

报复性反弹启动前通常具有以下特点：

①反弹前期成交量出现萎缩迹象，说明股价下行的动能衰竭。

②反弹前股价跌至某支撑区域，明显获得支撑。

③因为股价下跌速度较快，市场中的投资者普遍看空。

④股价短期内跌幅过大，跌速过快，个股严重超卖。

⑤多种技术指标快速调整，均发出超卖信号。

面对这样的反弹走势，很多投资者都会被误导，认为是新一轮行情启动而纷纷追涨，但实际上报复性反弹转化为上升行情的可能性较小。通常报复性反弹会在某一重要位置遇阻回落，这个位置就是反弹半分位，这也是投资者的抛盘机会。

虽然报复性反弹存在一定的获利空间，但是投资者需要明确的是，从市场整体来看，当前还是处于一个弱势行情之中，我们的操作应该以保守为主。

实例分析

铁龙物流（600125）股价报复性反弹分析

图 6-16 所示为铁龙物流 2019 年 4 月至 2020 年 3 月的 K 线走势。

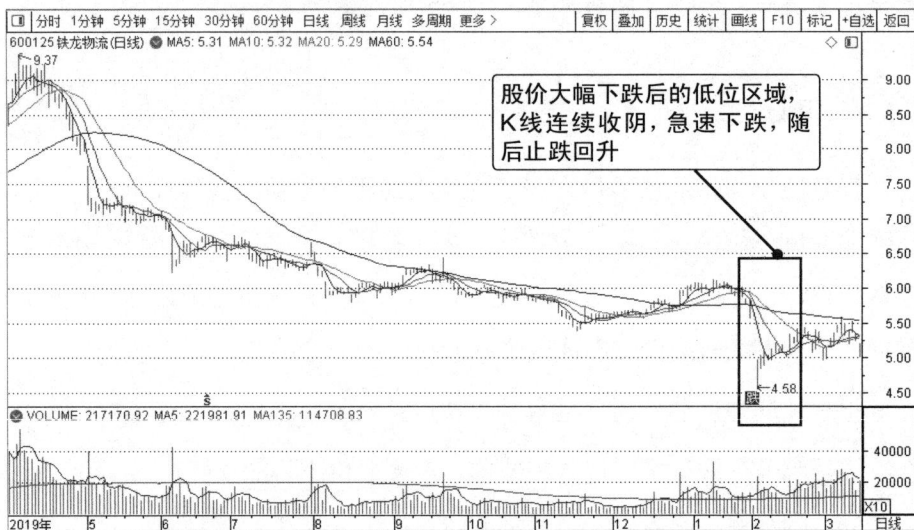

图 6-16　铁龙物流 2019 年 4 月至 2020 年 3 月的 K 线走势

从上图可以看到，2019 年 4 月铁龙物流从 9.37 元的高位处向下跌落，转入下跌趋势之中。股价一路下行，跌至 5.50 元价位线附近后止跌出现小幅回升，但涨势并未持续多久。2020 年 1 月下旬，K 线连续收出大阴线和穿跌停线，使得股价进一步下跌至 5.00 元下方，然后股价止跌回升，成交放量，趋势出现反转迹象。后市会不会转入上升趋势呢？

我们添加多项技术指标仔细查看这一波段的走势，图 6-17 所示为铁龙物流 2019 年 11 月至 2020 年 3 月的 K 线走势。

首先，我们查看成交量发现，股价在短短几个交易日内急速暴跌，成交表现缩量，说明场内的空头势能衰竭，完全释放。股价止跌回升，成交出现放量迹象。

然后，查看 MACD 指标发现，在股价急速下跌的过程中，指标曲线运行至 0 轴下方，市场走弱。但是随后 MACD 绿色柱线并未持续放大而是出现抽脚，说明市场中下跌动能逐渐转弱，后市行情有反转的可能，趋势向好。

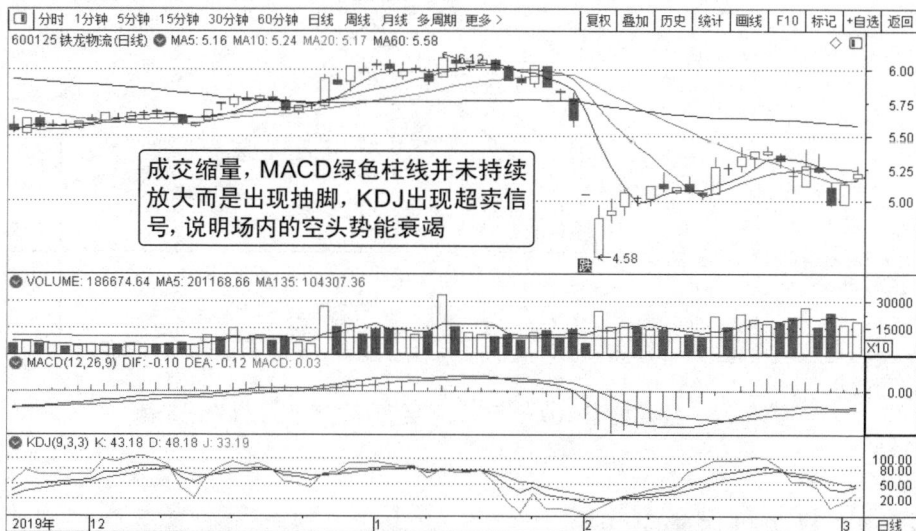

图 6-17　铁龙物流 2019 年 11 月至 2020 年 3 月的 K 线走势

最后，查看 KDJ 指标发现，指标曲线运行至 20 线下方，出现超卖信号，随后拐头向上出现金叉，说明市场向好。

根据这一系列的指标信号，我们可以判断该股短期趋势向好，可能会迎来一波上涨行情，但是因为成交放量程度不大，尚且不能判断趋势是否反转，所以投资者可以少量买进。

图 6-18 所示为铁龙物流 2019 年 12 月至 2020 年 4 月的 K 线走势。

从下图可以看到，股价从 4.50 元的低位止跌回升，股价上涨至 5.40 元上方时受到 60 日均线的压制滞涨，均线系统出现拐头向下的迹象，此时上涨幅度为大幅下跌幅度的半分位，说明此时的上涨为股价大幅下跌之后的报复性反弹，该股的中长趋势没有发生改变，后市继续下跌，投资者应及时离场。

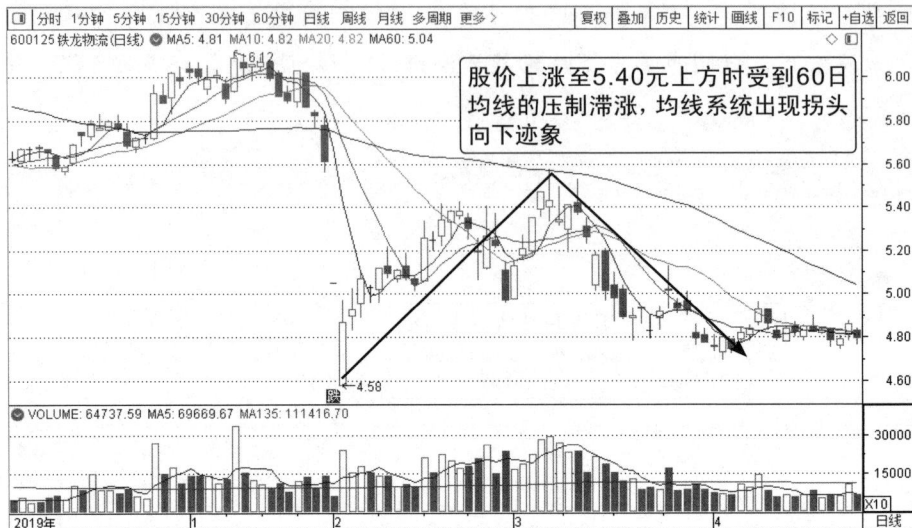

股价上涨至5.40元上方时受到60日均线的压制滞涨，均线系统出现拐头向下迹象

图 6-18　铁龙物流 2019 年 12 月至 2020 年 4 月的 K 线走势

6.2.3　技术性反弹

技术性反弹是市场处于下跌趋势中出现的短暂的行情反转。技术性反弹的这种反转走势并不是因为基本面因素或者是市场大行情发生实质性变化，而是由一些非基础性因素的变动引发的。

从盘面上来看，技术性反弹时下方的成交量并没有明显放大，场内没有新的资金介入，所以这一波反弹持续的时间不会很长，幅度也不会很大，只有在个别情况下才会长达一个月以上。因此，这样的技术反弹走势并不适合投资者操作。

实际上技术性反弹可以理解为股价正处于下跌的趋势之中，并且有继续下跌的迹象，此时各类技术指标却均显示严重超卖信号。以技术分析来判断，这些技术指标处于失真状态，此时股价出现短暂的上涨现象，以完成对指标失真的修复，而被称为技术性反弹。

实例分析

天房发展（600322）股价技术性反弹分析

图 6-19 所示为天房发展 2019 年 8 月至 2020 年 12 月的 K 线走势。

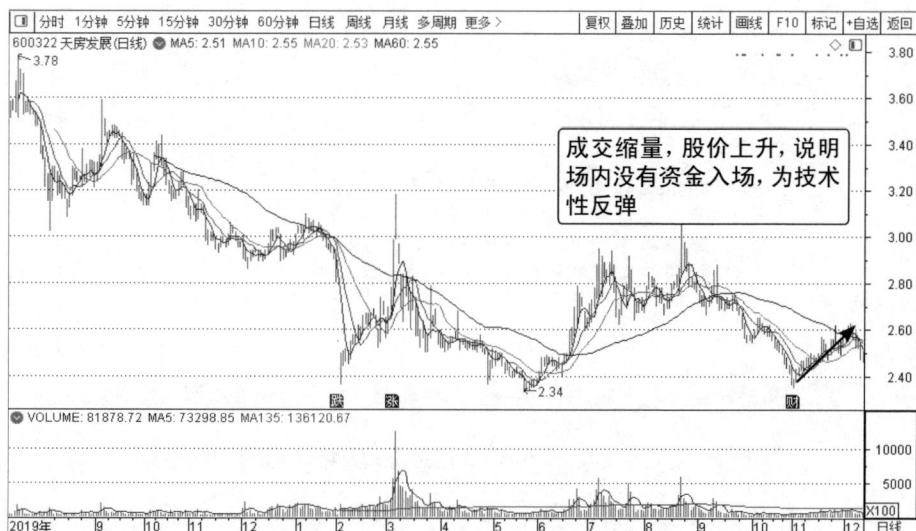

图 6-19　天房发展 2019 年 8 月至 2020 年 12 月的 K 线走势

从上图可以看到，天房发展处于下跌趋势之中，2019 年 8 月股价从 3.78 元的相对高位开始下行。2020 年 2 月，股价跌至 2.40 元价位线附近后止跌回升，股价反弹上涨至 3.2 元附近止涨回落。6 月初，股价再次跌落至 2.40 元价位线上止跌回升，股价上涨至 3.00 元附近后止涨回落。

11 月初，股价又一次跌至 2.40 元价位线止跌，再次确认了 2.40 元价位线的支撑性。随后该股股价企稳向上攀升，是否能说明 2.40 元是重要的支撑位置，股价在此获得支撑转入上升趋势之中了呢？

我们查看此时下方的成交量变化发现，11 月初，股价企稳回升，但成交并未放量，而是继续表现为极度缩量，说明此番上涨并没有成交量作为支撑，后市继续上涨的可能性较小，场内投资者普遍继续看空。此时的上涨极有可能为技术性反弹，投资者应持币观望。

图 6-20 所示为天房发展 2020 年 8 月至 2021 年 2 月的 K 线走势。

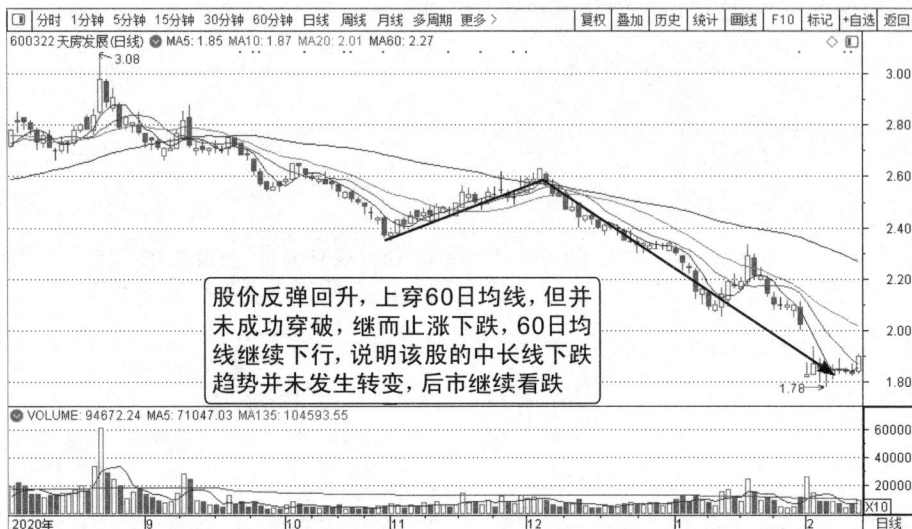

图 6-20　天房发展 2020 年 8 月至 2021 年 2 月的 K 线走势

从上图可以看到，2020 年 11 月初，股价反弹回升，上涨至 2.60 元附近后上穿 60 日均线，但并未成功穿破，继而止涨下跌，60 日均线继续下行，说明该股的中长线下跌趋势并未发生转变，后市继续看跌。从后市走势来看，股价随后继续下行，表现弱势，最低跌至 1.78 元，跌幅较大。

6.2.4　诱发性反弹

诱发性反弹是指受到利好消息的影响，使得股价下跌趋势被打破，从而诱导股价停止下跌反弹回升。这种利好的消息可以是宏观层面的经济发展数据、政府的产业调控政策和监管部门出台的改革措施等，也来自公司本身的根本变化，如利润水平的提高、潜在新产品的市场推出、大额合同的签订和股票分红等。

如果利好消息属于宏观层面的消息，则往往可以引起大盘指数的反弹，指数的反弹又能带动一大批个股开启反弹，这样可以为投资者带来较多的机会。需要注意的是，尽管宏观层面出现利好消息，但却不一定对每一只股票都能产生积极影响，所以投资者要仔细判断利好消息是否对个股产生影响，以及可能影响的程度。

如果利好消息属于微观层面，针对具体个股而言的，通常这类反弹难成气候，投资者需要仔细判断和抉择。

实例分析

贵航发展（600523）股价诱多性反弹分析

图 6-21 所示为贵航股份 2020 年 8 月至 2021 年 2 月的 K 线走势。

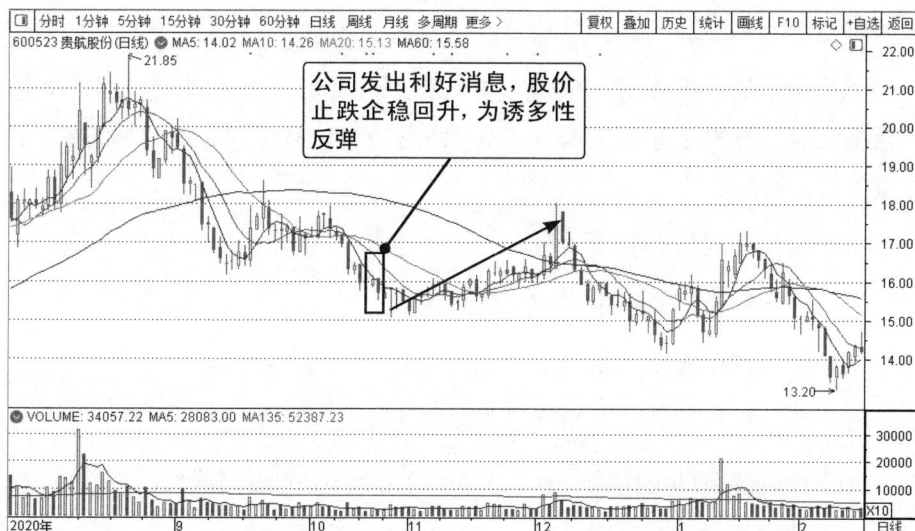

图 6-21　贵航股份 2020 年 8 月至 2021 年 2 月的 K 线走势

从上图可以看到，贵航股份经过一轮上升行情之后股价运行至 21.00 元附近的高位区域止涨，随后转入下跌趋势之中，股价震荡下行。

10 月 23 日，贵航发展发出第三季度报告，指出公司前三季度营收 15.51 亿元，同比基本持平；净利润 1.01 亿元，同比增长 49.42%。贵航股份主营业务为汽车密封条、汽车刮水器、散热器等。公司表示，本期业绩向好的主要原因是享受国家"惠企政策"及公司开展"降本增效"的效果较好。

第三季度财报 1.01 亿元净利润的消息发出后，该股的下跌趋势渐缓，随后在 15.50 元附近企稳回升，股价向上攀升至 18.00 元附近后止涨回落，继续之前的下跌趋势。可以看出，这一波反弹是因为公司财报发出的利好消息而引起的，为诱多性反弹，但并没有改变该股的下跌趋势，后市继续下跌。

6.2.5　中继性反弹

中继性反弹是指股价在下跌中途以整理形式出现的反弹，通常股价在反弹整理过程中会形成三角形、长方形、楔形或旗形等整理形态。股价下跌跌破整理形态底部，该股继续转入之前的下跌趋势之中。

因为中继反弹通常会形成整理形态，所以从形式上来看更规则，反弹的幅度在一定程度上是可以衡量的，投资者如果操作得当，可以获得一定程度的投资收益。

中继反弹通常具有以下特征：

①股价止跌整理过程中形成中继形态。

②股价上涨不需要大量成交作为支撑来推动股价上涨。

③个股上涨意愿较低，整理过程中主力资金可能流出。

④操作时要借助形态的特征，充分利用形态中的阻力线和压力线。

实例分析

佛塑科技（000973）股价中继式反弹分析

图 6-22 所示为佛塑科技 2019 年 12 月至 2020 年 9 月的 K 线走势。

从下图可以看到，2020 年 3 月佛塑科技在经历一波上涨行情后，股价在 6.50 元上方止涨下跌。K 线连续收出多根连续下跌的大阴线，几个交易日内股价大幅下跌至 4.50 元价位线上企稳，随后走出震荡向上的走势。

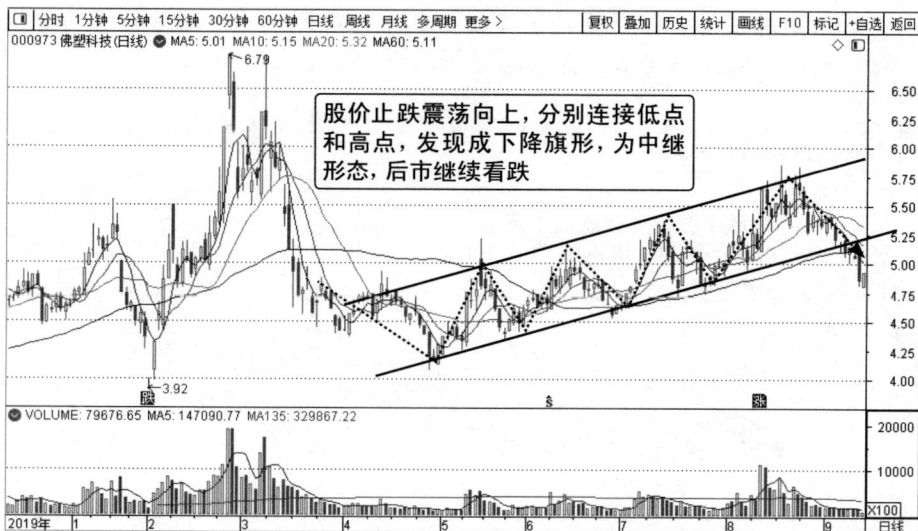

图 6-22　佛塑科技 2019 年 12 月至 2020 年 9 月的 K 线走势

股价震荡向上的过程中，形成逐渐上升的波谷低点和波峰高点，分别连接低点和高点，发现两条直线相互平行，由此形成下降旗形。股价下跌至旗形下边线受到支撑止跌反弹，股价上涨至旗形上边线受到压制止涨下跌，如此反复震荡。

再观察下方的成交量可以发现，在股价震荡向上的过程中成交并没有明显的放量出现，更加说明此时的震荡向上并不是股价转势成功，而是股价下跌过程中的中继，股价最终会跌破下降旗形的下边线继续下行。场内还未离场的投资者可以趁着股价反弹上涨至旗形上边线附近时减仓，股价下跌有效跌破旗形下边线时平仓。

图 6-23 所示为佛塑科技 2020 年 3 月至 11 月的 K 线走势。

从下图可以看到，股价在旗形上边线和下边线形成的通道内震荡上行，上涨至 5.75 元附近止涨成交放量，随后股价下跌并有效跌破旗形下边线，打破下边线对股价的支撑，转入下跌趋势之中，成交表现出极度缩量。由此可见，前期的中继反弹为主力资金流出的手段，目的在于吸引场内散户接盘，一旦主力出货成功，后市将继续下跌。

如果场外投资者错误地将下降旗形的中继反弹认为是趋势转势而贸然入场，则可能会遭受重大的经济损失。

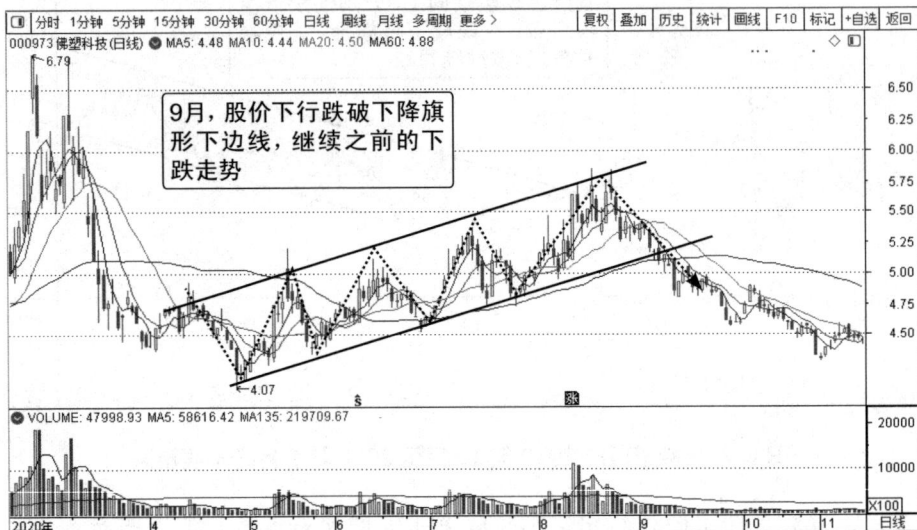

图 6-23　佛塑科技 2020 年 3 月至 11 月的 K 线走势

第7章

趋势交易，根据趋势制定不同策略

炒股投资讲究策略，投资者需要提前制订完备的计划，然后根据实际行情走势的变化，按部就班地展开计划，这样才能在变幻莫测的股市中做到心中有数、冷静应对，最终在股市获利。

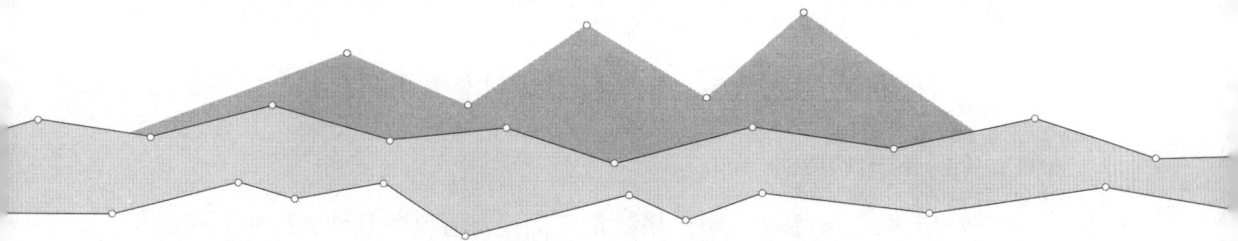

确认当前的趋势方向
判断当前股价所处位置
什么是左侧交易
左侧交易的买进位置
左侧交易的卖出位置

7.1　认清趋势是投资的基本要点

我们知道趋势分为上升趋势、水平趋势和下降趋势。通常来说，下降趋势和水平趋势获利的可能性较低，且需要投资者自身具备充足的技巧和知识才能从中获利。但是上升趋势则不同，只要确认趋势处于上升行情，那么投资者只要制定投资策略，就可以提高获利的概率。

7.1.1　确认当前的趋势方向

确认当前的趋势方向是投资者入市投资的第一步，如果投资者不能准确判断趋势就贸然入场，容易让自己陷入不利的困境之中，不仅难以获利，还有可能给自己带来大量的经济损失。

判断趋势的方法有很多，下面介绍几种比较常用的方法：

（1）移动均线法

移动均线最突出的一个作用就是帮助投资者判断趋势方向，如果股价处于移动均线上方，并维持继续向上的走势，则说明股价处于良好的上升趋势中；反之，如果股价位于移动均线下方，且长期在均线下方向下运行，则说明股价处于下降趋势之中。

需要注意的是，移动均线分为短期均线、中期均线和长期均线，投资者应该根据自己的投资策略，合理选择移动均线周期来判断当前的趋势。例如，如果投资者是做短线投资，那么应该用反应灵敏的短期均线来判断趋势变化；但如果投资者是做中长线投资，则不能用短期均线来判断趋势，应该用中长期均线来判断。图7-1所示为短期均线判断上升趋势。

图 7-1 短期均线判断上升趋势

（2）趋势线法

在前面的内容中介绍了趋势线，趋势线是根据股价过去走势绘制的。也就是说，通过趋势线可以准确了解过去股价的走势，并对未来趋势进行预测。因此，我们可以利用趋势线来对当前的趋势做判断。

如果股价在趋势线支撑下上行，趋势线向右上方发散上行，则说明股价处于上升趋势之中；如果股价受到趋势线的压制下行，趋势线向右下方发散运行，则说明股价处于下降趋势之中。

需要注意的是，投资者使用趋势线判断趋势时，要确保股价至少三次触及趋势线，才能确认该趋势线的有效性，否则不能确认该趋势线为有效趋势线。

图7-2所示为趋势线判断上升趋势。

图 7-2 趋势线判断上升趋势

（3）K 线形态

每天的股价变化形成 K 线形态，投资者根据 K 线形态也可以判断当前的趋势。如果 K 线走势表现出一浪高过一浪，且每次回调的低点都逐渐升高，说明股价处于上升趋势之中；如果 K 线走势表现一浪低过一浪，每次反弹高点都逐渐降低，则说明股价处于下降趋势之中。

7.1.2 判断当前股价所处位置

尽管投资者判断出股价当前处于上升趋势之中，但还不能直接入场，因为投资者还要判断股价现在处于上升趋势之中的哪一阶段。如果是上涨初期，投资者可以积极建仓买进；如果是上涨中期，投资者可以适量跟进；但如果是上涨末期，投资者就要考虑是否入场，谨防出现高位接盘被套的情况。

每一位投资者都希望能买在最低处、卖在最高处，但往往事与愿违，投资者应注意各阶段的特点，判断当前股价所处位置是高位还是低位。

判断股价高低位的方法常见有以下三种：

（1）以历史高点位置和低点位置来进行比较

在股价运行的过程中，如果投资者对其所处位置的高低点难以判断，可以借助股价历史的高低位来做参考。如果相较于历史参考高价位而言，当前股价较高，则说明该价位属于高位，风险较大；如果相较于历史参考低价位而言，当前股价较低，则说明该价位处于低位，风险较小。

实例分析

深深房 A（000029）以历史高点位置判断当前股价位置

图 7-3 所示为深深房 A 2014 年 6 月至 2015 年 6 月的 K 线走势。

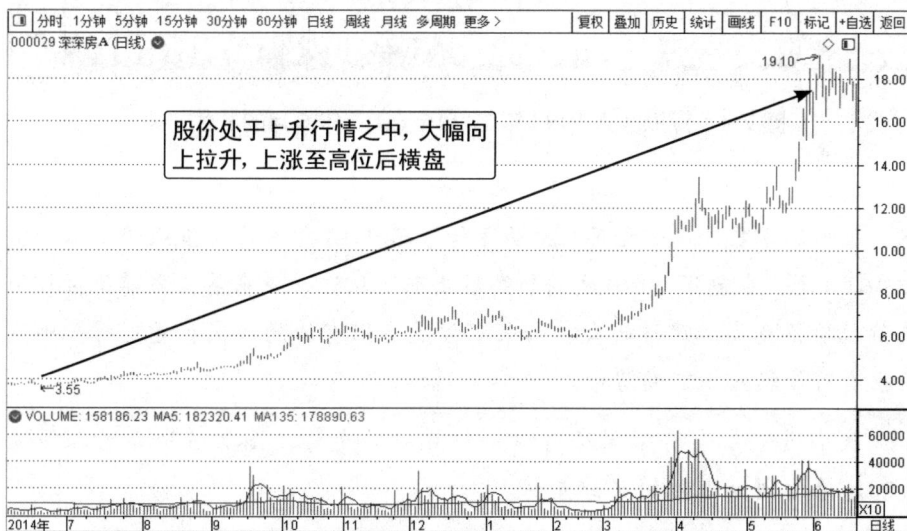

图 7-3 深深房 A 2014 年 6 月至 2015 年 6 月的 K 线走势

从图中可以看到，2014 年 6 月开始深深房 A 从 3.55 元的低位处开始向上攀升，经过一年多的上涨行情，股价上涨至 18.00 元价位线上方后止涨横盘。此时，投资者如果想要在这一位置追涨买进，就要判断这一位置究竟是大幅上涨末期的高位顶部，还是上涨中的调整。

投资者可以借助股价的历史高点位置来判断当前位置的风险性，图7-4所示为深深房 A 1993 年 12 月至 2015 年 6 月的 K 线走势。

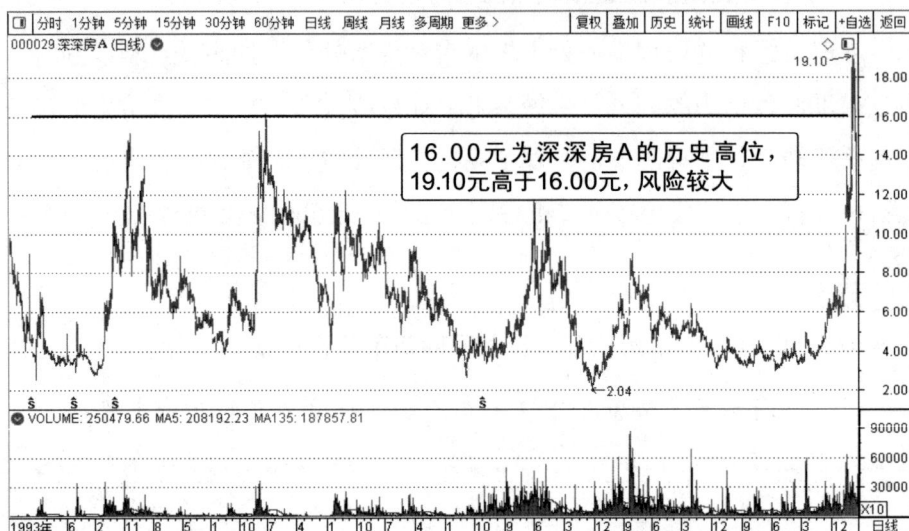

图 7-4　深深房 A 1993 年 12 月至 2015 年 6 月的 K 线走势

从图中可以看到，根据股价历史走向来看，16.00 元价位线为历史高点，股价通常在 16.00 元下方波动运行。而 2015 年 6 月股价强势上涨，突破 16.00 元，在创下 19.10 元的新高后止涨。从这一点来看，当前价位较历史价位价格更高，风险较大，如果下方没有强有力的成交放量支撑，则股价很有可能转入下跌趋势中。

我们进一步查看深深房 A 这一位置时的走势，图 7-5 所示为深深房 A 2015 年 2 月至 6 月的 K 线走势。

从下图可以看到，股价上涨至 12.00 元价位线附近时止涨横盘，股价多次上冲 14.00 元，但因为上方压力过大而失败，K 线收出带长上影线的阴线。2015 年 5 月下旬，K 线连续收阳，股价上行，一举突破 14.00 元，将股价拉升至 18.00 元价位线止涨。

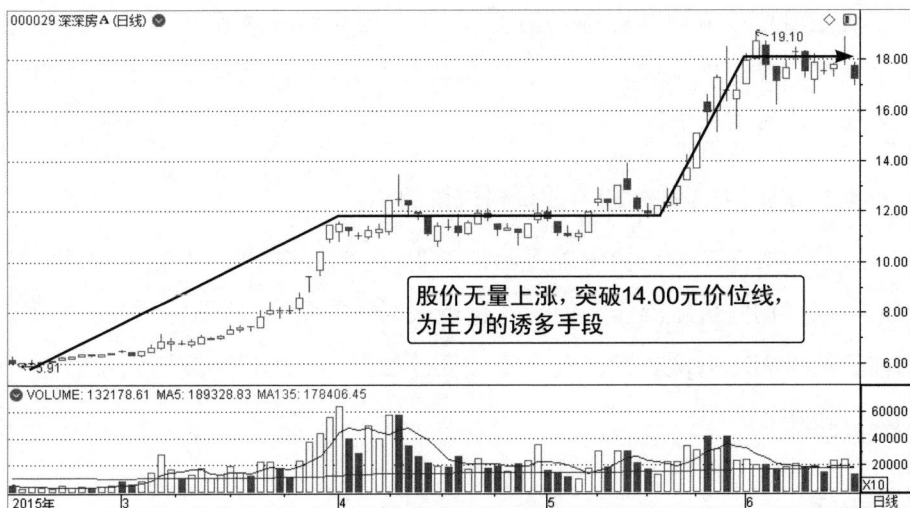

股价无量上涨，突破14.00元价位线，
为主力的诱多手段

图 7-5 深深房 A 2015 年 2 月至 6 月的 K 线走势

观察下方成交量发现，股价向上突破时成交没有放量，横盘时成交缩量，说明场内没有资金持续入场，多方势力衰竭，此时的向上拉升为主力诱多手段，该价位为股价大幅上涨后的高位，后市看跌。图 7-6 所示为深深房 A 2015 年 6 月至 2021 年 2 月的 K 线走势。

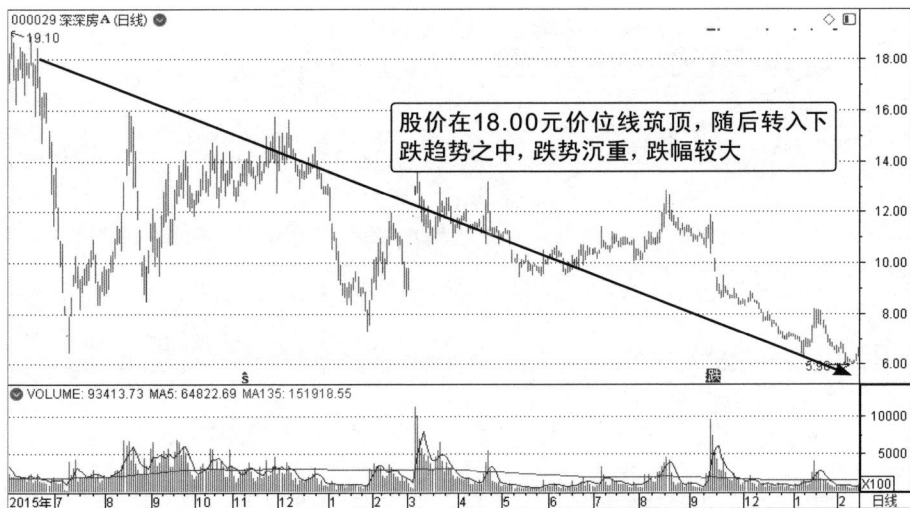

股价在18.00元价位线筑顶，随后转入下
跌趋势之中，跌势沉重，跌幅较大

图 7-6 深深房 A 2015 年 6 月至 2021 年 2 月的 K 线走势

从上图可以看到，股价在 18.00 元价位线筑顶，随后转入下跌趋势之中，跌势沉重，跌幅较大。如果投资者在 18.00 元位置追涨买进，将陷入长久被套的困境之中。

（2）以压力线来判断当前价格位置的高低

股价多次在某一历史价位受阻，说明该价位为重要压力位。此时，投资者可以根据股价距离压力位置的远近来对当前价格风险做出判断。如果当前价位距离压力位较远，则风险较低；如果当前价位距离压力位较近，则风险较高。

实例分析

奥飞娱乐（002292）以压力线判断股价当前位置

图 7-7 所示为奥飞娱乐 2020 年 2 月至 8 月的 K 线走势。

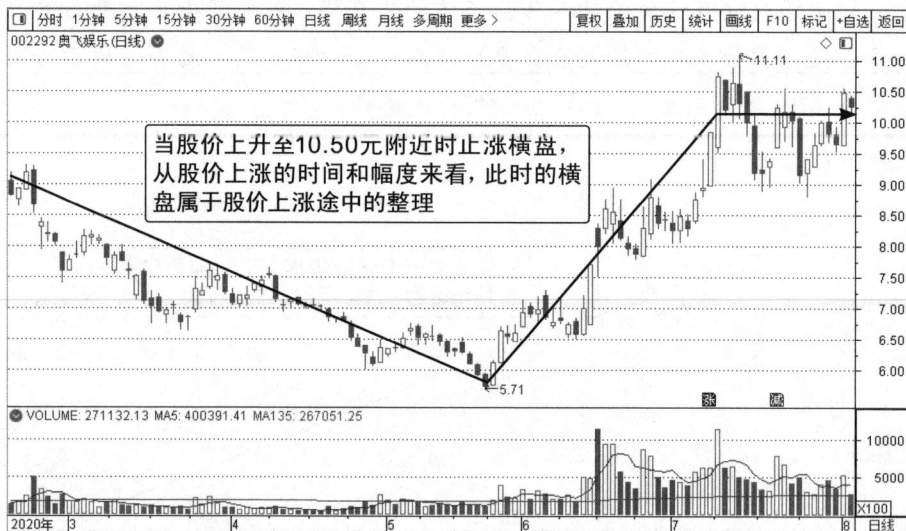

图 7-7 奥飞娱乐 2020 年 2 月至 8 月的 K 线走势

从图中可以看到，奥飞娱乐前期处于下跌趋势之中，股价震荡向下，在创下 5.71 元的新低后止跌回升，下方成交明显放量，股价震荡向上，转入上升趋势之中。当股价上升至 10.50 元附近时止涨横盘，从股价上涨的时间和幅度来看，此时的横盘属于股价上涨途中的整理，后市极有可能继续上涨，投资者可以在此位置追涨买进。那事实是否如此呢？

我们结合压力线来对该位置进行分析。图 7-8 所示为奥飞娱乐 2019 年 3 月至 2020 年 8 月的 K 线走势。

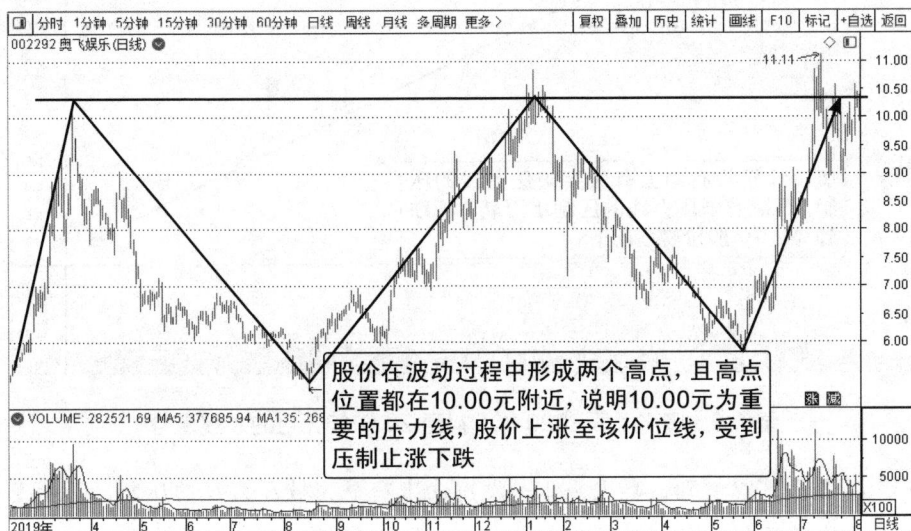

图 7-8　奥飞娱乐 2019 年 3 月至 2020 年 8 月的 K 线走势

从图中可以看到，奥飞娱乐在波动运行的过程中形成两个高点，且高点位置都在 10.00 元附近，说明 10.00 元为重要的压力线，股价上涨至该价位线，受到压制止涨下跌。

此时我们看到，投资者准备买进的位置在 10.50 元，即压力线附近，所以股价受到压力线的压制止涨下跌的风险较大，投资者不应贸然入场，应该借助更多的指标信号对该价位进行判断。

查看下方的成交量发现，股价向上突破压力线之后没有继续放量，而且出现缩量迹象，说明场内没有持续的资金入场，多头实力衰弱。如果成交不能继续有效放量，则难以支撑股价继续向上有效突破压力线的压制。

所以从这里来看，后市继续止涨转入下跌的可能性更大。

图 7-9 所示为奥飞娱乐 2020 年 5 月至 2021 年 2 月的 K 线走势。

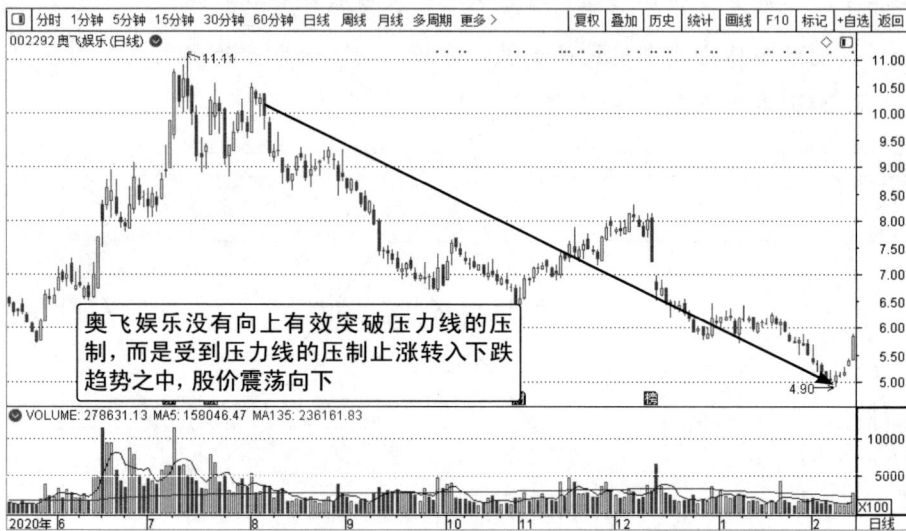

图 7-9　奥飞娱乐 2020 年 5 月至 2021 年 2 月的 K 线走势

从图中可以看到，奥飞娱乐并没有向上有效突破压力线的压制，而是受到压力线的压制止涨转入下跌趋势之中，股价震荡向下，最低跌至 4.90 元。如果投资者在 10.05 元附近股价横盘时追涨买进，将面临重大的经济损失。

（3）以涨幅度来判断当前价格位置的高低

投资者还可以从股价涨幅情况来判断当前价格位置的高低。股价从底部开始上涨，涨幅在 30% ~ 50% 以内为低位，但是股价上涨超过 50% 以上则是高位。对于主力来说，拉升一只股票至少要 30% 以上的涨幅才会存在获利空间。所以涨幅在 50% 以内的价位风险较低，而涨幅在 50% 以上的价位风险较高。

这一点比较简单，这里就不再单独举例进行说明了。

综上所述，我们在判断股价所处位置的高低时需要结合多种方法，从各个维度对其进行分析，才能真正准确判断出该价位的风险。这样的分析判断才具有意义，也能更好地指导操作。

7.2 预测交易——左侧交易

在明确了当前价位的情况，对股价后市有了一个清晰的预测后，投资者还要制定相关的交易策略，才能够做到心中有数，沉着应对股价风云变幻。

7.2.1 什么是左侧交易

左侧交易也被称为逆市交易，它是一种预测交易，即在股价大幅下跌后的低位区域，投资者判断该股的这一轮下跌即将结束，新一轮上涨即将来临，为避免股价急速拉升而出现无法买进的情况，在股价下跌后期低位买进。

投资者买进后，股价很快筑底回升，当股价上涨到某一高位时，投资者预测股价的这一轮上涨即将结束，为避免股价急速下跌而被套，锁定前期收益，所以投资者应提前出货。图 7-10 所示为左侧交易示意图。

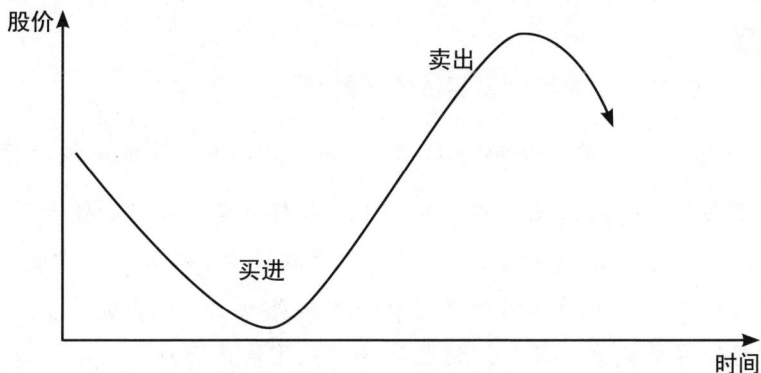

图 7-10 左侧交易

简单来说，左侧交易就是在股价快要跌到底部的时候买进，然后在股价快要涨到顶部的时候卖出。但是这样的操作建立在对行情准确预测的基础之上，所以我们在分析时要非常细致。

7.2.2 左侧交易的买进位置

通过前面的介绍知道了左侧交易是在股价下跌过程中买进，那么什么时候才是左侧交易正确的买进位置呢？进入过早，股价过高，股价下跌空间较大，如果后期反弹幅度不足够大，则可能不仅不会带来收益，还会造成损失；但是如果进入过晚，又可能错过股价下跌的最后一波。

实际上，问题的关键在于我们要对股价当前的状态进行准确判断，即股价下跌是否已经接近或是达到波谷的谷底位置。可以从两个方面来进行查看，具体如下：

①查看股价在下跌过程中，空方势能是否已经释放完全。

②查看下跌位置是否到达或是接近支撑位置。

当股价满足这两个条件、达到支撑位附近时，通常为一个较好的左侧交易买进位置。

下面以一个具体的实例来说明。

实例分析

茂化实华（000637）左侧交易买进位置判断

图7-11所示为茂化实华2017年3月至2018年8月的K线走势。

从下图可以看到，茂化实华处于下跌趋势之中，经过一轮长时间的大幅下跌，股价运行至4.00元价位线上。成交在股价下跌的过程中逐渐缩量，当股价运行至4.00元价位线附近时表现为极度缩量，说明股价在下跌过程中空方势能释放完全。那么，该股的这一轮下跌是否结束，股价会不会在此位置筑底回升呢？

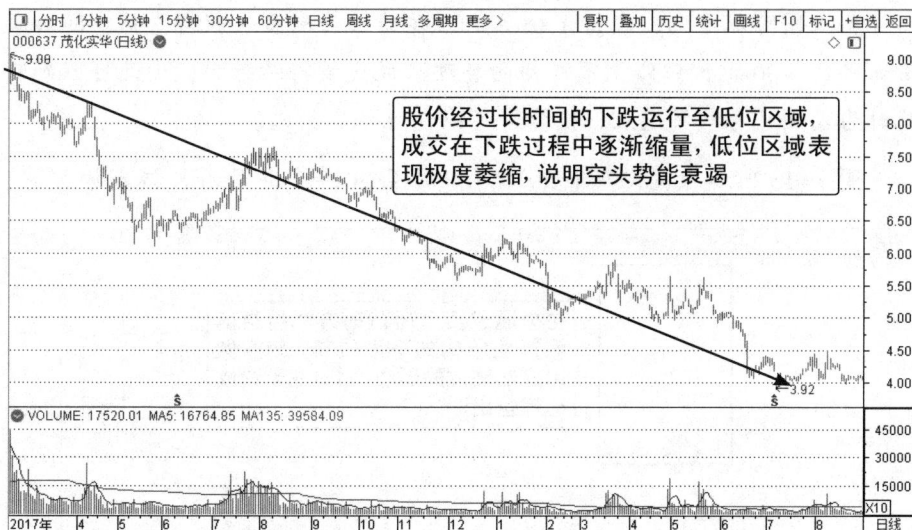

图 7-11　茂化实华 2017 年 3 月至 2018 年 8 月的 K 线走势

我们仔细查看股价在 4.00 元价位线上波动时的 K 线走势，图 7-12 所示为茂化实华 2018 年 2 月至 10 月的 K 线走势。

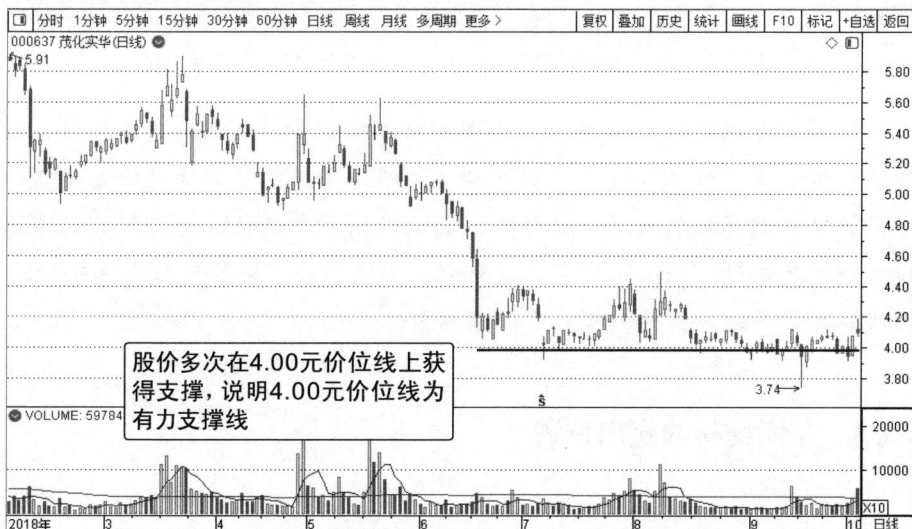

图 7-12　茂化实华 2018 年 2 月至 10 月的 K 线走势

从上图可以看到，股价下跌至 4.00 元价位线时多次获得支撑，随后股价始终在 4.00 元价位线上窄幅横向整理，成交量持续缩小，由此可以判断此时为左侧交易的买进点，投资者可以在此位置买进。

图 7-13 所示为茂化实华 2018 年 8 月至 2019 年 4 月的 K 线走势。

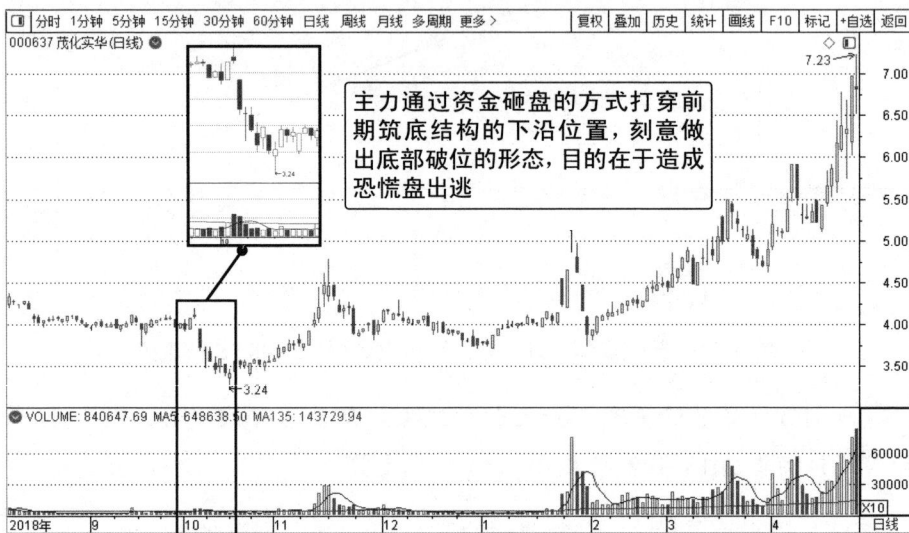

图 7-13　茂化实华 2018 年 8 月至 2019 年 4 月的 K 线走势

从图中可以看到，10 月初，K 线收出连续带量长阴线，跌破横盘，促使股价进一步下跌至 3.24 元。此时为主力吸筹手段，主力通过资金砸盘的方式打穿前期筑底结构的下沿位置，刻意做出底部破位的形态，目的在于造成恐慌盘出逃，而主力则可以趁机吸收廉价筹码。随后股价在 3.50 元价位线筑底回升转入上升趋势之中，涨幅超过 120%。

7.2.3　左侧交易的卖出位置

投资者买进之后，并不代表投资结束，只有在股价上涨后的高位顺利卖出，了结获利落袋为安，才算完成。此时就涉及一个卖出位置的判断，如果卖出时间过早，可能会错失后市较大幅度的上涨空间；如果卖出时间过晚，可能遭遇股市转折急跌，让自己陷入被套风险之中。

对于这一问题，我们也需要对当前的股价走势做一个准确的判断，主要从以下两个方面入手：

①查看股价的上涨幅度，是否已经足够大，多方势能是否逐渐衰竭。

②查看股价是否到达或接近重要压力位置。

当股价满足这两个条件且到达压力位附近时，通常为一个较好的左侧交易卖出位置。

实例分析

五矿稀土（000831）左侧交易卖出位置判断

图 7-14 所示为五矿稀土 2018 年 10 月至 2019 年 6 月的 K 线走势。

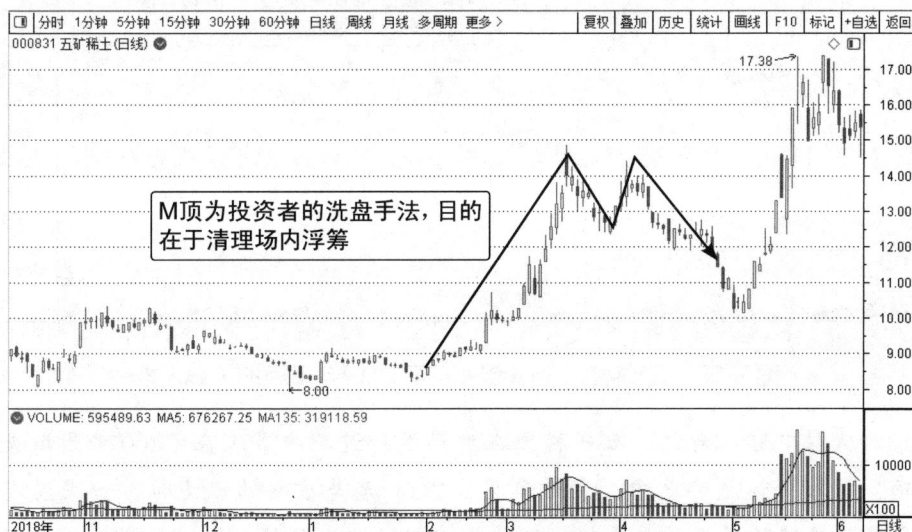

图 7-14　五矿稀土 2018 年 10 月至 2019 年 6 月的 K 线走势

从图中可以看到，五矿稀土经过一轮下跌行情后运行到低位区域横盘波动运行，2019 年 3 月初，股价放量拉升突破底部区域，转入上升趋势之中。股价上涨至 14.00 元后止涨，形成 M 顶形态。

　　我们进一步查看这一段走势发现，股价从 8.50 元上涨至 14.00 元仅仅花费 1.5 个月左右的时间，涨幅为 64% 左右。从上涨时间和空间来看，该股股价还有上涨的空间，此时的 M 顶应该为主力上涨过程中的洗盘手法，目的在于清理场内浮筹，以便更好拉升股价。

　　M 顶出现后股价止涨回调至 10.00 元企稳回升，成交放出巨量大幅拉升股价至 17.00 元上方止涨横盘波动，此时涨幅达到 100%，股价可能见顶。为了准确判断，我们查看该股股价前期走势，图 7-15 所示为五矿稀土 2016 年 4 月至 2019 年 6 月的 K 线走势。

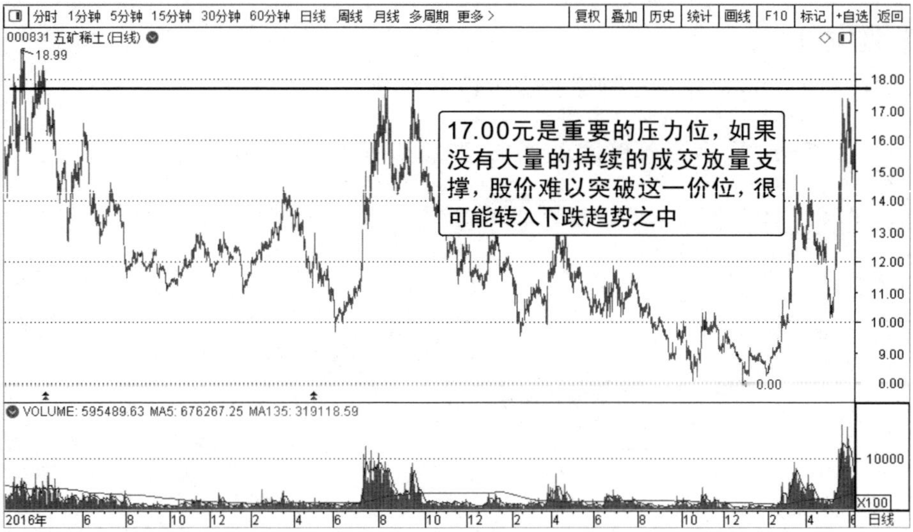

图 7-15　五矿稀土 2016 年 4 月至 2019 年 6 月的 K 线走势

　　从图中可以看到，五矿稀土在波动运行过程中多次在 17.00 元附近见顶，转入下跌趋势之中，由此可见，17.00 元是重要的压力位，如果没有大量的持续的成交放量支撑，股价难以突破这一价位，很可能转入下跌趋势之中。因此，该价位为投资者左侧交易的卖出位置。

　　图 7-16 所示为五矿稀土 2019 年 5 月至 2020 年 3 月的 K 线走势。

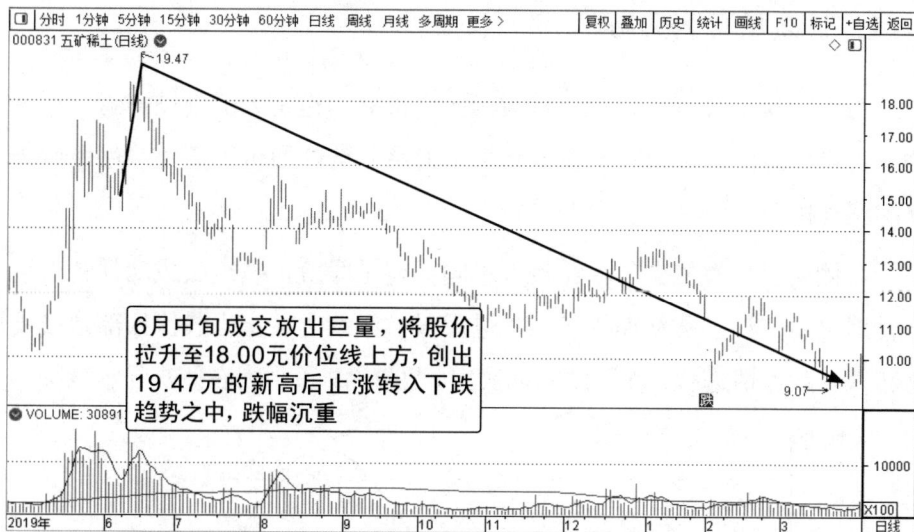

图 7-16 五矿稀土 2019 年 5 月至 2020 年 3 月的 K 线走势

从图中可以看到，股价在 17.00 元止涨，6 月中旬成交放出巨量，将股价拉升至 18.00 元价位线上方，创出 19.47 元的新高后止涨转入下跌趋势中，跌幅沉重。由此可以看出，此时的放量拉升为主力诱多手段，目的在于吸引散户投资者接盘。

7.3 顺势交易——右侧交易

右侧交易与左侧交易存在很大的不同，如果说左侧交易是在趋势尚未清晰时做出的预测性交易决策，那么右侧交易就是趋势已经形成，投资者顺应趋势做出的买进卖出决策，风险更低。

7.3.1 什么是右侧交易

右侧交易是股市常用的一种买卖操作策略，也是大部分投资者喜欢用的一种操作方法，优势在于投资者可以追涨强势的股价，避免错过股价上涨的获利机会。

右侧交易与左侧交易存在较大不同，它是股价止跌筑底成功并转入上升行情之后，在上涨初期买进。买进后股价继续上涨，当股价顶部形成止涨转入下跌行情之后，在下跌初期卖出。图7-17所示为右侧交易示意图。

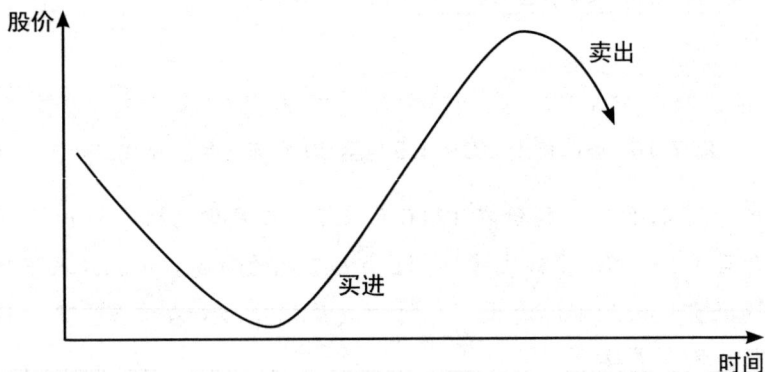

图 7-17　右侧交易

从上图可以看到，右侧交易实际上完全属于顺势交易，当确定股价转入上升趋势时顺势买进，且确定股价转入下跌趋势时顺势卖出。这样的操作避免了预测这一过程，投资者更容易把握。正因如此，右侧交易也被称为"追涨杀跌"操作。

7.3.2 右侧交易的买进位置

右侧交易的买进位置比较好确定，可以借助前面介绍的 K 线组合、K 线形态、成交量、均线或者技术指标等来进行判断，只要是明确股价筑底成功，明显进入上升行情即可。

实例分析

三友化工（600409）右侧交易买进位置判断

图 7-18 所示为三友化工 2020 年 1 月至 9 月的 K 线走势。

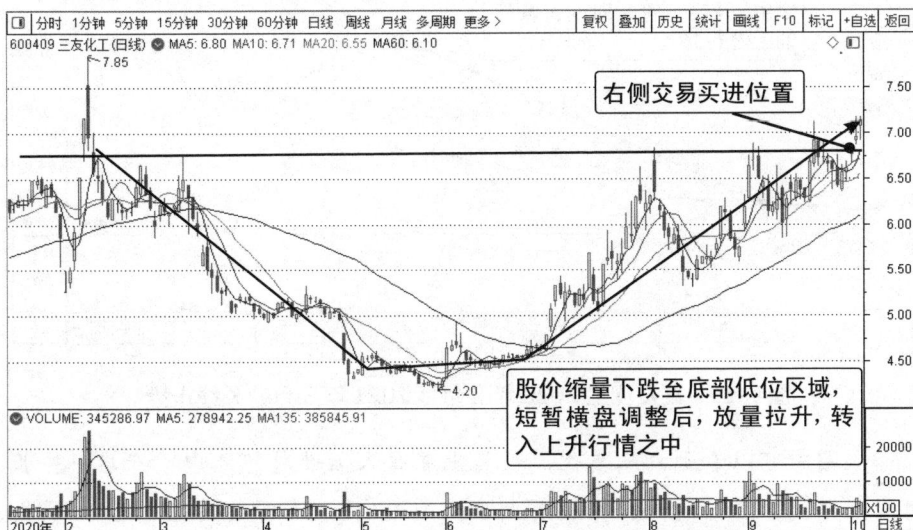

图 7-18 三友化工 2020 年 1 月至 9 月的 K 线走势

从图中可以看到，三友化工经过一轮大幅下跌后，股价运行至 4.50 元低位区域跌势渐缓，成交表现为极度缩量，说明股价在下跌过程中，空方势能释放完全，实力衰竭。

股价在 4.50 元价位线上横盘波动，7 月初成交放量，股价向上攀升，说明场内可能有主力资金入场拉升股价，后市看涨。但是当股价上涨至 6.80 元附近时止涨下跌回调，从前期的走势来看，股价多次触及 6.80 元受到压制止涨而不能有效突破，说明 6.80 元为有力压力位。

股价回调至 5.50 元价位线上止跌回升，股价震荡向上，表现为上升趋势，并突破 6.80 元价位线，多根均线向上运行，说明该股转入上升趋势之中，后市继续看涨的可能性较大，投资者可以在此位置积极买进。

图 7-19 所示为三友化工 2020 年 5 月至 2021 年 3 月的 K 线走势。

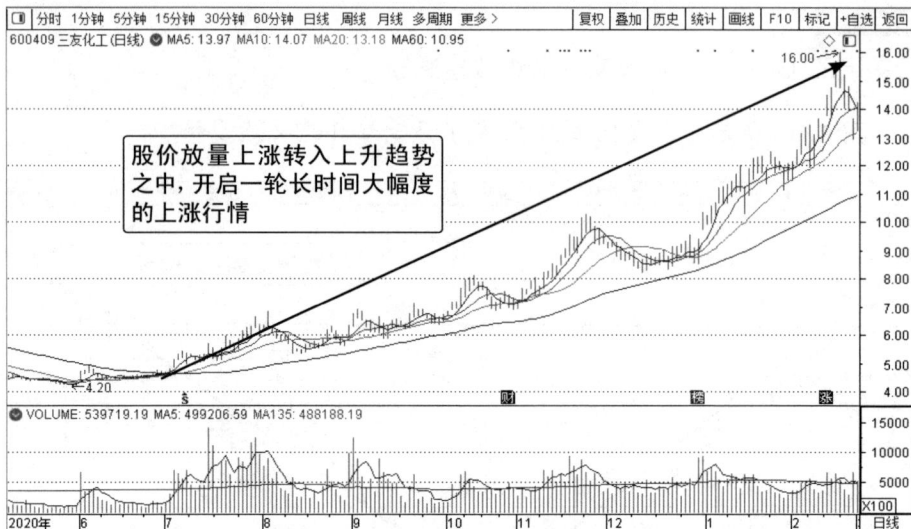

图 7-19　三友化工 2020 年 5 月至 2021 年 3 月的 K 线走势

从图中可以看到，三友化工放量上涨转入上升趋势之中，开启一轮长时间大幅度上涨行情，股价最高上涨至 16.00 元，涨幅超过 280%。如果投资者抓住了这一轮上涨行情，将获得丰厚的投资回报。

7.3.3　右侧交易的卖出位置

投资者确定右侧交易的卖出位置，也和买进位置一样，需要借助 K 线组合、K 线形态、成交量、均线或技术指标等来综合判断，找到顶部信号。一旦确定股价顶部形成，转势成功，投资者就要立即离场，如果离场速度过慢，可能损失大量的既得利益。

实例分析

中源协和（600645）右侧交易卖出位置判断

图 7-20 所示为中源协和 2019 年 11 月至 2020 年 11 月的 K 线走势。

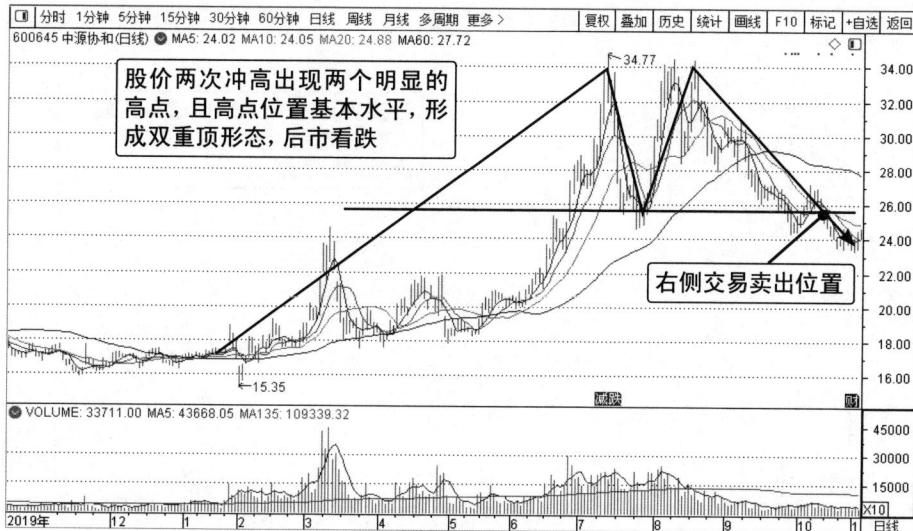

图 7-20 中源协和 2019 年 11 月至 2020 年 11 月的 K 线走势

从图中可以看到，中源协和处于上升趋势之中，股价从 16.00 元附近开始向上攀升，股价上涨至 34.00 元附近，创下 34.77 元的新高后止涨下跌，此时股价涨幅已经超过 110%。股价回调至 26.00 元附近止跌回升，股价再次冲高 34.00 元附近止涨下跌。

股价两次冲高出现两个明显的高点，且高点位置基本水平，形成双重顶形态，这是常见的股价反转形态，说明股价在此位置见顶，投资者应该立即离场，一旦股价下跌跌破颈线位置就是投资者最后的出逃机会。

9 月下旬，K 线连续收出阴线，股价下跌跌破颈线，随后股价小幅反弹回踩颈线，说明颈线被有效跌破。此时，多根均线纷纷下行，进一步说明股价趋势走弱，后市看跌。

图 7-21 所示为中源协和 2020 年 6 月至 2021 年 3 月的 K 线走势。

从下图可以看到，双重顶形态形成后股价见顶转入下跌趋势之中，股价震荡下行，最低跌至 16.26 元。如果投资者没有及时离场，则可能面临重大的经济损失。

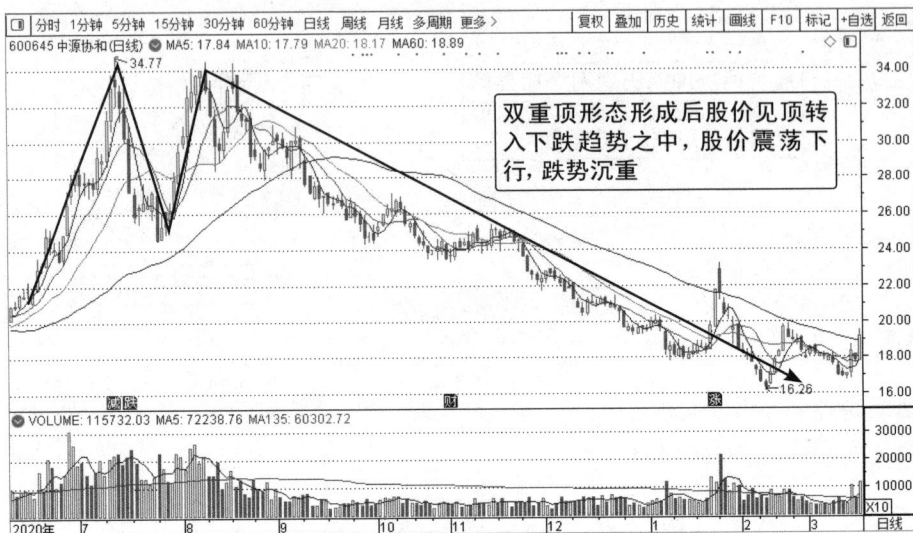

图 7-21　中源协和 2020 年 6 月至 2021 年 3 月的 K 线走势

7.4　左侧交易与右侧交易的比较

通过上述介绍，我们了解了左侧交易和右侧交易。那么左侧交易和右侧交易分别有什么特点，适合哪些投资者，投资者面对这两种交易方式又应该如何选择呢？下面我们来对这两种交易方式进行比较分析。

7.4.1　左侧交易与右侧交易的特点对比

实际上左侧交易与右侧交易没有绝对的好坏之分，只有适合与否。投资者可以深入理解两者的特点，然后选择更适合自己的交易方式。表 7-1 所示为左侧交易与右侧交易的特点对比。

表 7-1 左侧交易与右侧交易的特点比较

特 点	左侧交易	右侧交易
交易特点	预测性	可见性
交易风格	逆势而为，市场冷淡众人看跌，反而买进	顺势而为，市场人气旺盛，众人追涨，跟随买进
操作节点	股价转势之前操作	股价转势之后操作
买卖技巧	高抛低吸	追涨杀跌
优点	①如果股价按照投资者的预测方向运行，那么投资者往往能够压低入场时的成本，买到廉价筹码。②左侧交易不容易错过一些转折性较强的行情和机会，能够让投资者提前制订完整的投资计划	①在股价确定了底部和顶部之后才操作，投资成功率更高，失败率也更低。②可以避免预判错误的情况发生，减少不必要的亏损；③右侧交易更客观，是见到准确的底部信号和顶部信号之后才操作，减少主观意识
缺点	①如果投资者准确猜测到底部和顶部，但是股价在底部和顶部运行时间过长的话，容易给投资者带来心理压力，承受浮亏。②因为投资者入场时候股价并没有出现明显的反转趋势，所以一旦投资者出现误判，极有可能出现抄底结果抄在半山腰而被套的情况。③同样，投资者如果对股价上涨见顶预判错误，即股价仍然在继续上涨的过程中，并未出现顶部反转信号，投资者就提前卖出，虽然投资者可以及时获利止盈，但如果后期股价继续大幅上涨，则会错失丰厚的利润	①股价在出现明显的底部信号和顶部信号之后，投资者才做买进卖出操作，但是往往此时买进卖出的最佳时机已经错过了，使得投资者的买入成本较高，且容易失去上涨初期的利益，卖出时又会损失部分的既得利益。②不同的投资者倾向于不同的判断标准和反转信号，就会使得右侧交易的买进卖出位置存在一定程度的偏差，从而加大了失败的风险

7.4.2　左侧交易与右侧交易怎么选择

在了解左侧交易与右侧交易各自的特点之后，投资者应该如何选择呢？在实际的投资过程中，我们可以从以下四个方面来进行考虑：

（1）操盘时间

投资者如果习惯做中长线投资，可以选择左侧交易。因为左侧交易买进时，股价还没有见底，即便后期见底小幅拉升也不能真正获利，需要等到股价转入上升行情，正式拉升之后才会出现收益空间。因此，左侧交易需要投资者具备耐心，以中长线的角度看待股价变化，要能忍受浮亏，坚持长期持有，但这些往往是短线操盘者所不能接受的。

投资者如果倾向于做短线投资，可以选择右侧交易。因为短线投资者的关键在于追涨，这与右侧交易的核心不谋而合，即选择在上涨趋势中追涨买进，一旦趋势出现拐点立即卖出，符合短线操盘。

（2）安全性

从投资安全性的角度来看，选择已经形成趋势的右侧交易风险更低，而以预判为主要投资手段的左侧交易风险则更高。故此保守型或稳健型的风险厌恶者更适合右侧交易。

（3）收益性

从投资收益性的角度来看，左侧交易往往投资成本更低，且卖出位置更高，投资收益也更高；而右侧交易因为股价已经上升一段时间，有了一定涨幅，所以投资者的投资成本更高，获利空间更窄。故此，如果想要投资收益最大化，那么投资者可以考虑左侧交易。

（4）投资者类型

从操作技巧上来看，左侧交易对投资者的要求更高，需要投资者自身具备敏锐的市场洞察力、丰富的投资经验及对市场能够有比较准确的预判。而右侧交易则对投资者的要求更低，即便是一些专业知识不足的投资者也能掌握。所以如果是经验比较丰富的、专业知识能力强的投资者可以选择左侧交易。

投资者确定交易方式之后，还要了解一些交易注意事项，才能提高自己的投资成功率。

左侧交易注意事项具体如下：

①要减少自己的操作次数，不要过度操作，以持有为主。

②在买进之前要对股票的走势进行详细分析，并做好交易计划。

③提前设置好止损位置，一旦与自己预测的底部不相符就要及时做好止损的准备。

④敢于承认自己的错误，一旦预判错误及时调整策略，避免被深套。

⑤做好仓位管理，合理控制资金。

右侧交易注意事项具体如下：

①投资者需要具备决策力和执行力，一旦股价转势应立即行动。

②多种指标、各个维度判断底部和顶部，避免主观判断。

无论采用哪种交易策略，发现比较适合自己特点的交易方式之后，投资者在使用过程中最需要注意的是，必须严格遵守操作纪律与止盈止损纪律。

最后，左侧交易和右侧交易方式并非只能单独使用，也可以结合起来使用，但必须注意各自的要点。

◆ 在股价大幅下跌后的低位底部区域，可以使用左侧交易轻仓买进，提前布局，制定完善的投资策略。

◆ 当行情确认底部或顶部形成之后，投资者的右侧交易机会就来了。与左侧交易相比，机会更清晰，也更可靠，需要果断执行，不能犹豫而错过机会，所以可以适当增加仓位，甚至是重仓。

◆ 经过一段时间的上涨，股价运行至高位区域出现止涨，此时可以左侧交易卖出，了结部分持仓，使收益落袋为安。继续持有少量仓位，避免预判错误。

◆ 股价顶部形成，趋势转折向下，此时为投资者右侧交易卖出机会，应全部清仓。

这样左侧交易与右侧交易结合的方式，既能降低投资者的投资风险，也能够提升投资收益。

第8章
仓位控制，不同趋势下的仓位管理

　　仓位控制要求投资者能够灵活地根据市场变化情况控制并调整自己的仓位，它是股市投资中的重中之重，合理控制仓位，做好管理，可以降低投资风险，提高获利水平。

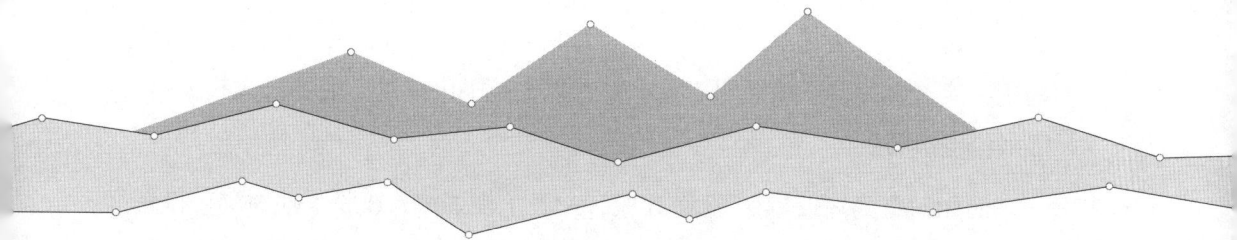

为什么要做仓位管理
仓位管理的基本原则
矩形仓位管理
金字塔仓位管理
漏斗形仓位管理

8.1 股市投资离不开仓位管理

仓位指投资者实际拥有的资金和实际投资资金的比例，而仓位管理则是指投资者根据市场行情变化，灵活地调整自己的投资比例，避免一次性全部投入而增加投资风险。

仓位管理在股市投资中占有重要地位，因为股市变幻莫测，波动幅度较大，变化较快，稍有不慎就会全部落空。

8.1.1 为什么要做仓位管理

即便是经验老到的投资者也无法百分之百准确地预测股价未来的走势，哪怕是一天中的涨跌情况。尽管如此，我们可以提前做一个仓位管理控制，让资金在自己预期的能够承受的损失范围内波动，而不会大起大落，降低投资风险。

例如，有两只股票 A 股和 B 股，A 股上涨 50%，B 股下跌 50%。投资者以资金 10 万元投资，此时如果不做仓位管理直接全仓投资，计算结果如下：

全仓 A 股，市值为：$100\ 000 \times 50\% + 100\ 000 = 150\ 000$（元）

全仓 B 股，市值为：$100\ 000 \times (-50\%) + 100\ 000 = 50\ 000$（元）

但如果此时投资者做仓位管理，50% 仓位 A 股，50% 仓位 B 股，则总市值为：$(50\ 000 + 50\ 000 \times 50\%) + \{50\ 000 + [50\ 000 \times (-50\%)]\} = 100\ 000$（元）。

根据计算结果可以看到，通过仓位管理避免了投资者投资大起大落的情况，投资虽然不能一次性得到最大程度的上涨，但是可以避免最大程度的损失。

总的来说，仓位管理可以通过多次加仓、减仓技术，让投资者降低投资风险。

8.1.2 仓位管理的基本原则

虽然明白了仓位管理是怎么一回事，但是仓位管理却不能随着自己的心意，想当然地去规划仓位。仓位管理需要遵守基本的布局原则，否则仓位管理就很可能沦为摆设，起不到降低风险的作用。

仓位管理的基本原则包括以下方面：

◆ 在行情不好的市场中不能满仓。

◆ 不在恐慌性下跌的时候建仓。

◆ 宁可空仓也不做满仓。

◆ 不对单个股票满仓。

◆ 不对单个板块满仓。

◆ 加仓时越跌越买，股价越涨越卖。

◆ 用闲钱投资理财，不能借款投资。

◆ 在市场出现技术分析机会的时候可以轻仓短线操作。

◆ 在市场出现极品庄股行情机会的时候可以三分仓中线操作。

◆ 在市场出现波段操作机会的时候可以重仓短线操作。

◆ 市场出现无风险机会的时候，可以放大资金操作。

从上述内容可以看到，仓位管理的核心出发点为安全，即在不亏钱的情况下尽量获得高的收益。这是一种科学管理、理性投资的技能，而非部分投机者持有的赌博心态。

8.2 经典的仓位管理法

仓位管理是一个概念，具体的仓位布局则根据不同风格的投资及不同的市场走向，有不同的操作方法。但是股市中有一些比较经典的实用性强的仓位管理法可供投资者参考。

8.2.1 矩形仓位管理

矩形仓位管理法，也被称为固定比例加仓法，指投资者初次入场建仓时的资金量为总资金的固定比例，如果后市股价按照预期方向发展，则逐渐加仓，加仓时都遵循这个固定的比例依次增加。

但是，如果后市股价按照相反的方向发展，投资者就要停止加仓，如果超过止损点就要抛售持股。

图 8-1 所示为矩形仓位管理法示意图。

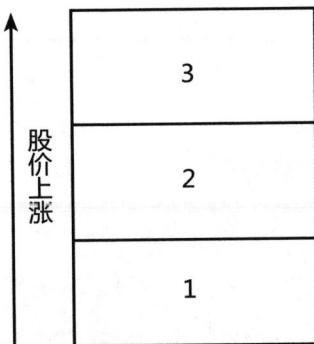

图 8-1 矩形仓位管理法

根据加仓的次数比例不同，可以分为 1/2 仓位或 1/3 仓位。图中展示的是 1/3 仓位。这是一种比较常用的仓位管理方法，即将资金分为三部分，如果市场行情趋势向好就逐次加仓至满仓，具体各个仓位的使用方法如下：

①第一个 1/3 仓通常应用在市场行情低迷或者是熊市末期，以短线操作为主，快进快出，高抛低吸。如果买进后趋势明显向好，则可以中线持有，如果前途不明，则短线获利了结。

②第二个 1/3 仓通常应用在第一个 1/3 仓已经获利，趋势明显向好，脱离底部区域，且无风险的情况下，此时可以加入第二个 1/3 仓。此时以中线操盘为主，紧跟主力步伐，一旦发现主力有减仓迹象，则立即获利了结。

③第三个 1/3 仓应用在前两个 1/3 仓已经获利，且趋势明显向好的情况下，才可以加仓。

矩形仓位管理的优势在于，一旦遭遇股价回落，不至于全部仓位遭遇被套。利用逐渐加仓的方式摊薄成本，大幅降低投资风险。此外，如果股价按照预期上涨方向发展，则已持有一定的比例仓位仍有获利空间，还可以利用调整过程适时加仓，这样使得投资操作的主动性更强。

下面以一个具体的实例来介绍矩形仓位买进法。

实例分析

中国巨石（600176）矩形仓位管理法布局

图 8-2 所示为中国巨石 2019 年 5 月至 2020 年 4 月的 K 线走势。

从下图可以看到，中国巨石经过一轮完整的上涨—下跌行情之后，股价再次下跌至 8.00 价位线附近，获得支撑止跌企稳，说明该价位线为股价的重要支撑位。

随后股价小幅回升，多根均线纷纷拐头向上，说明该股转入上升趋势之中，后市即将迎来一轮新的上涨行情，投资者可以在此位置买进。某投资者决定采取矩形仓位管理法用 15 万元进行投资，于是在 8.50 元位置投入 1/3 仓位的资金。

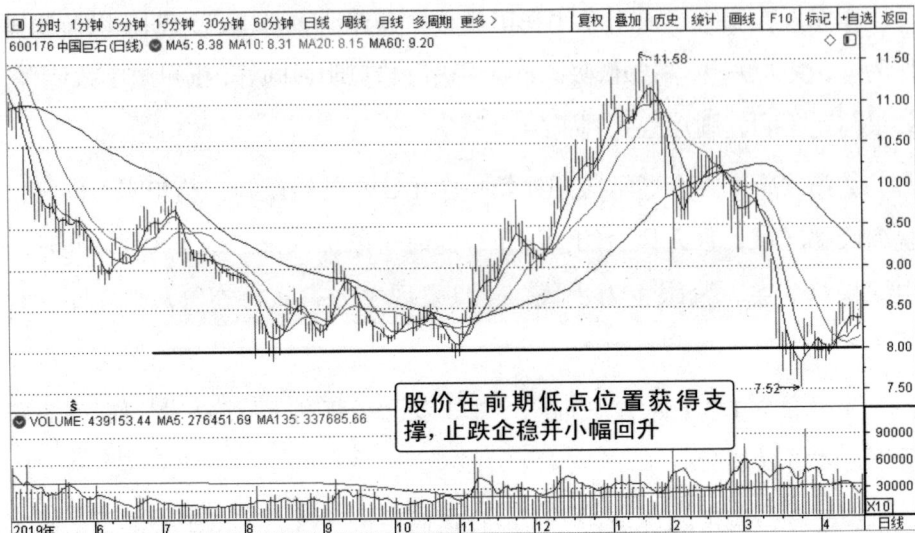

图 8-2　中国巨石 2019 年 5 月至 2020 年 4 月的 K 线走势

图 8-3 所示为中国巨石 2020 年 2 月至 11 月的 K 线走势。

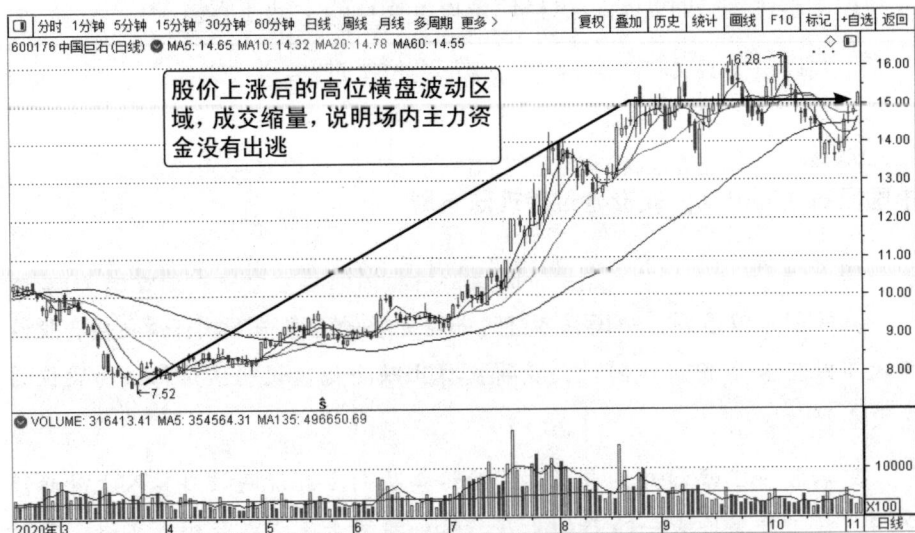

图 8-3　中国巨石 2020 年 2 月至 11 月的 K 线走势

从图中可以看到，中国巨石果然在 8.00 元价位线附近筑底，随后转入上升趋势之中，股价震荡向上，成交放量。股价上涨至15.00元价位线附近止涨横盘波动。

仔细观察横盘波动时的走势发现，通常K线连续拉出几根阳线小幅拉高股价后，随即拉出多根低开低走的大阴线，打压股价下行，下方成交缩量。说明此时的横盘为主力的洗盘行为，便于后市更好地拉升股价。

了解主力动向之后，可以发现此时的下跌为投资者加仓的好机会，所以投资者在14.00元价位线加入1/3仓位。

图8-4所示为中国巨石2020年7月至12月的K线走势。

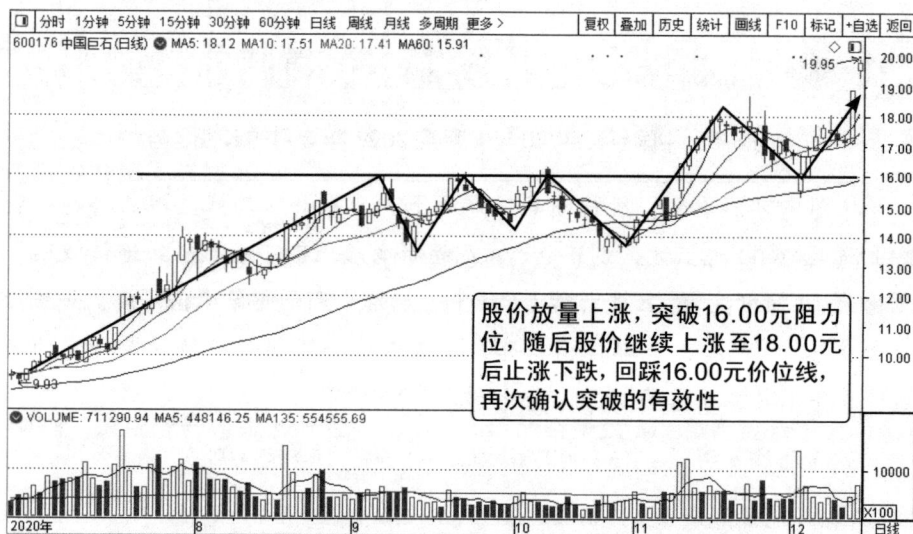

图8-4 中国巨石2020年7月至12月的K线走势

从图中可以看到，11月上旬股价放量上涨，突破16.00元阻力位。随后股价继续上冲，涨至18.00元价位线后止涨下跌，跌至16.00元价位线止跌企稳，再次确认股价突破16.00元的有效性，后市必然会迎来一波上涨。所以投资者在17.00元位置加仓1/3。

图8-5所示为中国巨石2020年8月至2021年2月的K线走势。

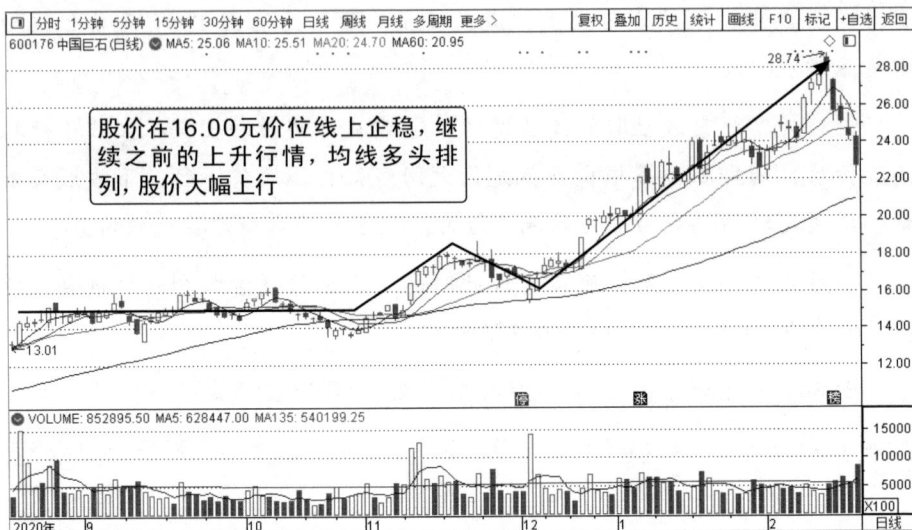

图8-5 中国巨石2020年8月至2021年2月的K线走势

从图中可以看到，股价随后继续向上加速攀升，均线呈多头排列，股价上涨至26.00元上方，创下28.74元的新高后止涨下跌，K线连续收阴。此时，该股的这一轮上涨涨幅已经超过200%，股价极有可能见顶。如果投资者在24.00元卖出全部持股，那么投资者这一轮矩形仓位管理投资的收益计算（不考虑手续费用等，粗略估算）如下：

8.50元位置买进：150 000.00×1/3÷8.50≈5 800（股）

14.00元位置买进：150 000.00×1/3÷14.00≈3 500（股）

17.00元位置买进：150 000.00×1/3÷17.00≈2 900（股）

24.00元位置卖出：24.00×（5 800+3 500+2 900）=292 800.00（元）

收益：292 800.00-8.50×5 800-14.00×3 500-17.00×2 900=145 200.00（元）

8.2.2 金字塔仓位管理

金字塔形仓位管理法是指投资者初始进场的资金量比较大，后市如果行情以相反的方向运行则不再加仓，但后市如果行情按照预测上涨方向发展则逐步加仓，且随着股价的上涨，加仓的比例越来越小。

这样的仓位管理使得仓位呈现出下方大、上方逐渐小的形态，所以叫作金字塔形仓位管理法。

金字塔仓位管理法分为金字塔买入法仓位管理和倒金字塔卖出仓位管理。图8-6所示为金字塔买入法仓位管理示意图。

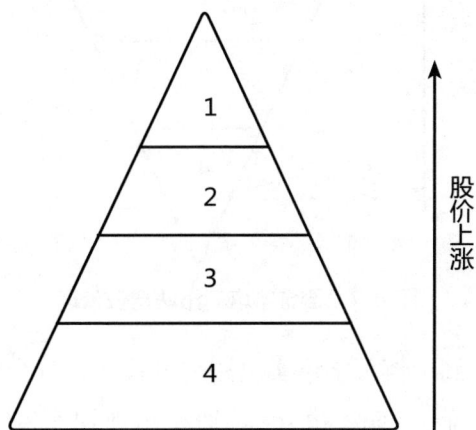

图 8-6　金字塔买入法仓位管理

从上图可以看到，金字塔买入法仓位管理将资金按比例分为4份，从下到上为40%、30%、20%和10%，如果投资者初始资金投入后，股价继续上涨，逐步分段投入30%、20%、10%的资金；如果股价下跌就不加仓了；如果股价继续下跌至投资者的心里止损点就抛售持股。在实际投资操作中，金字塔买入法中的买进比例可以根据实际情况进行调整，但是逐渐减小的比例原则不变。

金字塔形买入法的优势在于，在低价时买得多，高价时买得少。虽然不如一次性全仓获利多，但能降低因股价下跌带来的风险。

倒金字塔卖出仓位管理与金字塔买入法仓位管理相反，它是下方较小，越往上越大，主要用于看空股价时卖出的资金比例管理。倒金字塔卖出仓位管理与正金字塔买入正好相反。

图 8-7 所示为倒金字塔卖出法仓位管理示意图。

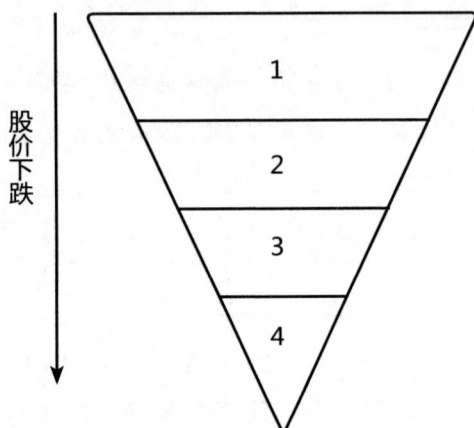

图 8-7 倒金字塔卖出法仓位管理

从上图可以看到，倒金字塔卖出法仓位管理将资金按比例分为 4 份，从上到下为 40%、30%、20% 和 10%，股价出现拐头下跌迹象时投资者卖出 40% 的持股，随后继续下跌就逐步分段卖出 30%、20%、10% 的持股。如果股价止跌回升，可停止卖出、重仓买进，其中的比例同买入法一样，可以根据实际情况进行调整。

金字塔形卖出法的优势在于，高价时卖出得多，低价时卖出得少，虽然不如一次性空仓获利多，但能降低因股价上涨带来的踏空风险。

当然，除了按照示意图中的比例将资金分为 4 份之外，还可以将资金分为 5 份或者是 3 份等，4 份是比较常见的做法，比例也可以根据实际情况进行修改。但是要注意，利用金字塔做仓位管理时首次入场或出场的资金量最大，随后逐渐降低。

下面以一个具体的实例来查看金字塔形买入法。

实例分析

三友化工（600409）金字塔仓位管理法布局

图8-8所示为三友化工2020年1月至7月的K线走势。

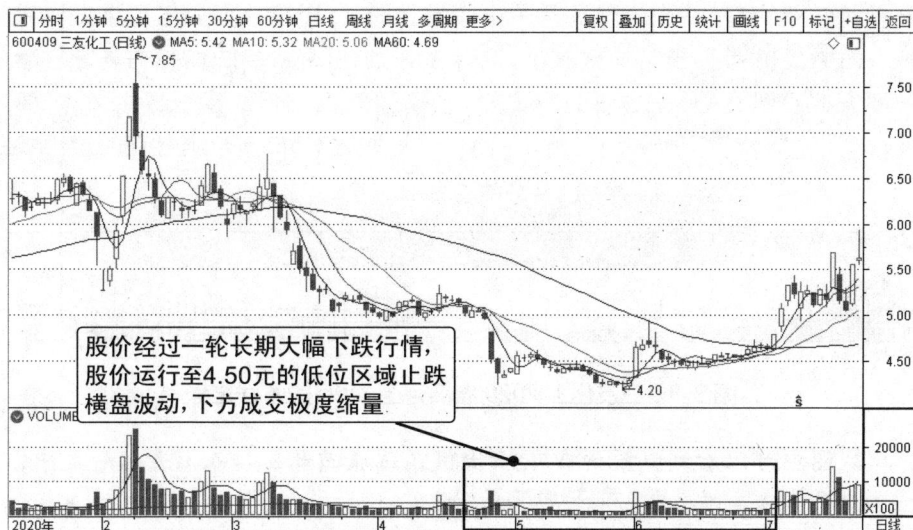

图8-8 三友化工2020年1月至7月的K线走势

从图中可以看到，三友化工前期经过一轮长期大幅下跌行情，股价运行至4.50元的低位区域止跌横盘波动，下方成交极度缩量。说明股价在这一轮的下跌行情之中，空头势能已经被释放干净，市场冷清，无人问津。

2020年7月初，成交明显放量，股价向上攀升，均线系统由横盘时纠缠横向发散开来，拐头向上运行，说明场内有主力资金入场拉升股价，后市即将迎来一波上涨行情，投资者应抓住这一机会。

因为此时的4.50元价位较低，属于低位底部区域，股价拐头向下继续下跌的可能性较低，所以可以重仓买进。故此，投资者考虑金字塔仓位管理法对5万元进行投资，并在5.00元位置投入50%仓位的资金。

图8-9所示为三友化工2020年2月至10月的K线走势。

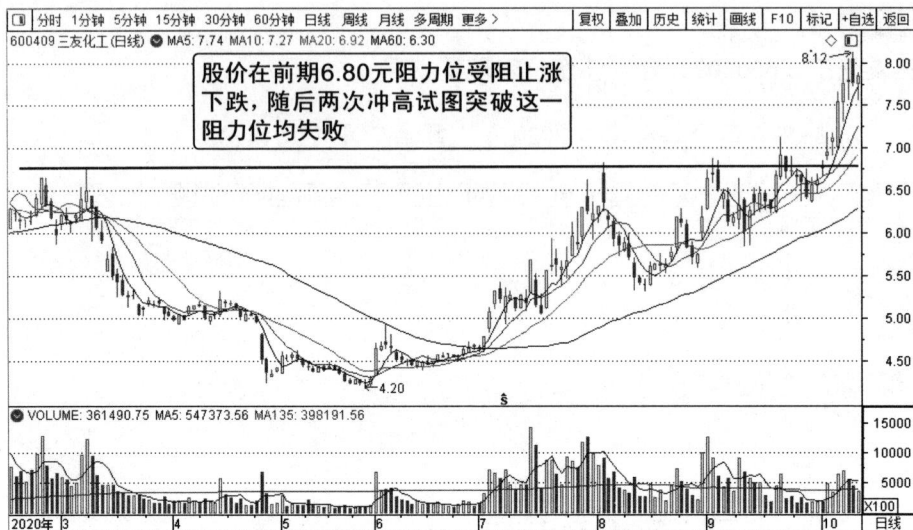

图 8-9　三友化工 2020 年 2 月至 10 月的 K 线走势

　　从图中可以看到，股价在 4.50 价位线筑底回升，转入上升趋势之中，但是股价上涨至前期 6.80 元阻力位受阻止涨下跌，随后两次冲高冲击这一价位线，但都没有有效突破这一阻力位，股价在 6.50 元价位线上波动运行。

　　10 月上旬，K 线连续收出多根大阳线，成功突破 6.50 元价位线，运行至 7.00 元上方，均线呈多头排列，确认了此次突破的有效性，该股将加速上涨。投资者可以在此位置积极加仓，所以投资者在 7.50 元加仓 30%。

　　图 8-10 所示为三友化工 2020 年 5 月至 12 月的 K 线走势。

　　从下图可以看到，股价随后震荡上行，重心不断上移。当股价上涨至 9.00 元价位线上方，创下 10.25 元的新高后止涨，K 线连续收出多根下跌阴线，股价急跌至 8.50 元附近止跌横盘。此时，股价这一轮上涨的涨幅已经超过 100%，从涨幅来看，股价有见顶下跌的可能性。

　　我们仔细查看这一段走势发现，股价突然大幅下跌，K 线运行至 5 日均线下方，但股价在 8.50 元价位线企稳，K 线立即回到 5 日均线上方，且上行继续穿过 10 日均线、20 日均线，说明市场仍然强势。下方成交也没有放量迹象，说明场内主力资金也没有出逃迹象，后市还可能存在一波上涨。

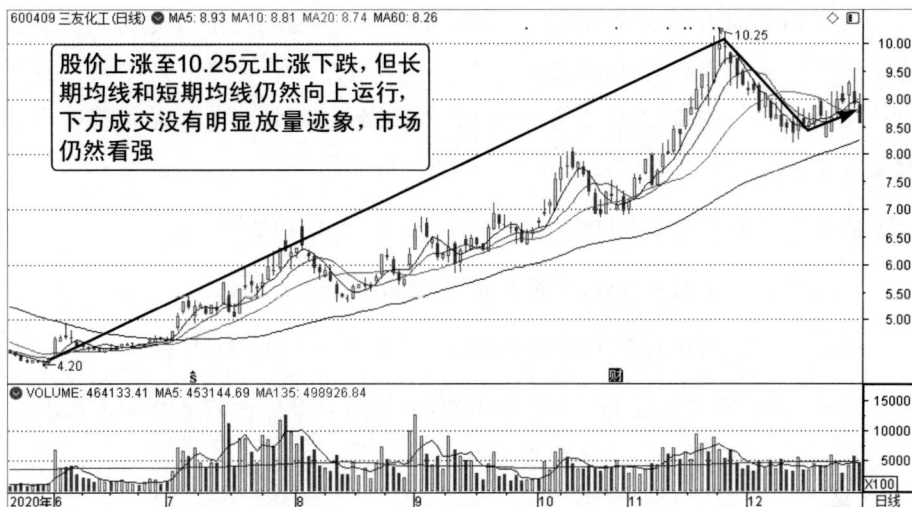

图 8-10 三友化工 2020 年 5 月至 12 月的 K 线走势

我们两次投资分别在 5.00 元价位线买进和 7.50 元价位线买进，将投资成本摊平至 5.71 元，所以即便接下来这一轮追涨失败，只要股价不跌破 5.71 元，仍然有获利空间，故此可以放心，投资者在 9.00 元位置加仓 20%。

图 8-11 所示为三友化工 2020 年 6 月至 2021 年 3 月的 K 线走势。

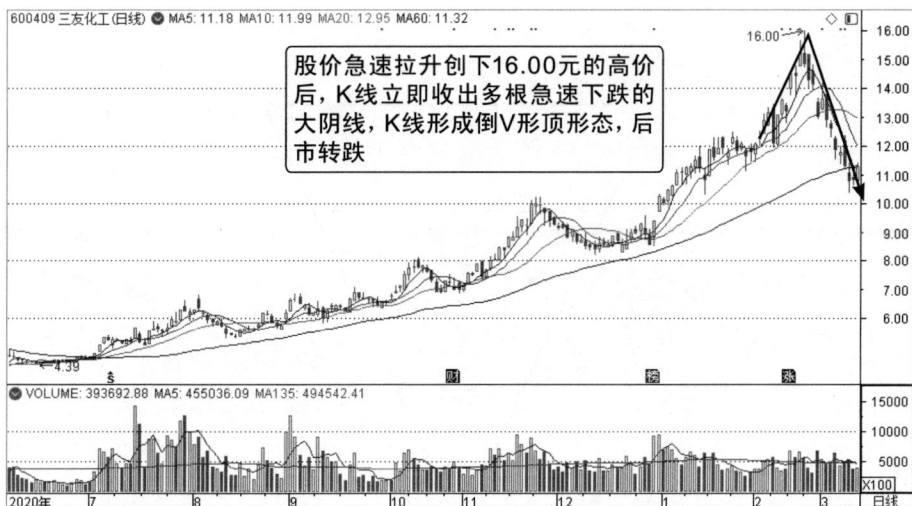

图 8-11 三友化工 2020 年 6 月至 2021 年 3 月的 K 线走势

从上图可以看到，股价上涨至 14.00 元上方，创下 16.00 元的新高后止涨下跌，K 线形成倒 V 形顶反转形态，说明该股即将迎来一波下跌，投资者应立即离场。如果投资者在 12.00 元位置卖出，那么投资者此番投资的收益如下：

5.00 元位置买进：50 000.00×50%÷5.00=5 000（股）

7.50 元位置买进：50 000.00×30%÷7.50=2000（股）

9.00 元位置买进：50 000.00×20%÷9.00 ≈ 1 100（股）

12.00 元位置卖出：12.00×（5 000+2 000+1 100）=97 200.00（元）

收益：97 200.00−5.00×5 000−7.50×2 000−9.00×1 100=47 300.00（元）

8.2.3　漏斗形仓位管理

漏斗形仓位管理是与金字塔形仓位管理相反的一种管理方法，初始建仓时轻仓买入，如果股价行情按相反方向运行，后市就逐步加仓，摊薄成本，加仓比例越来越大。仓位控制呈下方小、上方大的一种形态，形态上很像一个漏斗，所以称为漏斗形仓位管理。图 8-12 所示为漏斗形仓位管理示意图。

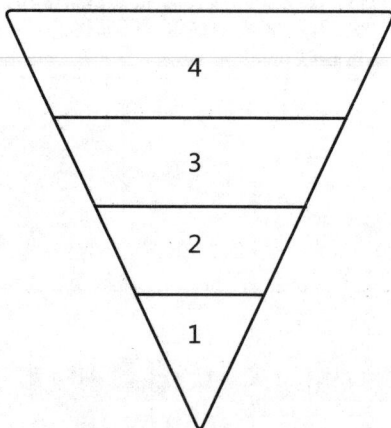

图 8-12　漏斗形仓位管理

漏斗形仓位管理中常见的仓位比例有 2:3:5 或 1:2:3:4，图 8-12 所示为 1:2:3:4 比例。

漏斗形仓位管理的优势在于初始建仓时资金量较小，风险较低，在不爆仓的情况下，漏斗越高，则投资者的利润就越可观。比较适合震荡行情走势，为了降低亏损的风险，前期建仓比例较小，一旦股价下跌就加大仓位，越跌越买，且越买比例越大，进而摊薄成本。

该方法对投资者的心理素质要求较高，因为漏斗形仓位管理需要建立在后市走势与判断一致的前提之下，如果方向判断错误，或者方向的走势不能越过总成本价位，就会陷入无法获利出局的局面，所以投资者承担的风险较大。

实例分析

国际医学（000516）漏斗形仓位管理法布局

图 8-13 所示为国际医学 2019 年 4 月至 2020 年 1 月的 K 线走势。

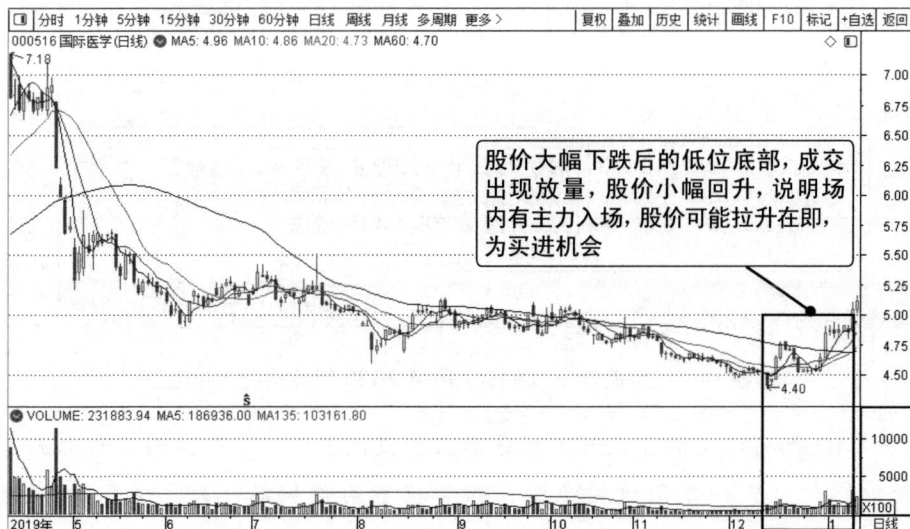

图 8-13　国际医学 2019 年 4 月至 2020 年 1 月的 K 线走势

从上图可以看到，国际医学经过一轮长时间大幅下跌行情后运行至 4.50 元价位线附近止跌企稳，成交表现为极度缩量，说明此时场内的空头势能消耗殆尽，股价已经跌至底部区域。

2019 年 12 月下旬，成交出现放量，股价小幅回升，说明场内有主力入场，股价可能拉升在即，此时为买进机会。某投资者考虑到虽然此时成交放量，股价小幅上涨，有转入上升趋势的迹象，但是从股价下跌的时间和幅度来看，成交放量较小，主力很可能吸筹不充分，所以下跌或横盘波动吸筹的可能性较大。故此，投资者选择漏斗形仓位管理法对 10 万元进行投资布局，用 10 万元做此次投资，考虑主力可能在 5.00 元位置投入，因此在 5.00 元位置投入 20% 的仓位。

图 8-14 所示为国际医学 2019 年 7 月至 2020 年 4 月的 K 线走势。

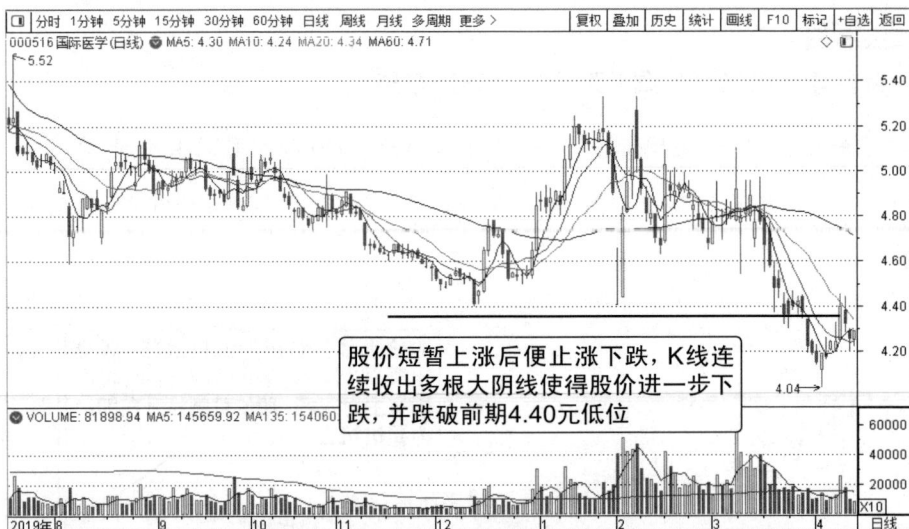

图 8-14 国际医学 2019 年 7 月至 2020 年 4 月的 K 线走势

从上图可以看到，投资者买进后股价仅仅维持了几个交易日的上涨，股价拉升至 5.20 元附近便止涨，短暂横盘后便继续下跌，且跌破前期 4.40 元低点，跌至 4.20 元止跌。仔细查看这段下跌走势可以发现，股价下跌过程中成交放量明显，股价下跌又急又猛，说明主力在通过跌破的方式引起投资者的恐慌而抛售持股，趁机吸取廉价筹码。此时为投资者加仓的大好机会，投资者在 4.30 元位置加仓 30%。

图 8-15 所示为国际医学 2019 年 12 月至 2020 年 7 月的 K 线走势。

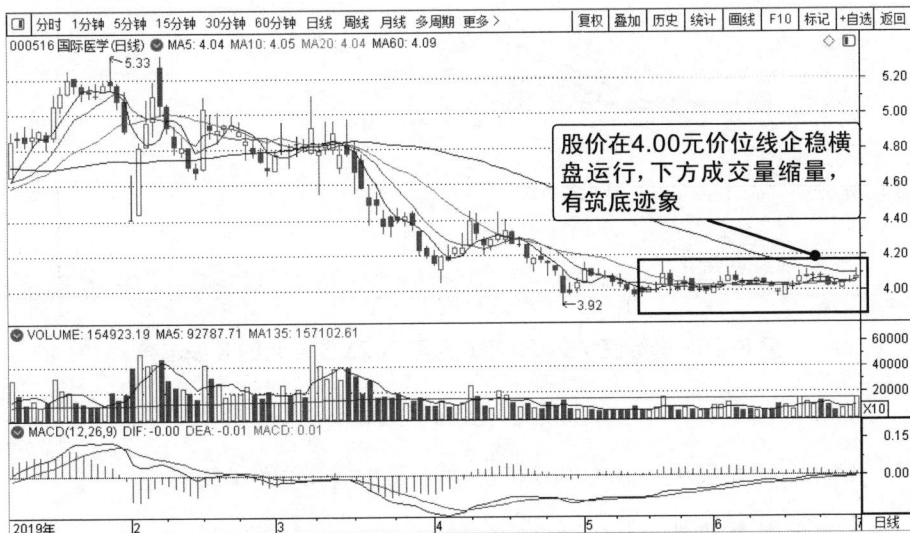

图 8-15　国际医学 2019 年 12 月至 2020 年 7 月的 K 线走势

从图中可以看到，股价在 4.20 元位置企稳小幅回升至 4.40 元附近便止涨下跌，跌至 4.00 元价位线止跌横盘运行，下方成交缩量，说明主力没有出逃。与此同时，查看 MACD 指标发现，股价横向运行的过程中，MACD 指标中 DIF 线和 DEA 线上行，有上穿 0 轴的趋势，说明股价拉升在即，此时的横盘为拉升前的筑底，应该加仓跟进。所以投资者在 4.00 元价位线加仓 50%。

图 8-16 所示为国际医学 2020 年 6 月至 2021 年 4 月的 K 线走势。

从下图可以看到，国际医学果然在 4.00 元价位线筑底，随后转入上升趋势之中，开启一轮新的上涨行情，股价震荡向上，最高上涨至 15.55 元，涨幅超过 250%。如果投资者在 14.00 元附近卖出，计算投资者此番收益。

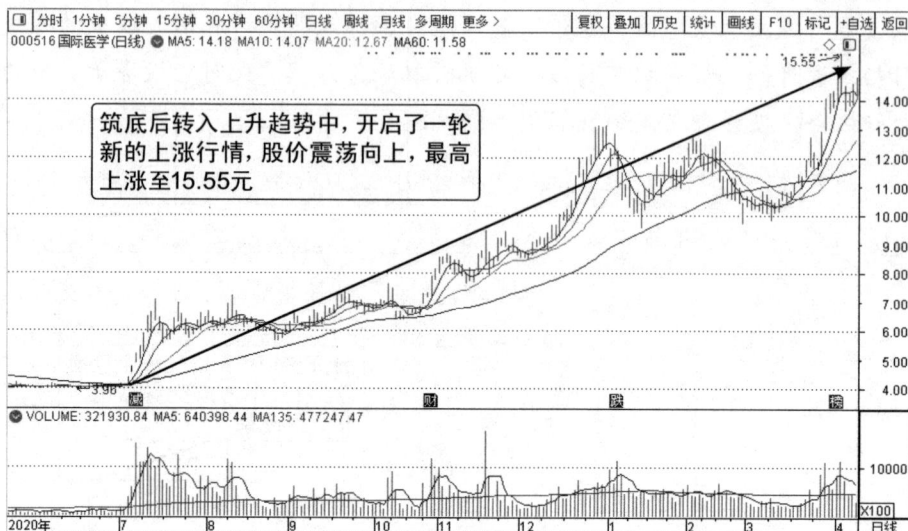

图 8-16　国际医学 2020 年 6 月至 2021 年 4 月的 K 线走势

5.00 元位置买进：100 000.00×20%÷5.00=4 000（股）

4.30 元位置买进：100 000.00×30%÷4.30 ≈ 6 900（股）

4.00 元位置买进：100 000.00×50%÷4.00=12 500（股）

14.00 元位置卖出：14.00×（4 000+6 900+12 500）=327 600.00（元）

收益：327 600.00−5.00×4 000−4.30×6 900−4.00×12 500=227 930.00（元）

8.3　不同交易策略下的仓位管理

除了经典的仓位管理方法外，投资者还可以根据不同的趋势行情走势下的交易策略来调整自己的仓位布局，例如在震荡市场下，多种经典仓位管理方法失去了意义，就需要重新规划。

8.3.1 震荡市场中的仓位管理

震荡市场指的是股价在某一个区间范围内来来回回波动，触及下边支撑线止跌反弹，触及上边压力线止涨下跌。在这样的市场中，做加减仓处理就显得没有必要了，重仓操作更好，利润也会更高。

实例分析

广弘控股（000529）震荡市场下仓位分配

图 8-17 所示为广弘控股 2019 年 3 月至 11 月的 K 线走势。

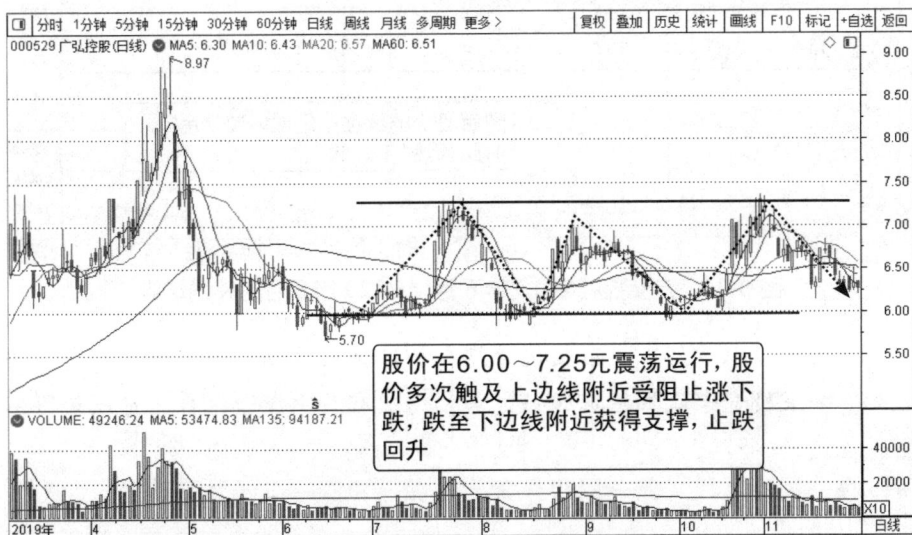

图 8-17　广弘控股 2019 年 3 月至 11 月的 K 线走势

从图中可以看到，广弘控股前期表现为上涨走势，创下 8.97 元的新高后止涨下跌，跌至 6.00 元价位线时止跌企稳，随后转入震荡走势之中。股价在 6.00 ~ 7.25 元震荡运行，股价多次触及上边线附近受阻止涨下跌，跌至下边线附近获得支撑，止跌回升，说明上边线为重要的压力位，下边线为重要的支撑位。

在确定了震荡走势及压力线和支撑线之后，投资者就可以利用震荡走势做短线波段操作，触及下边线附近时重仓买进，触及上边线附近时清仓卖出。

图8-18 所示为广弘控股 2019 年 6 月至 2020 年 6 月的 K 线走势。

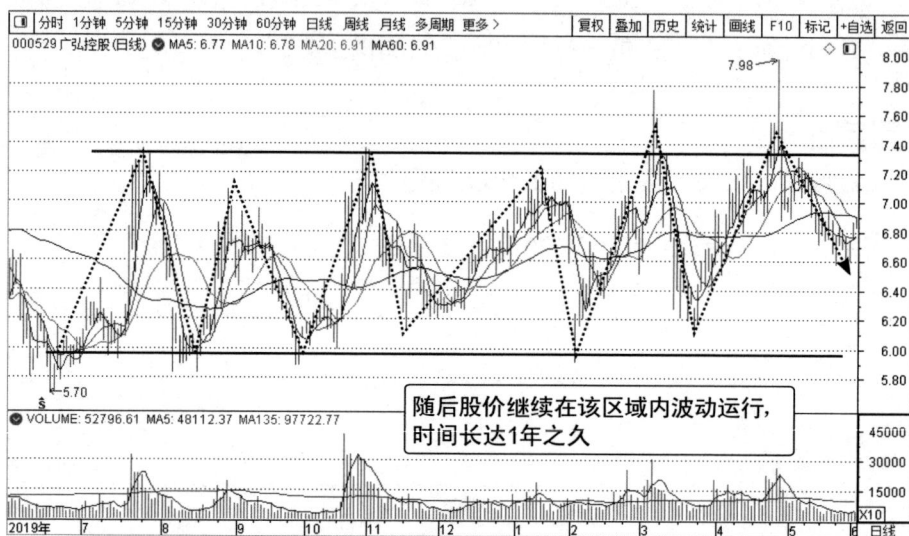

图 8-18　广弘控股 2019 年 6 月至 2020 年 6 月的 K 线走势

从图中可以看到，随后股价继续在该区域内波动运行，时间长达 1 年之久。如果投资者能够把握这一走势，仍然有多次操盘机会，可以获得不错的收益。

8.3.2　左侧交易中的仓位加减法

在前面的内容中我们介绍了左侧交易，了解了左侧交易是怎么一回事儿，这里我们将介绍在左侧交易中，投资者的仓位管理应该怎么做，以及持仓比例应该如何变化。

图 8-19 所示为左侧交易仓位加减操作示意图。

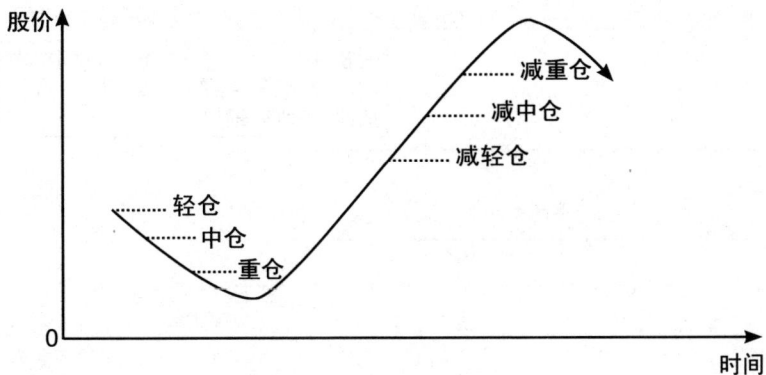

图 8-19　左侧交易仓位加减

根据示意图可以看到，在左侧交易中，买进位置为越跌越买，跌得越重仓位也就越重，这样才能摊低买进成本，属于漏斗形仓位管理法。但在买进之前需要判断股价是否已经运行至底部区域，避免出现买在下跌腰部的情况。

卖出与买进相对应，越涨越卖，涨得越多卖出的仓位也就越重。这是因为股价涨幅越大，上方的压力也就越大，触顶下跌的可能性也就越大，要避免被套，投资者需要在上涨过程中逐渐减仓。但在卖出之前需要判断股价是否已经运行至顶部高位区域，避免出现卖出时在上涨腰部的情况。

实例分析

梦网科技（002123）左侧交易中的仓位控制

图 8-20 所示为梦网科技 2017 年 6 月至 2019 年 1 月的 K 线走势。

从下图可以看到，梦网科技处于下跌趋势之中，股价跌至 10.00 元价位线上止跌企稳，随后在 10.00 ~ 12.00 元范围内波动运行。股价向上拉升时，成交放量，下跌时缩量，结合前期下跌时的缩量成交来看，股价在长时间的大幅度下跌趋势中，空头势能逐渐衰竭，股价已经运行至低位区域。

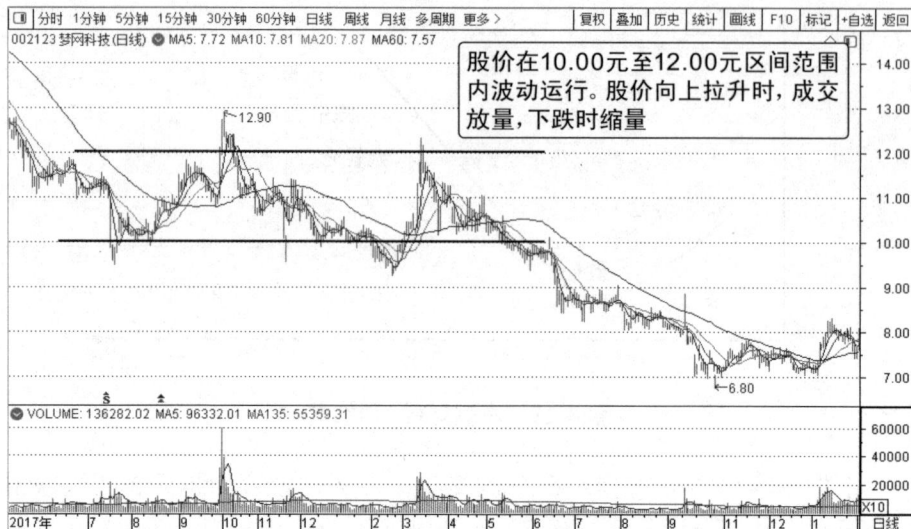

图8-20　梦网科技2017年6月至2019年1月的K线走势

2018年6月，股价进一步下跌并有效跌破10.00元价位线，并在9.50元位置企稳横盘，出现筑底迹象，此时为买进信号，但下方成交量没有放大迹象，所以股价还有下挫可能，投资者可以在此位置轻仓买进。

买进后不久股价继续下跌，但跌势渐缓，跌至8.00元价位线上便止跌横盘，此时为加仓机会，投资者可以中仓跟进。9月上旬一根天量大阴线打破平衡，股价再次下跌，使得股价跌至7.00元价位线上止跌，随后在7.00～8.00元范围内波动运行。在股价波动过程中，下方成交量出现明显的放大迹象，此时应该重仓跟进。

图8-21所示为梦网科技2018年11月至2019年12月的K线走势。

从下图可以看到，股价在7.00元附近筑底回升，转入上升趋势中，下方成交量明显放大。仅仅一个月左右的时间股价上涨至12.00元上方，然后止涨横盘，此时涨幅为70%。从涨幅和上涨时间来看，股价还有上涨空间，此时还处于上涨初期，应继续持有。

股价在14.00元附近止涨下跌，跌至10.00元附近便止跌，横盘调整一段时间后便继续放量拉升，股价震荡向上。当股价放量上涨突破14.00元，涨幅达到 100% 时投资者就需要注意，股价已经运行至相对高位区域，获利空间已经充足，主力存在离场的可能。

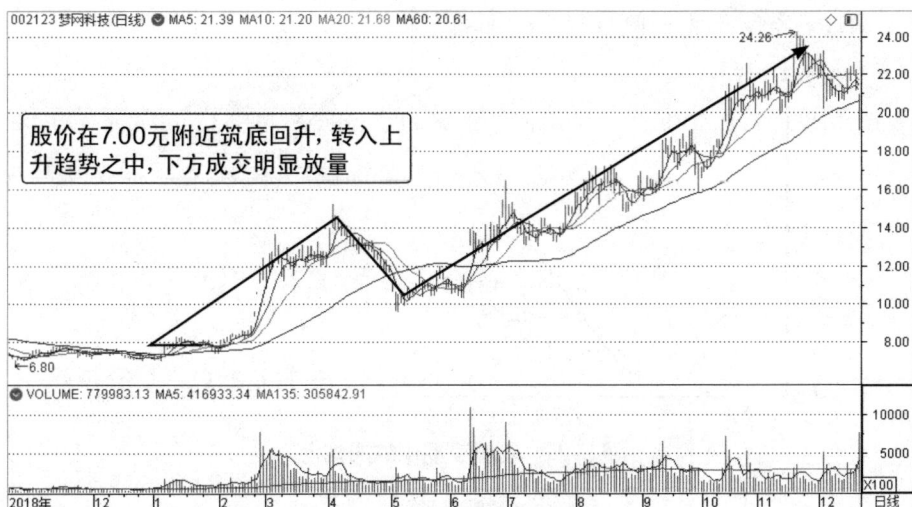

图 8-21　梦网科技 2018 年 11 月至 2019 年 12 月的 K 线走势

所以，投资者可以试着在股价上涨过程中逐渐减仓，在确保获利的情况下少量减仓，一旦出现触顶信号立即平仓离场。

8.3.3　右侧交易中的仓位加减法

我们知道右侧交易为顺势交易，股价转入上升趋势之后即买进，转入下跌趋势之后随即卖出。其仓位管理中的加仓和减仓处理也与左侧交易有很大的区别。

在股价大幅下跌后的低位底部区域一旦发现股价转入上升趋势，立即重仓买进，随后在股价上升途中回调时适当加仓跟进，股价涨得越高，跟进的仓位就要越轻，这样的加仓操作可以避免在股价高位占比重，从而摊高买进成本。

当股价止涨转入下跌趋势后，投资者为了保证此番收益的大部分所得不受到损失，所以需要先重仓出逃，然后留下少部分的收益博取可能存在的更高收益，如果股价没有反弹迹象，投资者就应及时出逃。

图 8-22 所示为右侧交易中的加减仓。

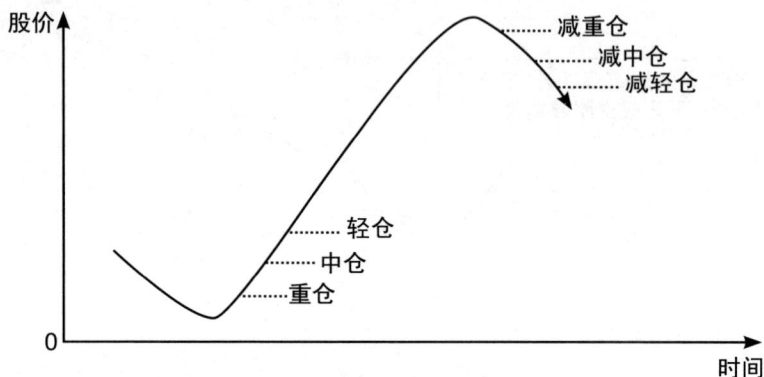

图 8-22　右侧交易中的加减仓

实例分析

步步高（002251）右侧交易中的仓位控制

图 8-23 所示为步步高 2019 年 4 月至 11 月的 K 线走势。

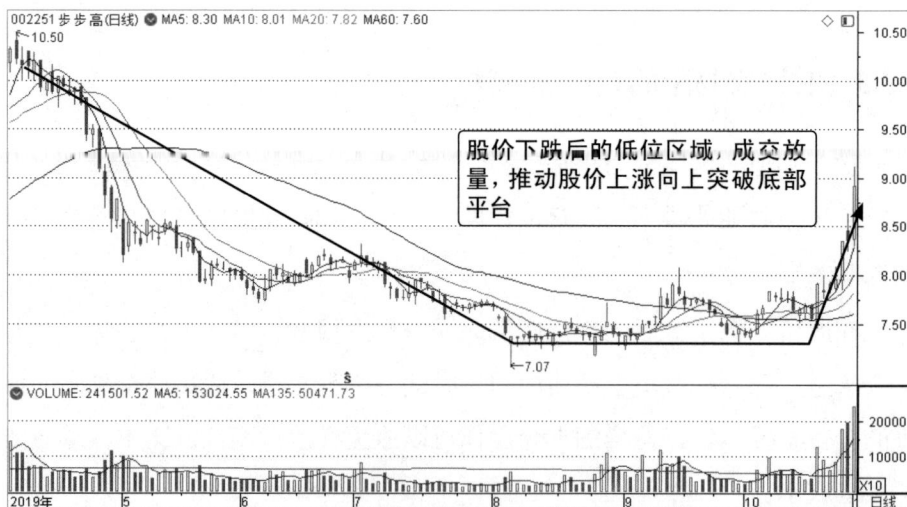

图 8-23　步步高 2019 年 4 月至 11 月的 K 线走势

从上图可以看到，步步高经过一轮大幅下跌行情之后，股价下行至7.50元价位线附近止跌企稳，并在7.50元价位线上横向运行。8月下旬，成交明显放量，冷清的市场变得活跃起来，股价开始在7.50元价位线上波动横行。

10月下旬，成交量进一步放大，出现巨量，带动股价大幅上涨，股价向上突破8.00元阻力位，继续向上，同时均线呈现多头排列。这一系列的信号说明场内有主力资金入场拉升股价，该股的下跌趋势已经结束，即将转入一轮新的上升行情之中。此时投资者应在此位置重仓买进。

图8-24所示为步步高2019年7月至2020年4月的K线走势。

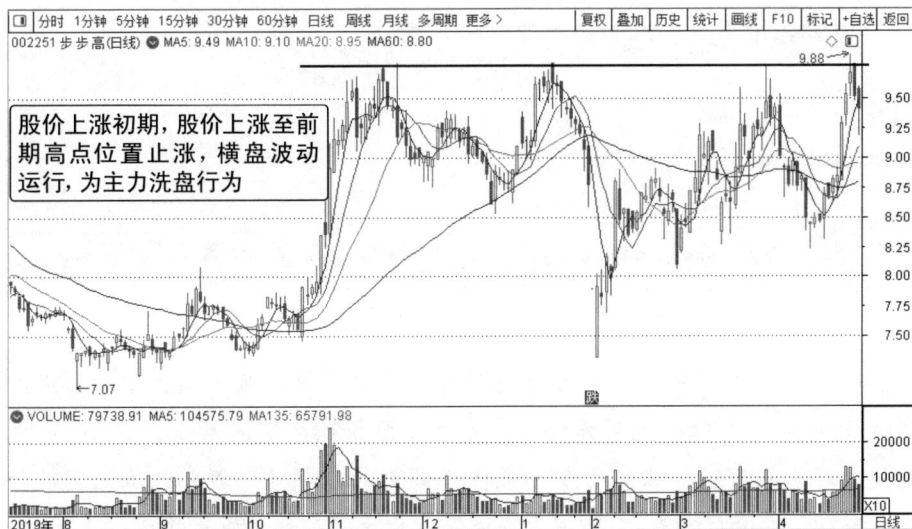

图8-24 步步高2019年7月至2020年4月的K线走势

从图中可以看到，11月初成交量继续放大，K线连续收出多根高开高走的大阳线，使得股价在几个交易日内快速上冲至9.50元价位线附近。随后股价止涨，波动下行。因为此时股价上涨仅仅维持10多个交易日，涨幅也不过26%左右，主力很有可能利用前期高点制造压力洗盘，清理场内一些意志不坚定的持股人。

投资者要趁机加仓跟进,一旦股价回调至波谷位置附近时便加仓跟进,多次少量跟进,摊平买进成本。因为此时距离底部位置还比较近,涨幅还不大,中仓比例比较合适。

图8-25所示为步步高2019年10月至2020年7月的K线走势。

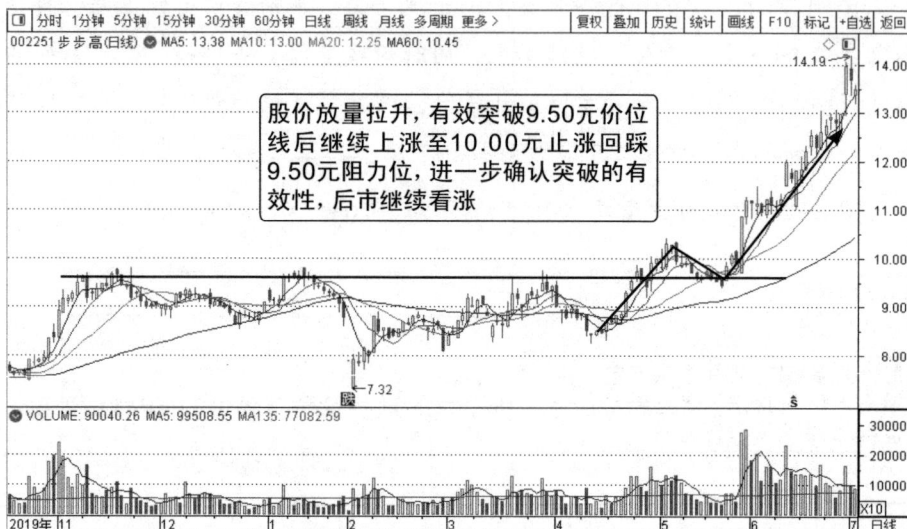

图 8-25 步步高 2019 年 10 月至 2020 年 7 月的 K 线走势

从图中可以看到,2020年4月下旬,成交放量,股价向上攀升,成功突破9.50元阻力位,说明股价拉升在即。股价向上突破后上涨至10.00元价位线后止涨下跌,回调至9.50元价位线时止跌横盘,说明此次的突破为有效突破,股价拉升在即。6月初,成交放出大量,带动股价快速向上攀升,涨势惊人。

图8-26所示为步步高2020年4月至9月的K线走势。

从下图可以看到,股价处于上升行情且稳定向上攀升,运行至15.00元价位线后止涨小幅回调,并在14.00元价位线上横盘运行。此时,涨幅已经超过100%,说明股价已经运行至高位区域,主力可能存在出货嫌疑。

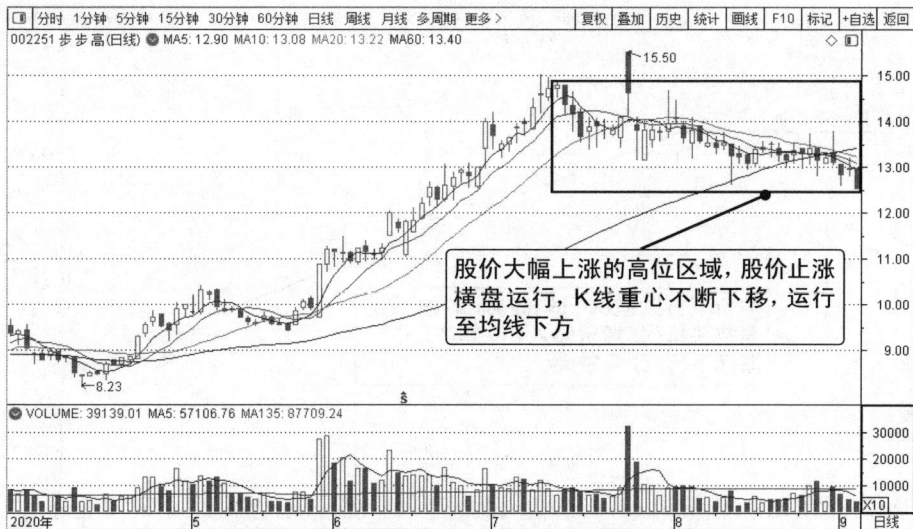

股价大幅上涨的高位区域，股价止涨横盘运行，K线重心不断下移，运行至均线下方

图 8-26　步步高 2020 年 4 月至 9 月的 K 线走势

7 月 24 日，股价跳空高开低走，尾盘拉升，K 线收出一根带巨量的大阴线，主力诱多意图明显，股价很有可能在此位置触顶。为了能够锁定前期既得利益，投资者可以在此位置卖出大部分持仓。

随后股价在继续横盘整理的过程中，重心不断下移，运行至 5 日均线、10 日均线和 20 日均线下方，8 月下旬更是有效跌破 60 日均线，运行至 60 日均线下方，说明该股的中长期趋势已经发生变化，后市转跌的可能性较大。投资者应在跌破 60 日均线位置积极出逃。

图 8-27 所示为步步高 2020 年 7 月至 2021 年 2 月的 K 线走势。

从下图可以看到，股价下行跌破 60 日均线后，均线系统呈空头排列，股价加速下行，转入下跌趋势之中，股价震荡下行。

这一波下跌持续了 5 个多月的时间，股价最低跌至 7.17 元，跌幅超过 50%。如果投资者在股价跌破 60 日均线时仍不离场，就会面临重大的经济损失。

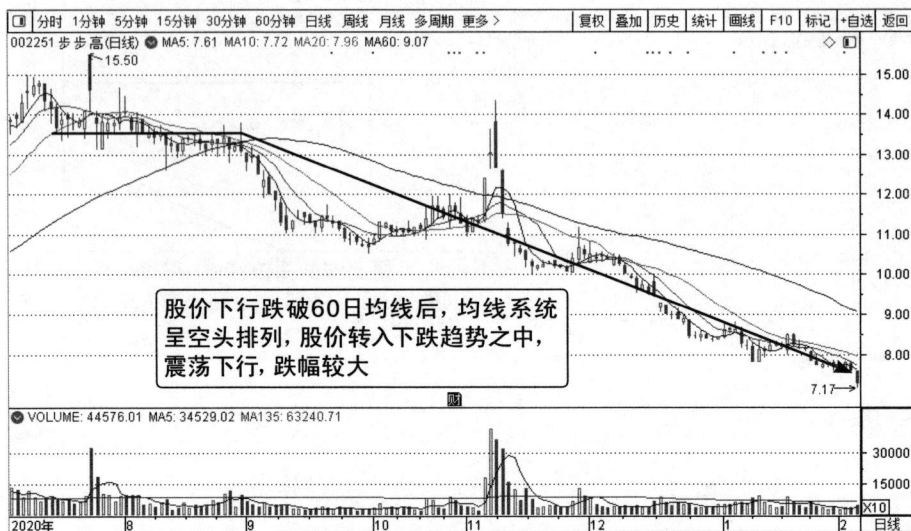

图 8-27 步步高 2020 年 7 月至 2021 年 2 月的 K 线走势